西国三十三所をあるく

大人の遠足BOOK

大人の遠足BOOK 西国三十三所をあるく

contents

〈表紙写真〉
上／金剛宝寺（紀三井寺 P18）の多宝塔
右（右上から時計回りに）／長谷寺（P42）の本尊十一面観音立像、興福寺南円堂（P46）、金剛宝寺（紀三井寺 P18）の御朱印、今熊野観音寺（P68）のいまくまもり、西国三十三所観音霊場御納経帳
左（上から）／中山寺（P100）のハス、六角堂 頂法寺（P78）の鳩みくじ

▲長谷寺（P42）

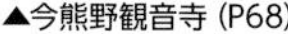
▲今熊野観音寺（P68）

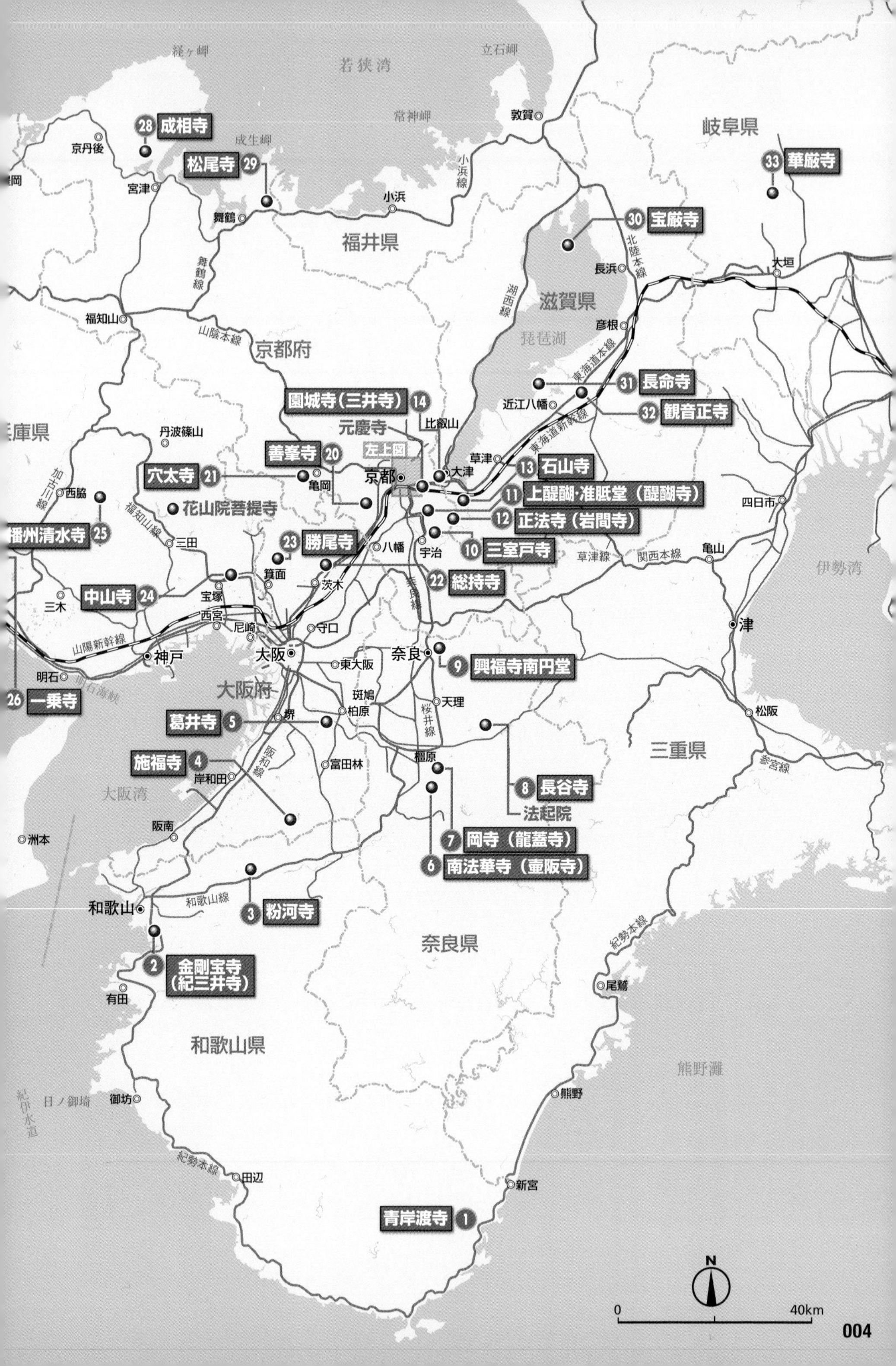

経ヶ岬
若狭湾
立石岬
常神岬
敦賀
岐阜県
28 成相寺
京丹後
成生岬
29 松尾寺
小浜線
33 華厳寺
宮津
小浜
舞鶴
30 宝厳寺
福井県
北陸本線
舞鶴線
長浜
大垣
湖西線
滋賀県
福知山
彦根
山陰本線
琵琶湖
京都府
東海道本線
31 長命寺
園城寺（三井寺） 14
近江八幡
32 観音正寺
元慶寺
比叡山
東海道新幹線
兵庫県
丹波篠山
左上図
善峯寺 20
草津
加古川線
穴太寺 21
大津
13 石山寺
京都
亀岡
11 上醍醐・准胝堂（醍醐寺）
西脇
花山院菩提寺
四日市
福知山線
12 正法寺（岩間寺）
播州清水寺 25
三田
23 勝尾寺
八幡
宇治
10 三室戸寺
草津線
関西本線
亀山
伊勢湾
箕面
茨木
22 総持寺
中山寺 24
宝塚
三木
奈良線
西宮
尼崎
守口
津
山陽新幹線
神戸
大阪
奈良
9 興福寺南円堂
東大阪
明石
明石海峡
大阪府
斑鳩
26 一乗寺
天理
葛井寺 5
堺
柏原
桜井線
松阪
阪和線
三重県
施福寺 4
富田林
橿原
参宮線
岸和田
8 長谷寺
大阪湾
法起院
阪南
洲本
7 岡寺（龍蓋寺）
6 南法華寺（壺阪寺）
和歌山線
和歌山
3 粉河寺
奈良県
紀勢本線
2 金剛宝寺（紀三井寺）
尾鷲
有田
和歌山県
熊野灘
紀伊水道
日ノ御埼
御坊
熊野
紀勢本線
田辺
新宮
青岸渡寺 1
N
0
40km

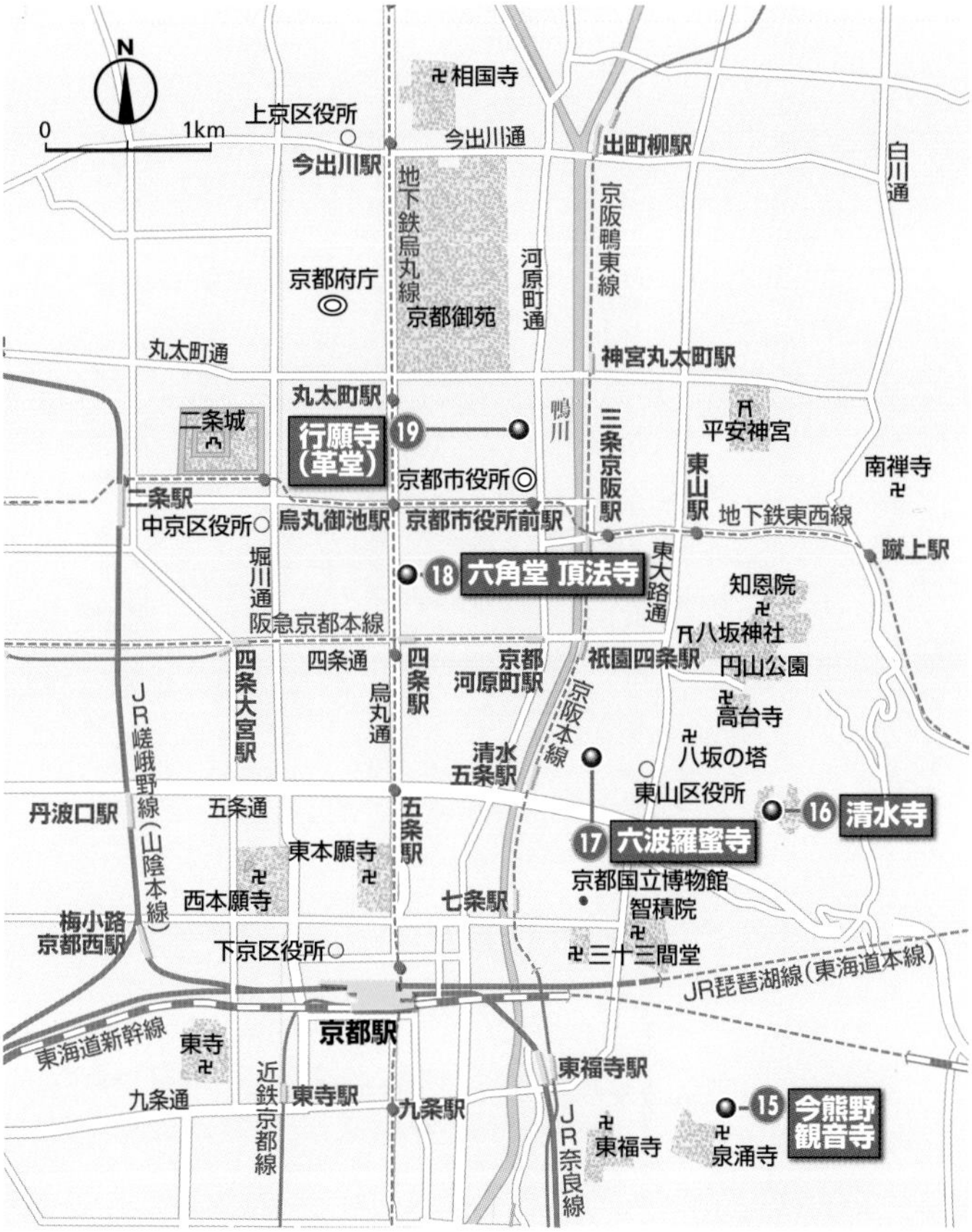

N
0
1km
上京区役所
相国寺
今出川通
今出川駅
出町柳駅
白川通
地下鉄烏丸線
京阪鴨東線
河原町通
京都府庁
京都御苑
丸太町通
神宮丸太町駅
丸太町駅
鴨川
二条城
行願寺（革堂）
19
平安神宮
三条京阪駅
東山駅
南禅寺
京都市役所
二条駅
中京区役所
烏丸御池駅
京都市役所前駅
地下鉄東西線
蹴上駅
18
六角堂 頂法寺
東大路通
知恩院
堀川通
阪急京都本線
八坂神社
四条通
四条駅
京都河原町駅
祇園四条駅
円山公園
四条大宮駅
烏丸通
京阪本線
高台寺
JR嵯峨野線（山陰本線）
八坂の塔
清水五条駅
東山区役所
16
清水寺
丹波口駅
五条通
五条駅
17
六波羅蜜寺
東本願寺
七条駅
京都国立博物館
西本願寺
智積院
梅小路京都西駅
下京区役所
三十三間堂
JR琵琶湖線（東海道本線）
京都駅
東海道新幹線
東寺
近鉄京都線
東福寺駅
九条通
東寺駅
九条駅
JR奈良線
15
今熊野観音寺
東福寺
泉涌寺

山陰本線
鳥取
鳥取県
岡山県
姫新線
山陽本線
たつの
相生
姫路
赤穂線
赤穂
圓教寺
27
小豆島
播磨灘
淡
鳴門線
高徳線
香川県
鳴門
徳島線
徳島
徳島県
牟岐線

西国三十三所
観音霊場MAP

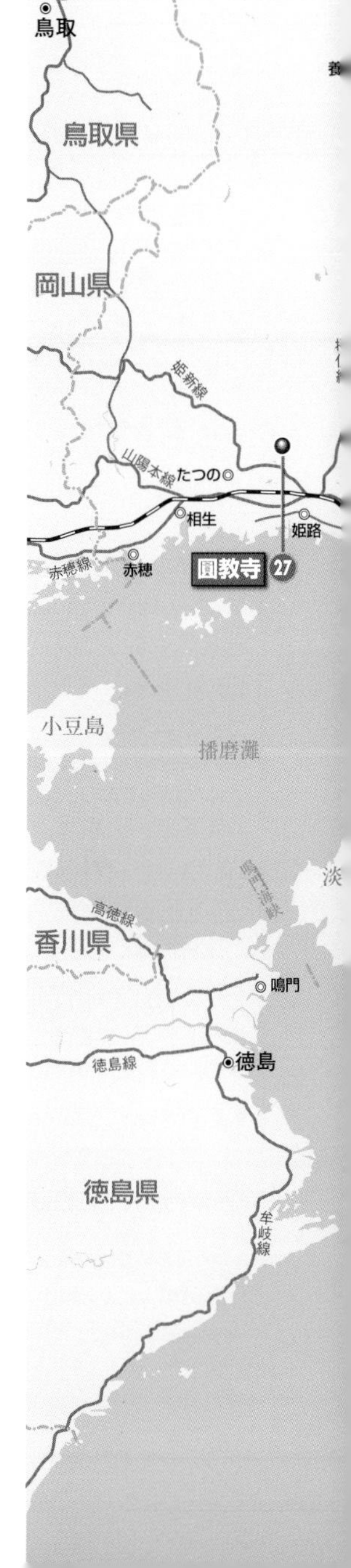

本書の使い方

本書のご利用にあたって

本書は西国三十三所霊場の巡礼と、こだわりの「歩き」を楽しむための案内書です。西国三十三所霊場と周辺のみどころを31のコースに分けて紹介しています。コースは札所をまとめて巡るものもあるので、札所番号とコース番号は一致していません。

西国霊場は花の美しい寺も多いので、巻末の花カレンダーを参考にプランを立てれば、寺を訪れる楽しみも増えます。どこでも好きなコースから歩き始めてください。

また、本書では比較的歩きやすいコースを厳選して紹介しておりますが、自然災害などでルートが変更になっている場所、国道と重なる場所などもあります。お出かけ前には、周辺情報を必ず確認し、ご自身の体力やスケジュールなどを考慮し、無理のない計画を立てましょう。

注意事項

西国霊場は観光名所も多くあります。しかし、札所は信仰の場。観光気分で訪れる人もいれば、亡き人の供養のため、切実な願いのためと、お参りする人の数だけ、願いの種類も多くあります。参拝の際には、他の方への配慮はもちろんのこと、御本尊、仏さまに敬意と感謝の気持ちをもって、心を込めてお参りしましょう。

❶ 札所番号

札所の番号を示しています。お参りは順番にとらわれることなく、どの寺から始めてもいいです。

❷ 宗派、御本尊、創建年代を示しています。

❸ 寺の歴史、みどころなどを紹介しています。

❹ 御詠歌（ごえいか）

巡礼者が詠唱する五・七・五・七・七調の歌は花山法皇が奉納した和歌に始まるとされ、各札所の風物や歴史、仏さまの教えなどが詠み込まれています。

Ⓐ 所要時間・歩行時間・歩行距離

コース全体の歩行に要する時間と距離の目安です。所要時間には参拝・見学にかかる一般的な所要時間、休憩時間を含めています。歩行時間はチャートの移動時間の合計を5分単位で繰り上げ・繰り下げで合算しています。歩行距離はコース全体で歩く距離です。ただし歩行時間・距離には原則として、寺の境内や施設内を歩くのにかかる分は含めていません。また歩行時間は平地で1㎞ 15分を基準としつつ、取材データを加味して算出しています。なお歩行時間には個人差があり、気象条件や季節、道の状況によっても変わりますので、あくまで目安としてください。

Ⓑ アクセス

スタート地点まで、およびゴール地点からの公共交通でのアクセスの例を表示しています。

Ⓒ チャート

コースの通過ポイントと、その間の標準的な移動時間を表示しています。移動時間は矢印の向きに対応しており、コースを逆にとると時間が変わる場合があります。

Ⓓ コースアドバイス

コースの特徴、歩くうえで事前に知っておきたい注意点などを紹介しています。

Ⓔ Column

よりそのコースを楽しめるミニ知識、コースにまつわる歴史や伝説を紹介しています。

Ⓕ 食べる、買う

コース途中にある食事処、カフェ、みやげ物店、日帰り温泉などを紹介しています。

コース内の地図は文章に沿って道をたどれるようにしているため、正北ではありません。

- ●赤い線　紹介しているメインルートです。
- ●青い線　メインに替わるルートなどを表しています。
- ●コメント　付加情報、注意点などです。

第1番札所
那智山 青岸渡寺
那智大滝を望む世界遺産の観音霊場
宗派 天台宗
本尊 如意輪観世音菩薩
創建 仁徳天皇時代（4世紀）

補陀洛や 岸打つ波は 三熊野の 那智のお山に ひびく滝津瀬

▲那智大滝と調和した三重塔。那智大滝は落差133m、一段の滝としては日本最大を誇る

▶重厚な本堂。本尊の如意輪観世音菩薩像は秘仏で、2月3日、4月第2日曜、8月17日に開扉される

▲本堂横に立つ鎌倉時代建立の宝篋印塔は重文に指定されている

那智大滝を望む那智山の中腹にあり、隣接する熊野那智大社とともに世界遺産に登録されている。明治初期まで両者は一体の霊場を形成しており、その如意輪観音堂が現在の青岸渡寺本堂だ。縁起によれば、4世紀、裸形上人が那智大滝で修行中、8寸の観音菩薩を感得し、草庵に安置した。のちに生仏上人が自刻の如意輪観音像の……を納め、堂を……いう。那智滝一帯は古来、僧侶や修験者の修行の場で、それが修験大霊場へ発展。平安期には本宮、新宮とともに熊野三山とよばれ、貴人の熊野詣が相次いだ。

桃山時代の特徴を残す豪壮な本堂は、豊臣秀吉による再建で、重文に指定。本堂横の広場から那智大滝を望め、朱塗りの三重塔とともに一幅の絵のような景色をつくる。

☎0735-55-0001
住 和歌山県東牟婁郡那智勝浦町那智山8
料 境内自由（三重塔拝観300円）
時 7時～16時30分（三重塔は9～15時最終受付）
P 80台(通行料800円)

014

和歌山県那智勝浦町
コース 1
熊野古道を歩いて那智山へ、世界遺産を訪ねる旅

◀補陀洛山寺の本堂。背後の山には渡海上人たちの墓が立ち並んでいる

▲補陀洛山寺の境内に展示されている渡海船(復元)

第1番青岸渡寺はほかの札所から隔絶した紀伊半島南部の熊野にある。平安時代、花山法皇が当地で千日間の滝籠の修行をしたのち観音霊場巡りに出発し、西国巡礼を復興させたという由緒から、1番札所になったといわれる。

起点は那智浜に面する❶那智駅。ここから熊野古道をたどり、那智山を目指す。古の熊野詣の道程は西国巡礼の道程でもある。近世、庶民の巡礼が盛んになると、主に東国からの旅人はまず伊勢に参詣後、熊野三山に詣で、さらに西国を巡礼したという。

那智駅からすぐの❷補陀洛山寺は、補陀落渡海の拠点だった世界遺産の古寺。補陀落渡海は南海にあると信じられた観音浄土「補陀落」を目指し、那智浜から船出した一種の捨身行で、平安～江戸期に20数回行われたという。寺の隣には熊野権現を祀る熊野三所大神社（浜の宮王子）があり、ここも明治以前、両者は一体だった。

所要時間 約5時間
歩行時間 約2時間15分
歩行距離 約7.4km

アクセス
【行き】
天王寺駅からJR紀……特急で約3時間40分、紀伊勝浦駅……同線普通列車で4分、那智駅下車
【帰り】
那智の滝前バス停から熊野御坊南海バスで24分、紀伊勝浦駅下車、往路を戻る。

コースアドバイス
石段が多いので歩きやすい靴で
山道の区間は短く、全般に舗装道を歩く。ただし大……を含めて、石段が多いので、歩……で足元は固めておきたい。……行する県道には、熊野御坊南……スの路線バスが運行している。あまり時間がない場合は、補陀洛山寺を拝観後、バスで大門坂バス停まで行き、そこから再び歩き始めてもいい。

❶那智駅 →0.2km 3分→ ❷補陀洛山寺 →3.4km 60分→ ❸市野々王子 →1.3km 20分→ ❹大門坂入口 →0.4km 7分→ ❺多富…… →0.9km 25分→ ❻熊野那智大社 →すぐ すぐ→ ❼那智山青岸渡寺 →0.9km 15分→ ❽那智大滝 →0.3km 5分→ ❾那智の滝前バス停

015 ※コース状況などの問合せは那智勝浦町観光案内所☎0735-52-5311へ。

第1番札所 那智山 青岸渡寺
コース1 熊野古道を歩いて那智山へ、世界遺産を訪ねる旅

▼嘉永4年（1851）に完成したアーチ型の石橋・不老橋

▲美しい片男波公園に立つ万葉館。入館無料なので気軽に立ち寄れる

▲仏殿の展望回廊からの眺め。「万葉集」にも詠まれた和歌浦が眼下に広がる

の〝還暦厄坂〟を一気に上り切ると、本堂や多宝塔などが立ち並ぶ高台に出る。本堂前の広場や、仏殿の展望回廊などからは、和歌浦の絶景を見渡せる。

紀三井寺をあとに、みやげ物店などが軒を連ねる参道を引き返し、紀三井寺交差点から国道42号の歩道を西へ進む。和歌川に架かる旭橋を渡ってすぐ、左の小さな階段を下りると、あとはずっと海沿いに歩いて行くことができる。

初代紀州藩主・徳川頼宣が紀三井寺の遥拝所として建てたという観海閣が立つ妹背山、〝和歌の神さま〟として万葉の時代から信仰を集める玉津島神社、第10代藩主・徳川治宝が建造した❸不老橋などを巡りながら、❹片男波公園へ。片男波とは、万葉歌人・山部赤人が詠んだ「若の浦に 潮満ち来れば 潟をなみ 葦辺をさして 鶴鳴き渡る」という歌から。白砂青松の美しく整備された公園内には、「万葉集」の世界をわかりやすく紹介するミュージアム・万葉館がある。夏には海水浴場がオープンし、砂浜には一斉にビーチパラソルの花が咲く。

左手に和歌浦湾を眺めながら、海岸線を❺和歌浦漁港へ向かって歩く。このあたりは新和歌浦とよばれ、かつては新婚旅行の

Column
元紀州徳川家庭園 養翠園
風光明媚な和歌浦には、紀州徳川家ゆかりの史跡が数多く残る。その一つ、養翠園は、第10代藩主・徳川治宝により文政元年（1818）に造営が開始された大名庭園だ。大浦湾に面した広大な庭の中心を占める池は、海水を取り入れた"汐入の池"という珍しい……御茶屋「養翠亭」を含め、国の名勝に指……いる。

◀雄大な池泉回遊式庭園。海を行くように橋を渡って池の真ん中へ進む

020

◀和歌浦漁港から海岸線沿いに遊歩道が続く。なかには砂浜を歩く箇所も

◀新和歌浦のシンボルともいえる奇岩・蓬莱岩はパワースポットとしても人気

▲海沿いの急斜面に民家が密集する雑賀崎は近年「日本のアマルフィ」とよばれて注目されている

行先として人気を誇った。遊歩道沿いの右手の高台には、和歌浦温泉の巨大旅館が新旧入り交じり立ち並んでいる。海岸線をしばらく行き、浪早ビーチを経て浪早崎トンネルをくぐり、新和歌大橋を渡ると、❻雑賀崎漁港。海上釣堀の雑賀崎シーパーク前を右折して雑賀崎トンネルを抜ける。

しばらく行くと大浦湾の向こうに大名庭園❼養翠園が遠望できる。左手の水軒大橋を渡り、湾を回り込むようにして正門へ。紀州徳川家の庭園美を堪能したら、❽養翠園前バス停から帰路につこう。

食べる
和歌浦漁港 おっとっと広場
目の前の和歌浦湾で獲れた新鮮な魚介がずらりと揃う
和歌浦漁港内に、土・日曜、祝日のみオープンする……各ブースで獲れたての……売するほか、刺身や寿……丼などをその場で味わう……できる。和歌浦名物のシラスをたっぷり使った写真のやぶ新丼は800円。
☎073-446-3308
住 和歌山県和歌山市新和歌浦1-1 時 10～14時
休 営業は土・日曜、祝日のみ

021

第2番札所 紀三井山 金剛宝寺（紀三井寺）
コース2 桜の名所・紀三井寺から、和歌浦の海岸線を歩く

本書のデータは2023年5月現在のものです。料金、営業時間、定休日などは、季節により変更になる場合があります。定休日は、年末年始・お盆、ゴールデンウィークなどを省略しています。お出かけ前には、あらかじめご確認ください。

ウォーキングルートは自然災害などの影響で、通行が不可能になる場合などがありますので、事前に関係機関・施設にご確認ください。

寺・施設のトイレや公共トイレを利用する場合は、マナーを守りましょう。寺ではまず参拝してから借りるのが基本です。

西国観音巡礼の旅

西国三十三所巡礼は、観音菩薩を祀る33の古寺を巡拝する。純粋な信仰で巡る人も少なくないが、現代の巡礼目的は人それぞれ。まずは気軽に自分なりのスタイルで巡礼を楽しんでみたい。

青岸渡寺（第1番）の本尊・如意輪観音像のお前立ち

西国観音巡礼は約１３００年の歴史をもつ日本最古の巡礼といわれる。

伝説によれば、開創したのは長谷寺の徳道上人。養老２年（７１８）、上人は閻魔大王から33の宝印を授かり、三十三所の観音霊場を開いて、人々を救うように命じられた。上人はそのとおりに霊場を設け、人々に巡礼を勧めたが、信じてもらえない。そこでやむなく中山寺に宝印を埋め、後世の人に託すことにした。それから約２７０年後の平安時代、熱心な仏教信者だった花山法皇が、すでに伝説化していた宝印を見つけ出し、西国観音巡礼を復興したという。

当初、巡礼は僧侶や修験者の修行として行われたが、室町時代半ばには庶民層へも拡大。江戸時代になると物見遊山の旅を兼ねた巡礼も増え、伊勢参りなどと併せて盛んに行われた。以後、今日に至るまで連綿と続いている。

三十三所の寺は近畿2府4県（大阪府・京都府・和歌山県・奈良県・兵庫県・滋賀県）と、岐阜県にまたがって点在している。各霊場は「札所」とよばれ、それぞれ1番、2番…と番号が付いている。1番が青岸渡寺（和歌山県）で、最後の33番が華厳寺（岐阜県）。ただ、当初は順番が異なっており、のちに関東地方の人が回りやすいように、現在の順番に整えられたともいわれる。

仏前にロウソクを灯し、祈りを捧げる

一心に読経する白装束の巡礼者。一乗寺（第26番）で

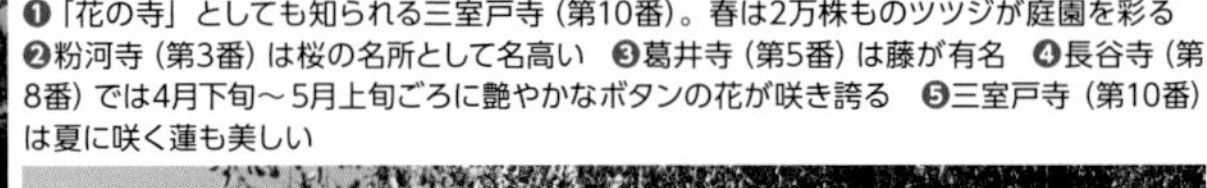

❶「花の寺」としても知られる三室戸寺（第10番）。春は2万株ものツツジが庭園を彩る　❷粉河寺（第3番）は桜の名所として名高い　❸葛井寺（第5番）は藤が有名　❹長谷寺（第8番）では4月下旬～5月上旬ごろに艶やかなボタンの花が咲き誇る　❺三室戸寺（第10番）は夏に咲く蓮も美しい

現在の1番から33番までを順番どおりに巡れば、約1000㎞の道のり。この長く険しい道を古人は歩いて回ったが、交通手段の発達した現代では、巡礼も姿を変えた。歩き通す人は稀で、公共交通機関や車などで回る人が大半。また札所の順番に関係なく、どのように巡ってもいいので、何回かにわけて、時間をかけて、巡拝するのが一般的だ。

巡礼の目的も現在は人それぞれ。純粋な信仰心から巡る人も少なくないが、必ずしもそうでなくとも、各札所は温かく受け入れてくれる。癒やしを求めて、自分を見つめ直すため、あるいはレクリエーション、御朱印集めなどであってもいいのだ。実際、札所のなかには、観光名所もあれば、花や紅葉が美しい寺院も多い。また観音霊場の特徴として、自然豊かな山中に立つ寺が多いことから、霊場巡りは自ずと心身の健康にも結び付く。

本書は各札所を中心に周辺のみどころをつないで歩く31コースを紹介している。それぞれのスタイルで現代の巡礼ウォークを楽しもう。

❶満願の寺・華厳寺（第33番）の笈摺（おいずる）堂。堂内には笈摺や金剛杖などがたくさん納められている　❷木立に包まれた参道を行く巡礼者。播州清水寺(第25番)で　❸各札所では経本を持って読経する　❹参拝を終えたら納経所へ行き、納経帳（御朱印帳）に御朱印をいただこう。御朱印は本尊の分身とされるので大切に扱わねばならない　❺御朱印は写真のような納経軸にいただくこともできる

三十三の姿となって現れ、救いの手を差し伸べる観音さま

正式には観世音菩薩という観音は、最も慈悲深い仏さまだ。衆生の求めに応じて、さまざまな姿に変化して、私たちにもれなく救いの手を差し伸べてくれるという。その姿は33あるとされ、観音霊場が「三十三所」なのもこのことに由来している。

観音菩薩の霊験は平安時代末期に成立した仏教説話集『今昔物語集』に数多く収録され、また西国三十三所の各札所の縁起でもよく語られる。今に伝わる多数の霊験譚は、裏を返せば、それだけ人々に信仰されてきた証。観音さまは昔から最も人々に親しまれ、信仰されてきた仏であり、だからこそ西国観音巡礼も連綿と続いてきたのだろう。

観音のうち、西国三十三所の本尊として祀られているのは、聖観音、十一面観音、千手観音、馬頭観音、准胝観音、如意輪観音、不空羂索観音の7種類。多くは秘仏であり、開帳時以外は直接目にすることはできないが、「お前立ち」として安置される仏像に、その姿を偲ぶことができる。

❶石山寺（第13番）の本尊・如意輪観音のお前立ち　❷施福寺（第4番）の本尊である千手観音　❸松尾寺（第29番）の本尊・馬頭観音のお前立ち　❹粉河寺（第3番）の千手観音。本堂内陣の厨子の背面に安置されるこの像は、かつてのお前立ちともいわれる　❺総持寺（第22番）の本尊・千手観音は亀の背に乗った珍しい姿（写真はお前立ち）　❻長谷寺の本尊・十一面観音は、像高約10mの巨像　❼岡寺（龍蓋寺＝第7番）の本尊・如意輪観音は厄除け観音として信仰される　❽観音正寺（第32番）の本尊・千手観音。光背にも小さな手がびっしりと刻まれている

第**1**番
札所

那智大滝を望む世界遺産の観音霊場

那智山（なちさん） 青岸渡寺（せいがんとじ）

宗派　天台宗

本尊　如意輪観世音菩薩

創建　仁徳天皇時代（4世紀）

▲那智大滝と調和した三重塔。那智大滝は落差133m、一段の滝としては日本最大を誇る

▶重厚な本堂。本尊の如意輪観世音菩薩像は秘仏で、2月3日、4月第2日曜、8月17日に開扉される

▲本堂横に立つ鎌倉時代建立の宝篋印塔は重文に指定されている

那智大滝を望む那智山の中腹にあり、隣接する熊野那智大社とともに世界遺産に登録されている。明治初期まで両者は一体の霊場を形成しており、その如意輪観音堂が現在の青岸渡寺本堂だ。縁起によれば、4世紀、裸形（らぎょう）上人が那智大滝で修行中、8寸の観音菩薩を感得し、草庵に安置した。のちに生仏（しょうぶつ）上人が自刻の如意輪観音像の胸に裸形上人の観音像を納め、堂を建てたという。那智滝一帯は古来、僧侶や修験者の修行の場で、それが修験大霊場へ発展。平安期には本宮、新宮とともに熊野三山（さんざん）とよばれ、貴人の熊野詣が相次いだ。

桃山時代の特徴を残す豪壮な本堂は、豊臣秀吉による再建で、重文に指定。本堂横の広場から那智大滝を望め、朱塗りの三重塔とともに一幅の絵のような景色をつくる。

☎0735-55-0001

住 和歌山県東牟婁郡那智勝浦町那智山8

料 境内自由（三重塔拝観300円）

時 7時～16時30分（三重塔は9～15時最終受付）

P 80台（通行料800円）

和歌山県
那智勝浦町

コース 1

熊野古道を歩いて那智山へ、世界遺産を訪ねる旅

◀補陀洛山寺の本堂。背後の山には渡海上人たちの墓が立ち並んでいる

▲補陀洛山寺の境内に展示されている渡海船（復元）

第1番青岸渡寺（せいがんとじ）はほかの札所から隔絶した紀伊半島南部の熊野にある。平安時代、花山（かざん）法皇が当地で千日間の滝籠の修行をしたのち観音霊場巡りに出発し、西国巡礼を復興させたという由緒から、1番札所になったといわれる。

起点は那智浜に面する❶**那智（なち）駅**。ここから熊野古道をたどり、那智山を目指す。古の熊野詣の道程は西国巡礼の道程でもある。近世、庶民の巡礼が盛んになると、主に東国からの旅人はまず伊勢に参詣後、熊野三山に詣で、さらに西国を巡礼したという。

那智駅からすぐの❷**補陀洛山寺（ふだらくさんじ）**は、補陀（ふだ）落渡海（らくとかい）の拠点だった世界遺産の古寺。補陀落渡海は南海にあると信じられた観音浄土「補陀落」を目指し、那智浜から船出した一種の捨身行で、平安～江戸期に20数回行われたという。寺の隣には熊野権現を祀る熊野三所大神社（浜の宮王子）があり、ここも明治以前、両者は一体だった。

コースアドバイス 石段が多いので歩きやすい靴で

山道の区間は短く、全般に舗装道を歩く。ただし大門坂を含めて、石段が多いので、歩きやすい靴で足元は固めておきたい。コースに並行する県道には、熊野御坊南海バスの路線バスが運行している。あまり時間がない場合は、補陀洛山寺を拝観後、バスで大門坂バス停まで行き、そこから再び歩き始めてもいい。

所要時間 約5時間
歩行時間 約2時間15分
歩行距離 約7.4㎞

アクセス

【行き】
天王寺駅からJR紀勢本線特急で約3時間40分、紀伊勝浦駅乗り換え、同線普通列車で4分、那智駅下車。

【帰り】
那智の滝前バス停から熊野御坊南海バスで24分、紀伊勝浦駅下車、往路を戻る。

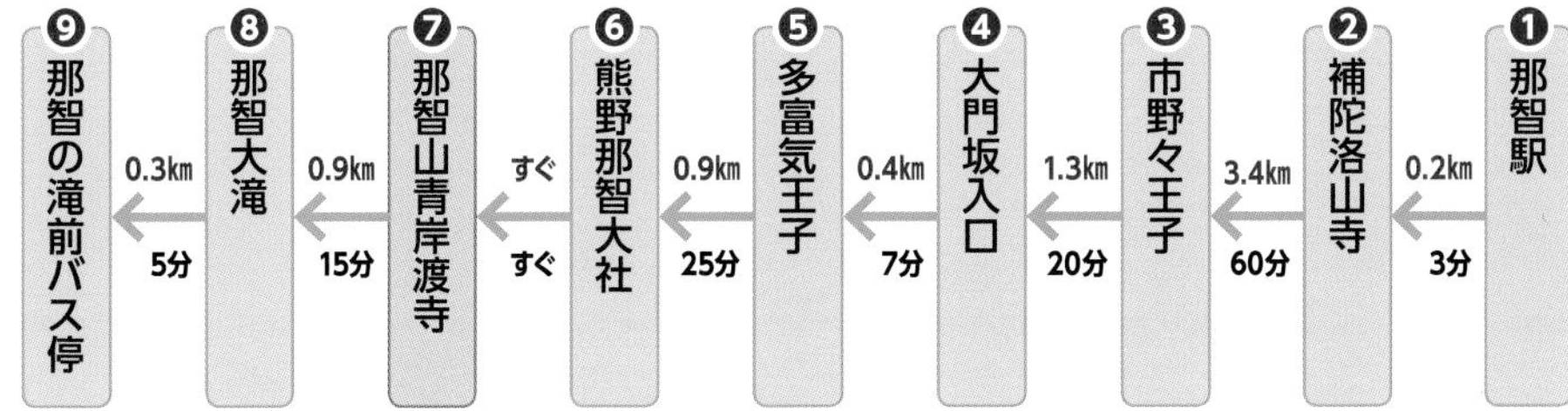

 ※コース状況などの問合せは那智勝浦町観光案内所☎0735-52-5311へ。

◀往時の参詣道の面影を色濃く残す大門坂。天を突く巨杉の間に立派な石畳の階段道が続いている

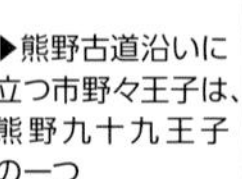

▶熊野古道沿いに立つ市野々王子は、熊野九十九王子の一つ

▲ふだらく霊園からの眺め。このあとは坂道を下って、市野々王子を訪ねる

参拝後は那智川沿いの県道を20分ほど進み、「熊野古道 曼荼羅のみち」の道標の立つ分岐を右へ。ほどなく山中の古道となり、緩やかな坂を上って行く。山中を抜けると「ふだらく霊園」に出る。坂道を下り、集落のなかの旧道を行けば❸**市野々王子**が立つ。熊野古道沿いに多数あった社「熊野九十九王子」の一つ。往時の熊野詣は、各王子も参拝しながら、熊野を目指した。

さらに歩を進め、県道を横断すると❹**大門坂入口**。その先の推定樹齢８００年の「夫婦杉」から、熊野古道でも人気の大門坂を上って行く。鬱蒼とした杉木立のなかに石畳の階段道が約６００ｍ続いている。途中の❺**多富気王子**は、熊野九十九王子の最後の王子社で、現在は石碑だけが立つ。

坂を上り切ると那智山駐車場。さらに、みやげ物店が立ち並ぶ４７３段の参道石段を上って行くと、鳥居に出合う。右の石段を上れば青岸渡寺の山門が立つが、まず鳥居をくぐって、❻**熊野那智大社**へ参ろう。鮮やかな朱塗りの社殿が立ち並ぶ境内には、平重盛の手植えと伝わる推定樹齢約８５０年の大クスノキもそびえる。

その脇の門を抜けると、❼**那智山青岸渡寺**の境内だ。目の前に古色を帯びた豪壮な

那智山青岸渡寺コース

0　500m
新宮駅へ
那智勝浦新宮道路
川関トンネル
42
道標あり
熊野古道（曼荼羅のみち）
60分
井関
尼将軍供養塔
牧野々
浜ノ宮
熊野那智世界遺産情報センター
丹敷の湯
川関
那智駅交流センター
道の駅なち
那智浜
熊野三所大神社（浜の宮王子）
❶那智駅
スタート
那智川
ふだらく霊園
3分
竹林のなかを歩く
JRきのくに線（紀勢本線）
ふだらく霊園からは市野々の集落が一望できる
和歌山県
那智勝浦町
那智勝浦IC
❷補陀洛山寺
紀伊勝浦駅へ

◀飛瀧神社から見た那智大滝。飛瀧神社のご神体として祀られている

▲那智大滝への自然崇拝を祭祀の起源とする熊野那智大社（写真提供：熊野那智大社）

◀青岸渡寺の本堂内にある大鰐口は豊臣秀吉が寄進したもの。直径1・4mもあり、日本最大の鰐口といわれる

本堂（如意輪堂）が立つ。一般観光客のなかには、神社から寺に入ったことに気付かず、本堂で柏手を打とうとする人もいる。それぐらい両者は近く、熊野三山で唯一、明治以前の神仏習合の姿を留めている。

あらゆる願いを叶えてくれる本尊の如意輪観音に祈りを捧げ、本堂横の広場から那智大滝を遠望。続いて急な石段を下り、❽**那智大滝**（なちおおたき）へ。滝本には大滝をご神体とする熊野那智大社の別宮・飛瀧（ひろう）神社があり、御滝拝所に入れば水しぶきがかかるほど間近で、聖なる大滝を仰げる。石段を引き返し、❾**那智の滝前バス停**から帰途につく。

カフェ

茶房珍重菴 那智山店（さぼうちんちょうあん なちさんてん）

那智山の大パノラマを眺めながら名物「熊野もうで餅」で一服

青岸渡寺の山門下にある茶店。熊野灘や那智大滝を望む見晴らしのいい店内で、和スイーツやうどん・そばなどが味わえる。餅でこし餡を包んで玄米粉をかけた名物「熊野もうで餅」は、抹茶とセットで385円。みやげ用は5個入り680円～。

☎0735-55-0811
㊟和歌山県東牟婁郡那智勝浦町那智山39
㊗10～15時 ㊡不定休

落差133mの名瀑
❽ 那智大滝
ゴール
❾ 那智の滝前バス停
❺ 多富気王子
赤い欄干の橋（振ヶ瀬橋）
夫婦杉
道標あり
浄水場
那智ねぼけ堂
20分
二ノ瀬橋
宝泉寺
市野々
那智川
7分
大門坂
那智山勝浦線
46
100
大門坂茶屋
❹ 大門坂入口
市野々小
市野々小学校前
5分
飛瀧神社
15分
大門坂
25分
200
杉の老木のなかを歩く。昔の熊野詣が偲ばれる道
食堂やみやげ物店が並ぶ
茶房珍重菴 那智山店
那智山
300
❸ 市野々王子
❼ 那智山青岸渡寺
❻ 熊野那智大社
46
400
500
600
700
那智山スカイライン

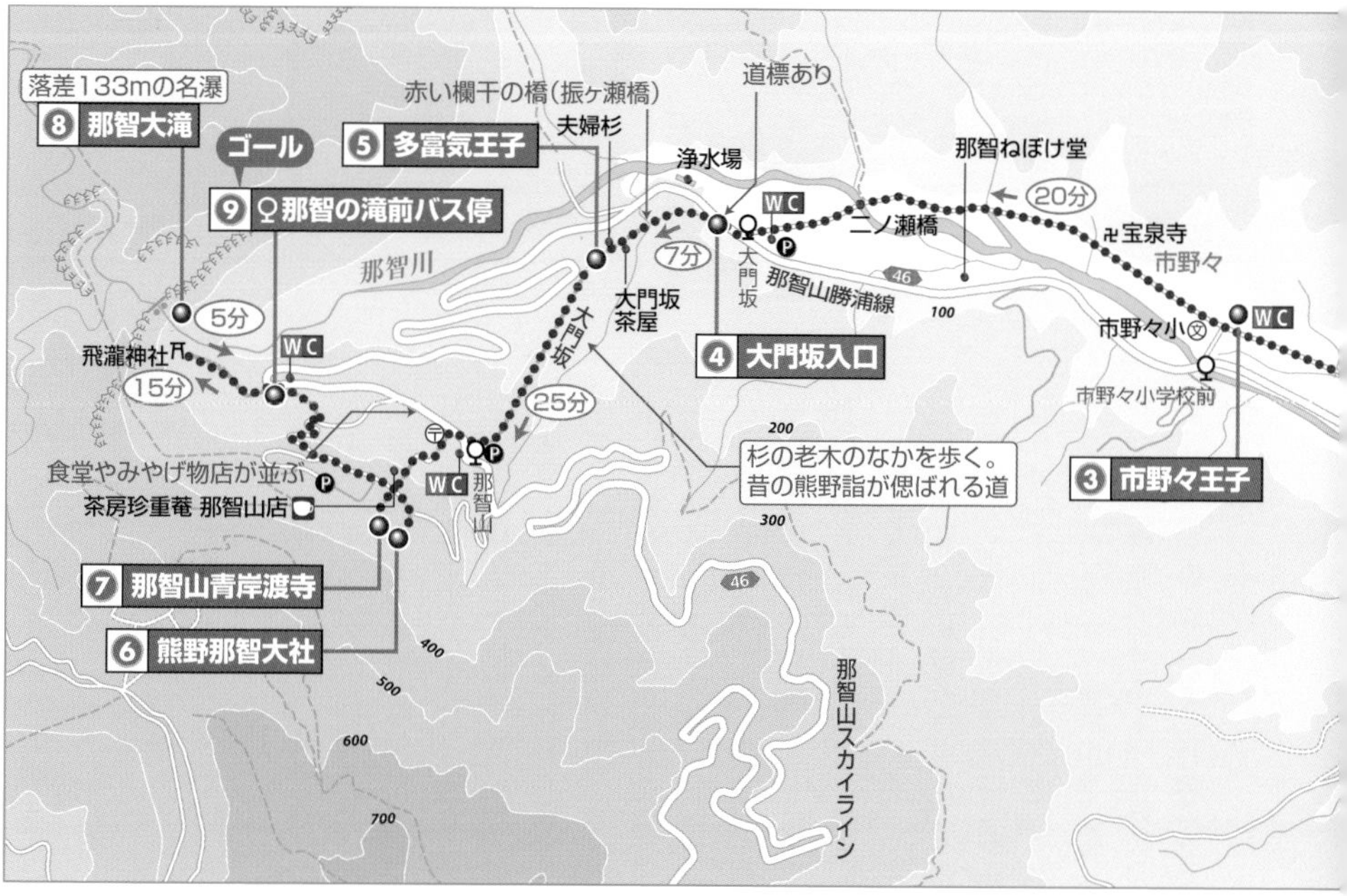

第2番 札所

紀三井山 金剛宝寺（紀三井寺）

平成の大観音が迎える早咲き桜の名所

宗派 救世観音宗総本山
本尊 十一面観世音菩薩
創建 宝亀元年（770）

▲仏殿の本尊・大千手十一面観世音菩薩像。総漆金箔張のきらびやかな観音さまだ

▶正面の唐破風と千鳥破風が美しい本堂。春は桜に包まれる

▲文安6年（1449）に再建された多宝塔は重文に指定されている

宝亀元年（770）、唐の僧・為光上人により開かれた観音霊場。和歌浦を見渡す名草山の中腹の境内には、本堂を中心に、重要文化財の多宝塔や鐘楼など、室町～江戸時代の古建築が多く残る。それらと対をなすのが、2008年開眼の大千手十一面観世音菩薩像を祀る仏殿だ。大観音像は寄木造の立像仏としては日本最大の巨像で、高さはなんと12m。展望回廊に上れば、観音さまをお顔の高さで拝むことができるという、斬新な構造となっている。

寺は早咲きの桜の名所としても古来名高く、松尾芭蕉も、ここでの花見を句に詠んでいる。本堂前に植わるソメイヨシノは、和歌山地方気象台の開花観測用の標本木。この桜の開花宣言が出されると、近畿に春が訪れるといわれる。

☎073-444-1002
住 和歌山県和歌山市紀三井寺1201
料 入山400円（2024年4月4日まで徒歩による参拝者は無料。ケーブルカー片道200円）
時 8～17時
P 30台（有料）

和歌山県
和歌山市

コース 2

桜の名所・紀三井寺から、和歌浦の海岸線を歩く

▲楼門下と仏殿下を結ぶケーブルカーを利用すれば、急な石段を歩かずとも参拝できる（運行時間8時30分〜16時30分）

◀結縁坂の中ほどにある"女厄除坂"。33段をゆっくり数えながら上る

近畿に春を告げる寺・紀三井寺から、『万葉集』にも多く詠まれた景勝地・和歌浦（わかのうら）の雄大な風景を満喫するコース。自然景観のみならず、随所に残る紀州徳川家ゆかりの史跡も見逃せない。

桜の季節にはホームに人があふれかえる❶**紀三井寺駅**（きみいでら）をスタートし、線路と平行する道をしばらく南へ歩くと、踏切のところで❷**紀三井寺**の参道に合流。左折して参道を行くと、ほどなく朱塗りの楼門が見えてくる。ここから本堂へは、"結縁坂"（けちえんざか）とよばれる231段の急な石段が続く。坂名の由来は、江戸時代の豪商・紀伊国屋文左衛門が若かりしころ、母を背負ってこの坂を上りお参りする途中、のちに妻となる女性と出会ったというエピソードから。

結縁坂を上り始めると、境内に湧く霊泉"三井水"（さんせいすい）の一つ"清浄水"（しょうじょうすい）が崖から流れ落ちているところに着く。そこから、33段の"女厄除坂"、42段の"男厄除坂"、61段

アクセス

【行き】
天王寺駅からJR阪和線紀州路快速で約1時間10分、和歌山駅乗り換え、JR紀勢本線普通列車で6分、紀三井寺駅下車。

【帰り】
養翠園前バス停から和歌山バスJR和歌山駅行きで27分、終点下車、往路を戻る。

コースアドバイス 波打ち際の遊歩道は潮の流れに注意して

和歌浦湾に沿って続く海岸線には遊歩道が設けられており、快適なウォーキングが楽しめる。特に、コース序盤の不老橋付近や片男波公園は、歩道やトイレなどもよく整備されている。和歌浦漁港を過ぎると歩道が途切れる箇所があり、文字どおりの波打ち際を歩くことになるので、高波のある時は、高台に並行する車道を注意して歩こう。

所要時間 約5時間
歩行時間 約2時間10分
歩行距離 約8.5km

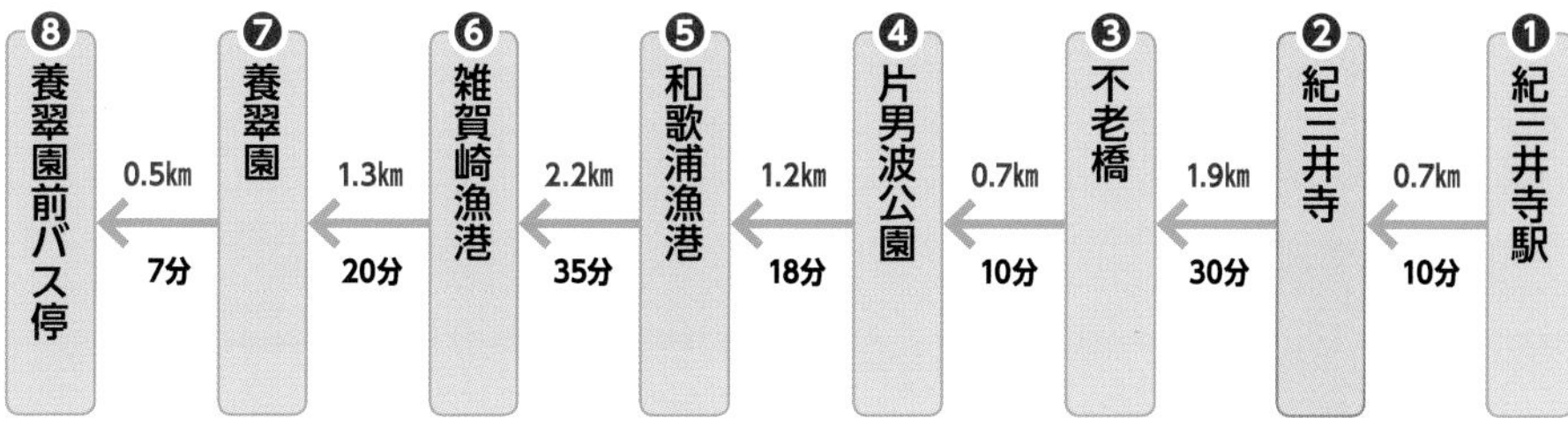

▲美しい片男波公園に立つ万葉館。入館無料なので気軽に立ち寄れる

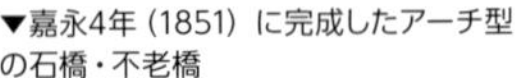

▼嘉永4年（1851）に完成したアーチ型の石橋・不老橋

▲仏殿の展望回廊からの眺め。『万葉集』にも詠まれた和歌浦が眼下に広がる

の〝還暦厄坂〟を一気に上り切ると、本堂や多宝塔などが立ち並ぶ高台に出る。本堂前の広場や、仏殿の展望回廊などからは、和歌浦の絶景を見渡せる。

紀三井寺をあとに、みやげ物店などが軒を連ねる参道を引き返し、紀三井寺交差点から国道42号の歩道を西へ進む。和歌川に架かる旭橋を渡ってすぐ、左の小さな階段を下りると、あとはずっと海沿いに歩いて行くことができる。

初代紀州藩主・徳川頼宣が紀三井寺の遥拝所として建てたという観海閣が立つ妹背山、〝和歌の神さま〟として万葉の時代から信仰を集める玉津島神社、第10代藩主・徳川治宝が建造した❸**不老橋**などを巡りながら、❹**片男波公園**へ。片男波とは、万葉歌人・山部赤人が詠んだ「若の浦に 潮満ち来れば 潟をなみ 葦辺をさして 鶴鳴き渡る」という歌から。白砂青松の美しく整備された公園内には、『万葉集』の世界をわかりやすく紹介するミュージアム・万葉館がある。夏には海水浴場がオープンし、砂浜には一斉にビーチパラソルの花が咲く。

左手に和歌浦湾を眺めながら、海岸線を❺**和歌浦漁港**へ向かって歩く。このあたりは新和歌浦とよばれ、かつては新婚旅行の

和歌山駅へ
和田川橋
和歌川
JRきのくに線（紀勢本線）
国体道路
三葛
県立医科大
県立医科大附属病院
紀陽銀行
❶ 紀三井寺駅
スタート
旭橋
明和中
10分
岸に紀三井寺を望む
岸線を歩く
紀三井寺
モスバーガー
❷ 紀三井寺
踏切を渡る
紀三井寺
シーサイドロード
布引
和歌山県
和歌山市
海南駅へ
マリーナシティへ
海南へ

Column

元紀州徳川家庭園 養翠園

風光明媚な和歌浦には、紀州徳川家ゆかりの史跡が数多く残る。その一つ、養翠園は、第10代藩主・徳川治宝により文政元年（1818）に造営が開始された大名庭園だ。大浦湾に面した広大な庭の中心を占める池は、海水を取り入れた“汐入の池”という珍しいもの。御茶屋「養翠亭」を含め、国の名勝に指定されている。

◀雄大な池泉回遊式庭園。まるで大海を行くように橋を渡って池の真ん中へ進む

◀和歌浦漁港から海岸線沿いに遊歩道が続く。なかには砂浜を歩く箇所も

◀新和歌浦のシンボルともいえる奇岩・蓬莱岩はパワースポットとしても人気

▲海沿いの急斜面に民家が密集する雑賀崎は近年「日本のアマルフィ」とよばれて注目されている

行先として人気を誇った。遊歩道沿いの右手の高台には、和歌浦温泉の巨大旅館が新旧入り交じり立ち並んでいる。海岸線をしばらく行き、浪早ビーチを経て浪早崎トンネルをくぐり、新和歌大橋を渡ると、❻**雑賀崎漁港**。海上釣堀の雑賀崎シーパーク前を右折して雑賀崎トンネルを抜ける。

しばらく行くと大浦湾の向こうに大名庭園❼**養翠園**が遠望できる。左手の水軒大橋を渡り、湾を回り込むようにして正門へ。紀州徳川家の庭園美を堪能したら、❽**養翠園前バス停**から帰路につこう。

食べる　わかうらぎょこう おっとっとひろば
和歌浦漁港 おっとっと広場

目の前の和歌浦湾で獲れた新鮮な魚介がずらりと揃う

和歌浦漁港内に、土・日曜、祝日のみオープンする特設市場。各ブースで獲れたての魚介を販売するほか、刺身や寿司、海鮮丼などをその場で味わうことができる。和歌浦名物のシラスをたっぷり使った写真のやぶ新丼は800円。

☎073-446-3308
㊓和歌山県和歌山市新和歌浦1-1 ㊕10～14時
㊡営業は土・日曜、祝日のみ

紀三井寺コース

水軒大橋
7分
❼ 養翠園
❽ 養翠園前バス停
ゴール
関戸
和歌山城へ
42
雑賀崎小
雑賀崎
15
双子島荘
❻ 雑賀崎漁港
和歌浦トンネル
▲93 天神山
紀州東照宮
和歌浦天満宮
和歌浦中
和歌浦武道館
和歌浦小
御手洗池
番所庭園
雑賀崎漁協
雑賀崎トンネル
20分
❺ 和歌浦漁港
雑賀崎灯台
WC
トンネル内の歩道を歩く
章魚頭姿山 151
毘沙門寺
玉津島神社
雑賀崎シーパーク
❸ 不老橋
新和歌大橋
新和歌ロッジ
新和歌浦
和歌浦漁港 おっとっと広場
和歌の浦アートキューブ
橋上から「日本のアマルフィ」とよばれる雑賀崎を一望できる
海岸通り
和歌浦南
田野
波打際を歩く遊歩道
浪早崎トンネル
蓬莱岩
35分
18分
トンネル内の歩道を歩く
WC
牛ノ鼻
和歌の浦温泉 萬波
浪早崎
浪早ビーチ
海水浴やバーベキューが楽しめる
❹ 片男波公園
白砂青松の公園が整備されている
片男波海水浴場
N
0　500m
和歌浦湾

第**3**番
札所

西国札所最大の本堂と美しい庭園が調和

風猛山(ふうもうざん) 粉河寺(こかわでら)

宗派　粉河観音宗総本山
本尊　千手千眼観世音菩薩
創建　宝亀元年(770)

▲一重屋根の礼堂と二重屋根の正堂とが結合した本堂。前には桃山時代の石庭がある

▶朱塗りが目を引く総檜造りの大門は、宝永4年（1707）に再建されたもの

▲大門をくぐると縁起で語られる「粉河」沿いに参道が続いている

奈良時代末、地元の猟師・大伴孔子古(おおとものくじこ)によって開かれたと伝わる。鎌倉時代には約4㎞四方の境内に七堂伽藍と550の坊舎が立ち並んだが、のちの豊臣秀吉の紀州攻めでほぼ全山焼失。江戸時代に紀州徳川家の援助を受けて復興した。

西国札所で最大といわれる本堂や中門、大門、千手堂は重要文化財。本尊は本堂の井戸の中に安置されているという絶対秘仏の千手千眼観世音菩薩。お前立ちも秘仏だが、本堂内陣には二十八部衆像ほか多くの尊像が祀られている。また須弥壇右側の木彫の虎は、徳川8代将軍吉宗が、左甚五郎に彫らせて奉納したものという。本堂前の庭園は桃山時代の枯山水。紀州石の名石が用いられ、国の名勝に指定されている。春は境内の桜が美しい。

☎0736-73-4830
住 和歌山県紀の川市粉河2787
料 境内自由（本堂内陣拝観400円）
時 8～17時
P 100台（有料）

和歌山県
紀の川市

コース 3

粉河寺から大和街道をたどり、華岡青洲ゆかりの里へ

所要時間 約4時間30分

歩行時間 約2時間5分

歩行距離 約7.7km

◀紀州の名石を豪快に配した粉河寺庭園は、国名勝に指定されている

▲粉河寺の中門。「風猛山」の扁額は、紀州徳川家10代藩主・治宝の直筆

紀の川の北岸に開かれた粉河寺は、約3万5000坪の境内に20余りの堂舎が点在する。参拝後に大和街道をたどり、医聖・華岡青洲ゆかりの地を訪ねる。

❶**粉河駅**から門前町を約800m行くと、❷**粉河寺**入口の大門が立つ。朱塗りの大楼門で、和歌山県では高野山と根来寺に次ぐ規模という。大門をくぐると川に沿って参道が延び、諸堂が並ぶ。本坊の隣の童男堂に祀られている童男大士像は、粉河寺の本尊・千手千眼観世音菩薩の仮の姿といわれ、右側の池から白馬に乗って現れたという。

粉河鋳物の代表作とされる蓮の葉形の手水鉢で手を清め、中門へ進む。門に掲げられている「風猛山」の扁額は、紀州徳川家10代藩主・治宝の直筆。門をくぐれば、国名勝の庭園がある。桃山時代に造られ、巨石、ソテツやサツキの植え込みを配した豪壮な枯山水だ。右側の石段を上がった本堂は享保5年（1720）の再建。左側の千

コースアドバイス
コースはほぼ平坦
粉河寺は桜の名所

粉河寺から秋葉山公園への上りを除けば、コースはおおむね平坦で、果樹園などののどかな景色を楽しみながらのんびり歩ける。粉河寺は桜の名所でもあり、春になると大門から続く参道、中門から本堂まで境内は一面桜の園となる。コース終盤の道の駅 青洲の里には、旬のフルーツや特産品が揃う産直ショップなどもあって便利。

アクセス

【行き】

天王寺駅からJR阪和線紀州路快速で約1時間10分、和歌山駅乗り換え、JR和歌山線で約35分、粉河駅下車。


【帰り】

西笠田駅からJR和歌山線で約25分、橋本駅乗り換え、南海高野線急行で約50分、難波駅下車。

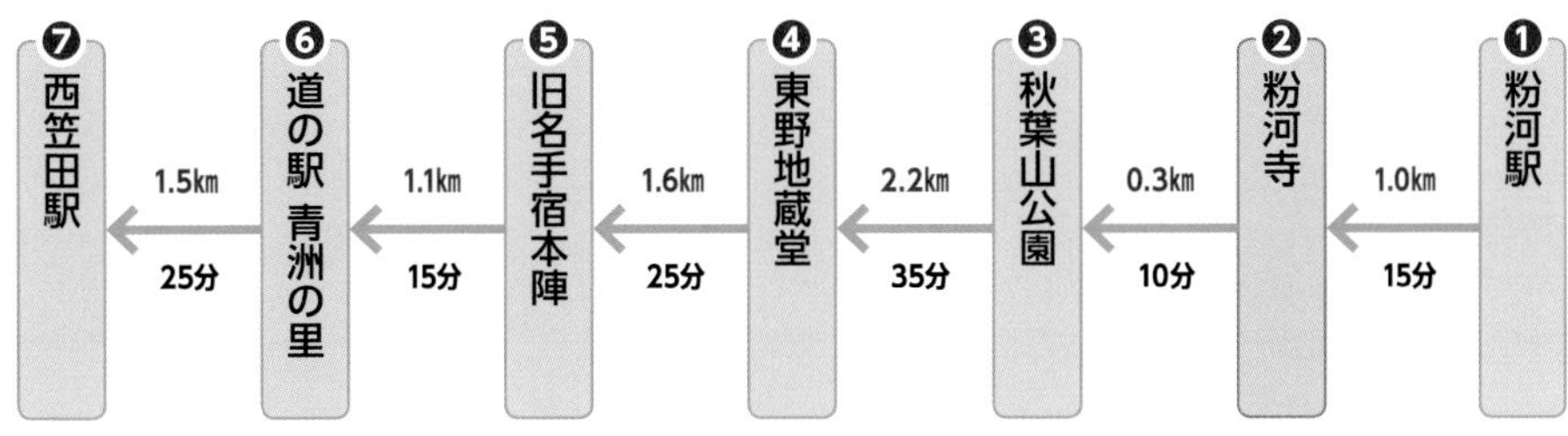

※旧名手宿本陣は火曜休館（祝日の場合は翌日）。道の駅 青洲の里は火曜休館（祝日の場合は翌日）。

▲三叉路に立つ東野地蔵堂。柵の中に地蔵が祀られている

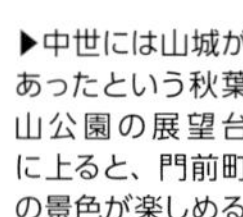
◀西高野街道の分岐に立つ常夜灯。「左いせ」がコースの方向。「右かうやみち」は高野山への道を表している

▶中世には山城があったという秋葉山公園の展望台に上ると、門前町の景色が楽しめる

手堂には、紀州藩歴代藩主の位牌を安置する。その前の石段を上がった粉河産土神社も参拝を。紀州三大祭の一つに数えられる粉河祭はこの神社の祭礼である。

参道を戻り、中門を出たら「秋葉大権現社」の案内板に従って左に折れ、すぐの突き当たりから左の❸**秋葉山公園**に上る。戦国時代には粉河寺の僧兵が山城を築いて寺を守ったとされ、櫓のような展望台から門前町を一望できる。トイレの前の道を進み、秋葉大権現社を拝んだら、そのまま遊歩道を下る。車道に出て川沿いを歩き、粉河高校の前を進んで行く。JR和歌山線を渡ってすぐ左に折れ、線路沿いに東に向かう。この道が紀州藩の参勤交代にも使われた大和街道で、道標を兼ねた常夜灯も残る。

再び線路を渡り、❹**東野地蔵堂**の立つ角を右に折れると、ハッサクや柿などの果樹園が広がる。名手橋を渡って左折し、すぐ先を右折。約500mで❺**旧名手宿本陣**（きゅうなてじゅくほんじん）に着く。大庄屋妹背家の住宅で、紀州藩主の参勤交代時の宿所に利用された。またここは、華岡青洲を支えた妻の実家でもある。

さらに東へ進み、川を渡って2本目の広い道路に出たら左折。なだらかな上り道を行き、案内板に従って右折した先に❻**道の**

Column

華岡青洲（はなおかせいしゅう）

華岡青洲は宝暦10年（1760）、現在の紀の川市に生まれた。代々医者の家系で、青洲も若くして京都に遊学、3年後、麻酔薬の開発を志して故郷に帰った。そして薬草の調合を重ね、最後の壁だった人体実験には、妻・加恵や母・於継（おつぎ）が身を捧げた。志から約20年を経た文化元年（1804）、麻酔薬「通仙散（つうせんさん）」（別名「麻沸散（まふつさん）」）が完成、間もなく全身麻酔による乳がんの手術に成功し、青洲の名は全国に知られるようになった。生涯に行った乳がんの手術は153例にのぼり、ほかにも麻酔を使った多くの外科手術を成功させた。

▲「青洲の里」に立つ華岡青洲像

▲道の駅 青洲の里内に立つ春林軒。主屋と蔵は青洲が活躍した当時の建物

▼華岡青洲展示室のほかショップやレストランが揃う道の駅 青洲の里

▲紀州藩主の参勤交代時の宿所として利用された旧名手宿本陣

駅 **青洲の里**がある。このあたりは、全身麻酔を使った外科手術に世界で初めて成功した江戸時代の医師、華岡青洲の出身地。施設内には青洲の功績を紹介する展示室のほか、住居兼診療所・医学塾として建てられた「春林軒」などがある。人形で再現した手術の様子や、麻酔の実験台となった妻を看病する青洲の姿は臨場感たっぷり。

春林軒を出たら前の道を左に下る。果樹園を出て川沿いの道となり、ＪＲ和歌山線を渡ってカーブミラーのある車道を左へ。妹背橋を過ぎて国道から左に上がれば❼**西笠田駅**に着く。

カフェ 買う

かんこうとくさんせんたーこかわ

観光特産センターこかわ

地元のフルーツをふんだんに使ったオリジナル菓子やドリンクが人気

粉河寺門前にある特産品ショップ＆カフェ。粉河寺のスイーツ巡礼の菓子「きのくにシュトーレン」「はっさくプーロ」「鞆淵の黒豆大福」にコーヒーが付く巡礼セットは770円（＋50円～でドリンクは変更可）。季節の発酵フルーツドリンク400円。

☎0736-73-8500
住 和歌山県紀の川市粉河2046-1
時 9～18時 休 不定休

粉河寺コース

紀の川
麻生津中
麻生津橋
麻生津大橋
0 500m
北涌
那賀体育館
名手西野
B&G海洋センター
那賀支所
名手病院
JA流通センター
名手駅
紀陽銀行
名手橋
後田
旧家が軒を連ねる風情ある道
名手小
藤崎
西高野街道との分岐 常夜灯あ
❹ 東野地蔵堂
24
王子
東野
25分
卍小松院
線路に沿って果樹園のなかを歩く
穴伏
JR和歌山線
名手市場
那賀総合センター
安養寺卍
和歌山県 紀の川市
ゴール
❼ 西笠田駅
トイレはないので注意
24
❺ 旧名手宿本陣
名手八幡神社
15分
名手川
橋本へ
高田公園
新妹背橋
那賀中
西野山ふれあい公園
25分
妹背橋
❻ 道の駅 青洲の里
橋本駅へ
480
春林軒
県立高等看護学院
下丹生谷

第4番 札所

槇尾山 施福寺

槇尾山中に本堂を構える巡礼の難所

宗派 天台宗
本尊 十一面千手千眼観世音菩薩
創建 欽明天皇時代（6世紀）

▲金色に輝く本尊の弥勒如来坐像（右）と札所本尊の十一面千手千眼観世音菩薩立像

▶幕末の安政年間（1854〜60）再建の本堂。境内に立つほかの堂もそのころに再建されたもの

▲春になると境内は美しい桜の花に包まれる

大阪府と和歌山県を隔てる和泉山脈に属する槇尾山に立つ、西国巡礼の難所。西国巡礼の中興の祖である花山法皇は巡礼の途次、あまりの山の深さから道に迷ったという伝説が残る。縁起によれば、欽明天皇の命で行満上人が弥勒菩薩を本尊として開創。奈良時代の高僧行基もこの山で修行し、文殊菩薩像を安置。宝亀2年（771）には行基の高弟・法海上人が千手観音像を祀り、この像が札所本尊となった。

現在の諸堂は安政年間（1854〜60）に整備されたもの。これまで本尊は5月1〜15日のみ開扉されたが、2015年より常時拝観可能になった。本堂内は壮観。本尊や札所本尊などが並ぶほかにも日本で唯一という方違大観音、馬頭観音坐像など多くの仏像を拝観できる。

☎0725-92-2332
住 大阪府和泉市槇尾山町136
料 入山500円（本堂内拝観は別途500円）
時 8〜17時（12〜2月は〜16時）
P 100台

大阪府和泉市
河内長野市

コース 4

金色の諸仏を祀る施福寺から、河内長野市の滝畑へ下る

所要時間 **約5時間30分**

歩行時間 **約2時間35分**

歩行距離 **約6.3km**

◀施福寺の仁王門。バス停からここまでは舗装道の緩やかな坂道

▲仁王門をくぐると参道は山道となり、石段の区間も多い

◀凶方位を吉方位に変えてくれる開運招福の方違大観音。座高4mを超える迫力に満ちた美しい像だ

槇尾山（標高600m）の山中にある施福寺へ参詣後、河内長野市の滝畑へ下るハイキングコース。急坂の山道が続くので歩きやすい靴で出かけよう。

❶**槇尾山バス停**から、舗装されたなだらかな坂道を10分ほど進むと❷**施福寺**の仁王門がある。古色を帯びた門から先は、急な石段や坂道が続いている。施福寺は弘法大師空海が得度受戒した寺とも伝えられ、参道の途中には「弘法大師姿見の井戸」や、大師の剃髪所跡という愛染堂、その御髪を納めた御髪堂などもある。

愛染堂から最後の急峻な石段を上り切ると視界が開け、わずかな平坦地に本堂などが立っている。このあたりで標高約470m。本堂の少し前の広場からは、一帯の山々を望める。石段上りの疲れも癒やされる雄大な景色である。

本堂内には中央に本尊の弥勒如来坐像が坐し、向かって右に文殊菩薩立像、左に札

コースアドバイス　ハードな山道が続く 足下は固めておきたい

起点から滝畑まで山道を歩く。この間、店はおろか自販機もないので要注意。出発後、施福寺までは標高差200mをひたすら上る。ただ本当に厳しいのはこの先。滝畑までの3㎞は急なアップダウンが連続し、道の細いところもあるので、丈夫な歩きやすい靴で出かけよう。登山に慣れていない人は起点～施福寺の往復にとどめてもよい。

アクセス

【行き】

難波駅から南海高野線準急で35分、和泉中央駅下車。南海バス槇尾山口行きまたは父鬼行きで26分、槇尾中学校前下車、オレンジバス槇尾山行きに乗り換え12分、終点下車。※バス時刻要確認

【帰り】

滝畑ダムバス停から南海バス河内長野駅前行きで51分、終点下車。南海高野線急行で28分、難波駅下車。

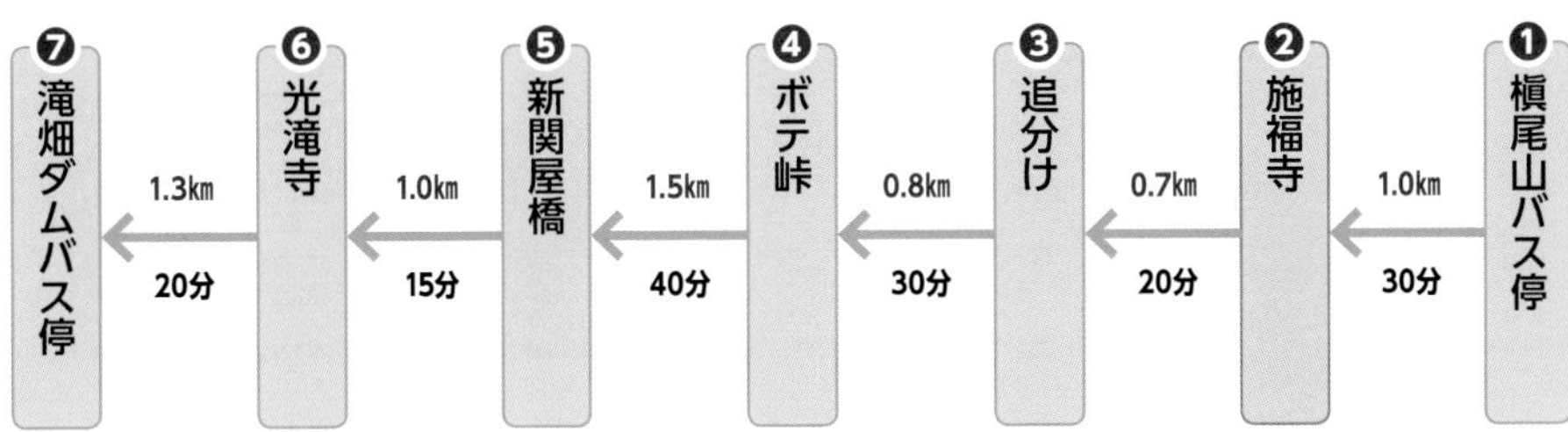

※コース状況などの問合せは和泉市いずみの国観光おもてなし処☎0725-40-5552、河内長野市観光案内所☎0721-55-0100へ。

▲急坂を上ってたどり着くボテ峠。ベンチがあるのでひと休みしよう

◀施福寺境内に立つ江戸時代の道標。「右 ふし井てら（5番の葛井寺）」などと刻まれている

▶頭上に馬の頭をのせた馬頭観音坐像。以前はほとんど開扉されなかったが、現在は本尊などとともに常時拝観できる

所本尊の十一面千手観音立像が立つ。いずれも金色に輝き、周囲を四天王像が守る姿は壮観だ。その背後の後堂にも多くの仏像が安置されており、このうち馬頭観音坐像は、西国巡礼中興の祖である花山法皇ゆかり。法皇は第3番粉河寺から施福寺へ向かう途中、あまりの山の深さから道に迷ってしまった。その時、馬の嘶きが聞こえてきたので、それを頼りに歩を進め、無事、寺にたどり着くことができた。法皇はこれこそ馬頭観音のお導きであると知り、馬頭観音像を後堂に安置したと伝わる。

参拝を終えて、寺をあとにする。道標の指示に従い、滝畑ダム湖のほとりの滝畑を目指してダイヤモンドトレールを歩く。槇尾山を西の終起点とするこの道は、金剛葛城山系の稜線を縦走する長距離自然歩道。京阪神のハイカーには人気のルートだ。

寺から急な山道を20分ほど下って行くと谷間の❸**追分け**に着く。そこから番屋峠まで上って、少し下り、再び急坂を上って❹**ボテ峠**へと至る。道標を確認して、滝畑への道を進む。ここからは下る一方。道が細いので濡れた枯れ葉などで足を滑らせないようにしたい。やがて山道は終わり、滝畑の集落へ出る。民家の間の短い階段を抜け

Column

滝畑四十八滝（たきはたしじゅうはちたき）

滝畑四十八滝は大和川の支流にあたる石川上流の渓谷に点在する滝の総称。光滝、荒滝、御光滝、夫婦滝、稚児滝などが挙げられる。江戸時代の観光ガイドブックで、享和元年（1801）刊行の『河内名所図会』にも紹介されており、前記の滝のほかにも権現滝や馬頭の滝、虎の滝などを合わせて48あると記されている。

▲滝畑四十八滝の一つ、荒滝

▲本コースの終点である滝畑ダムバス停から見た槇尾山

◀かつては施福寺の奥院だったという光滝寺の本堂。寺名は近くにある光滝に由来する

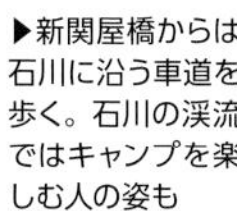

▶新関屋橋からは石川に沿う車道を歩く。石川の渓流ではキャンプを楽しむ人の姿も

て道なりに進み、大和川支流である石川に架かる❺新関屋橋を渡る。その先にはレストランがあるので、一服するのもいい。

さらに上流へ向けて、川沿いの車道を進む。歩道はないので、車には気をつけたい。自然に恵まれ、滝畑ダムもあるこのあたりは近年「奥河内」とよばれて、人気があり、夏には渓流沿いでバーベキューを楽しむ家族連れなどが多い。

出合い橋を渡ると、道は二手に分かれるので、右手のアスファルトの坂道へ。少し行けば、飛鳥時代、行満上人が欽明天皇の命で開いたという❻光滝寺に着く。かつては施福寺の奥院とされていた寺で、本尊は不動明王。また炭焼不動堂にも不動明王が祀られている。この像は、かつて翁に化身して住職に白炭の製法を教え、それが村人に広まって滝畑が炭の名産地になったという由緒をもつ。

参拝後は来た道を引き返し、❼**滝畑ダムバス停**へと向かう。なお光滝寺への分岐点まで戻った後、川沿いの車道を上流へ向かえば光滝寺キャンプ場に至る。場内からさらに上流へ歩いて行くと、多くの滝を見ることができる。これらの滝は「滝畑四十八滝」と総称されている。

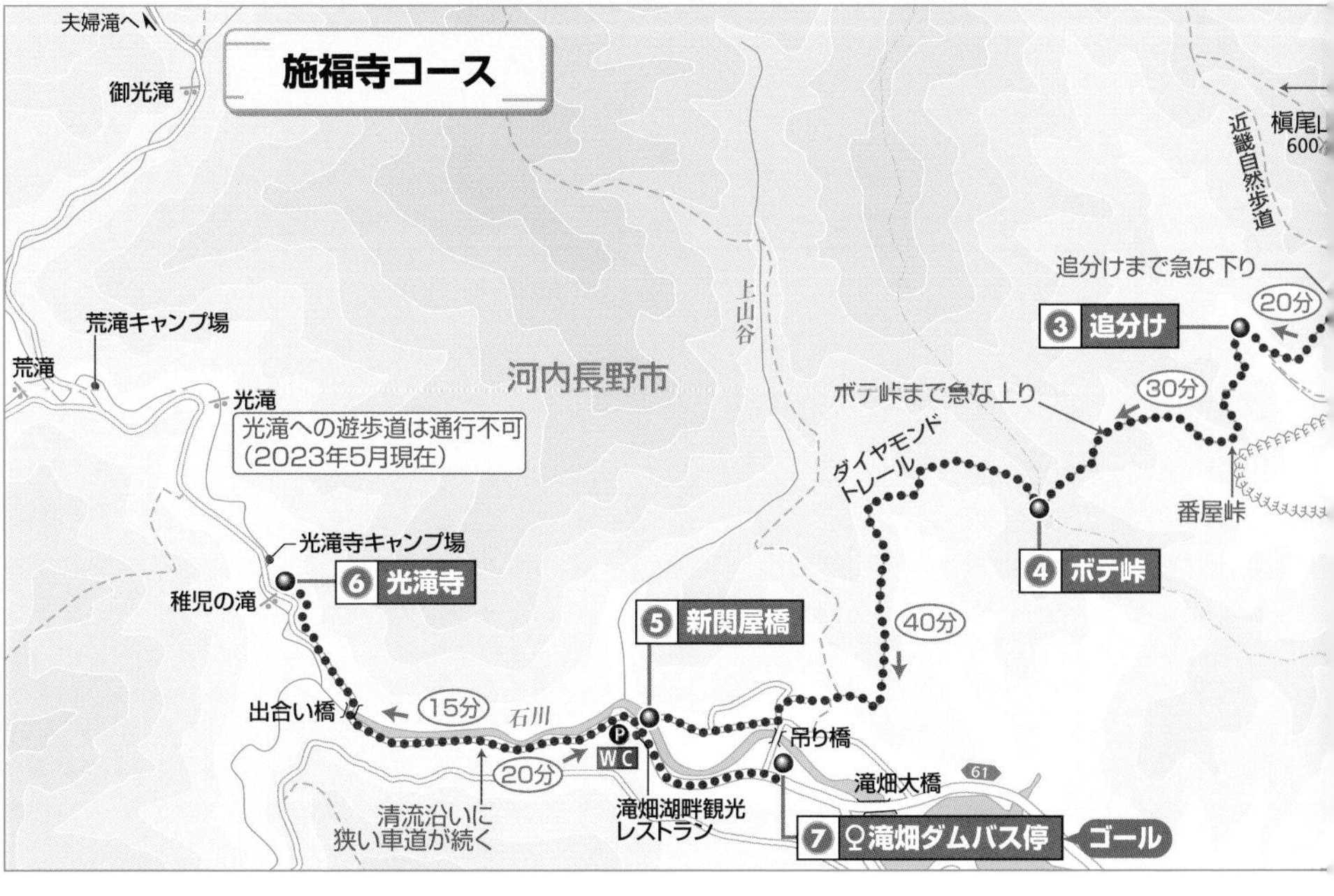

施福寺コース

夫婦滝へ
御光滝
槇尾山 600
近畿自然歩道
追分けまで急な下り
20分
3 追分け
上山谷
荒滝キャンプ場
荒滝
河内長野市
光滝
光滝への遊歩道は通行不可（2023年5月現在）
ボテ峠まで急な上り
30分
ダイヤモンドトレール
番屋峠
4 ボテ峠
光滝寺キャンプ場
6 光滝寺
稚児の滝
5 新関屋橋
40分
出合い橋
15分
石川
吊り橋
20分
WC
滝畑大橋
61
清流沿いに狭い車道が続く
滝畑湖畔観光レストラン
7 滝畑ダムバス停
ゴール

第5番札所

紫雲山（しうんざん） 葛井寺（ふじいでら）

国宝の観音さまが鎮座する庶民のお寺

宗派　真言宗御室派

本尊　十一面千手千眼観世音菩薩

創建　神亀2年（725）

▲国宝の千手観音坐像を安置する本堂。藤井寺市はこの寺の門前町として発展してきた

▶「紫雲山」の扁額を掲げる豪壮な南大門。門をくぐれば正面奥に本堂が見える

▲境内には「南無観世音菩薩」と書かれた奉納のぼりがはためく

百済王族の子孫という渡来氏族、葛井氏の氏寺として7世紀後半に建立されたのが始まり。奈良時代に聖武天皇の勅願で大伽藍が整備され、神亀2年（725）の本尊の開眼法要では高僧の行基が導師を勤めたという。観音信仰が高まった平安前期には、貴族から庶民まで幅広い信仰を集めて隆盛したが、後半に入ると衰退。それを嘆いた大和国の藤井安基（やすもと）という人が、永長元年（1096）に荒廃していた堂宇を復興した。以後、藤井の姓を採って「藤井寺」とも記されるようになり、それが一帯の地名ともなって今に残る。

本尊の十一面千手千眼観世音菩薩像は国宝。天平彫刻の傑作で、毎月18日に拝観できる。境内は藤の名所でもあり、例年4月上旬～下旬に見ごろを迎える。

☎072-938-0005

住 大阪府藤井寺市藤井寺1-16-21

料 境内自由（毎月18日の本尊拝観は500円）

時 8～17時

P 周辺有料駐車場利用

◀葛井寺は寺名のとおり古くから藤の名所として知られる。開花に合わせて毎年「藤まつり」も行われる

大阪府
藤井寺市

コース 5

藤の名所の葛井寺から、世界遺産の古墳群を巡る

❶**藤井寺駅**(ふじいでら)で下車し、線路沿いに東へ向かうと、寺の案内板が掲示されている。それに従い、藤井寺一番街商店街のアーケードを抜けると、左手に朱塗りの四脚門が見える。これが❷**葛井寺**(ふじいでら)の西門。慶長6年(1601)に豊臣秀頼が寄進したものといい、重文に指定されている。西国三十三所の巡礼者のみならず、地元の人もサンダル履きで足を運ぶ、実に庶民的な雰囲気の町なかのお寺である。

西門から境内に入れるが、正式な参拝ルートは「紫雲山」と記された扁額が掲げられた南大門から。豪壮なこの門を通れば、正面に入母屋造の本堂が立つ。堂内の厨子に安置される本尊の十一面千手千眼観世音菩薩坐像は、奈良時代の作で国宝。現存する最古の千手観音といわれる。

千手観音の腕は、通常42本に省略して造られるが、この像は千手の名のとおりに、1043本の腕をもち、すべての掌に慈し

コースアドバイス

**全体的に平坦な道程
歴史豊かなコース**

藤井寺駅からゴールの道明寺駅までのほとんどが平坦な道程。駅から葛井寺までの賑やかな商店街には、観光案内所「藤井寺まちかど情報館」もあり、詳しい地図も入手できる。一帯では古墳巡りをする人も多く、本コース沿いにも道標がよく整備されている。迷うことなく、快適なウォーキングを楽しめるだろう。

所要時間
約3時間

歩行時間
約1時間20分

歩行距離
約4.7km

アクセス

【行き】
大阪阿部野橋駅から近鉄南大阪線準急で13分、藤井寺駅下車。

【帰り】
道明寺駅から近鉄南大阪線準急で19分、大阪阿部野橋駅下車。

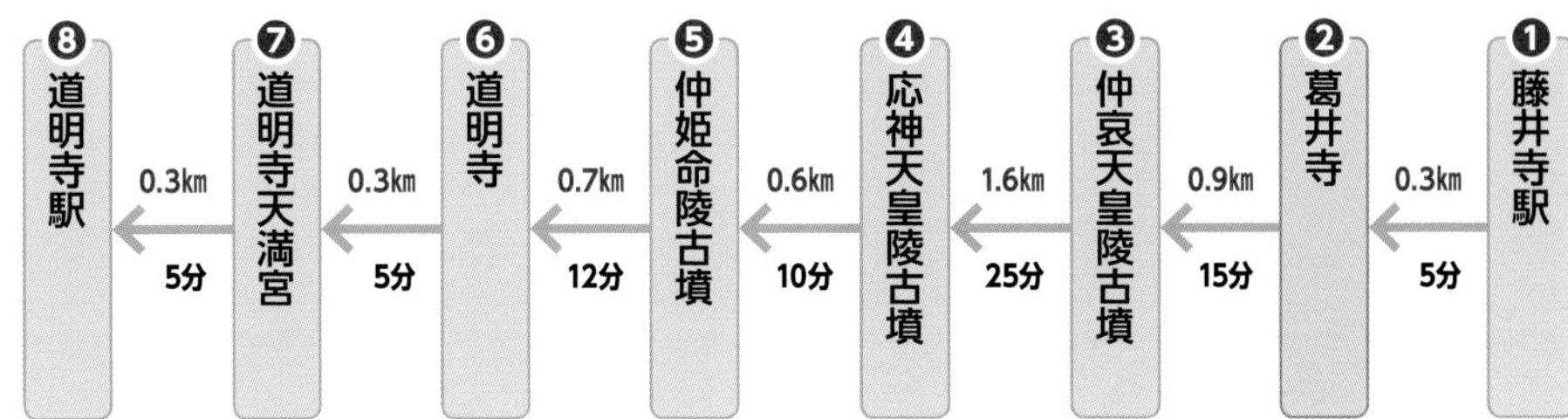

◀斬新な外観のアイセルシュラホール。館内2階に歴史展示ゾーンがある。月曜休（祝日の場合は翌日）

▲仲哀天皇陵古墳は墳丘長242m。古市古墳群で3番目に大きい

◀応神天皇陵古墳。堺市の仁徳天皇陵に次いで全国2位の墳丘長を誇る

みをもった眼が描かれている。秘仏だが、毎月18日に厨子の扉が開かれ、貴重な姿を拝むことができる。

境内には「ヴィクリディタサマデ・キリク」という名の休憩所もある。「観音さまとともに一服して下さい」という意味のインドの言葉だという。寺名にちなんだ「葛井餅」が名物。良質の葛を用いた餅は品のよい甘さと独特の食感が印象に残る。散策前にひと息入れるのもいいだろう。

ここから先は多くの古墳を見る。藤井寺市と隣の羽曳野市に広がる古市古墳群には、4世紀後半～6世紀中ごろに造られた45基の古墳が現存。堺市の百舌鳥古墳群とともに2019年に「百舌鳥・古市古墳群」として世界文化遺産に登録された。

寺の南大門から南下して行くと、左手に藤井寺市の生涯学習施設アイセルシュラホールが見える。古代の木ぞり「修羅」と船形埴輪をモチーフにした独創的な意匠の建物内には、市内の古墳の出土品などを展示。散策の予習に打って付けだ。さらに南へ下り、道が左にカーブする地点で右の道へ入ると**❸仲哀天皇陵古墳**（岡ミサンザイ古墳）に出る。濠に多彩な水鳥が飛来する、バードウォッチングスポットともなっている。

Column

現代に蘇った井真成

藤井寺市の公式キャラクターとして活躍する「まなりくん」。モデルは、井真成（いのまなり）という実在の人物だ。もっともその存在はだれも知らなかったが、2004年、中国の古都・西安で真成の墓誌が発見され、一躍、世に知られることになった。真成は8世紀に阿倍仲麻呂らとともに19歳で海を渡った遣唐留学生。葛井寺を建立した葛井氏の出身ともいわれる。唐では玄宗皇帝に仕えて活躍したが、帰国を目前にして36歳で急死した。墓誌には「遺骨は異国に埋葬するが、魂は故郷に帰ることを願う」とも記されていた。藤井寺市では墓誌の“里帰り運動”が起き、2005年に実現。アイセルシュラホールで一般公開された。墓誌はその後中国に戻ったが、現在、同ホールにはレプリカが展示されている。

◀葛井寺境内の休憩所で味わえる葛井餅。抹茶付き900円

▲藤井寺一番街商店街にある藤井寺まちかど情報館前には「まなりくん」の像が立つ

葛井寺コース

❸仲哀天皇陵古墳
（岡ミサンザイ古墳）
高鷲
春日丘
あべの橋駅へ
近鉄南大阪線
❶藤井寺駅
恵美坂
スタート
・イオン

▲道明寺。菅原道真が彫刻したという十一面観音像（国宝）を本尊とする

◀仲姫命陵古墳。応神天皇の皇后である仲姫命の陵とされている

▶古室山古墳は墳丘長150mの前方後円墳。墳丘に自由に上ることができ、後円部の頂からすばらしい眺望を楽しめる

続いて東へ住宅地を進んで行くと、❹応神天皇陵古墳（誉田御廟山古墳）へ至る。全国第2位の墳丘長425mを誇る巨大前方後円墳で、古墳の体積でいえば全国第1位。さらに大鳥塚古墳沿いの細道を北上して、西名阪自動車道の高架下を通過。目の前にある古室山古墳の墳丘を上り下りして❺仲姫命陵古墳（仲津山古墳）を訪ねる。墳丘長は290m、古市古墳群で第2位、全国でも9番目の大きさだ。

古室山古墳との間の道を進み、国道170号を越えると❻道明寺が立つ。古代にこのあたりを本拠地としていた土師氏が7世紀に創建した古寺。土師氏はのちに菅原姓に改め、平安時代に菅原道真を輩出した。道真は左遷先の大宰府に下る途次、伯母が住職をしていたこの寺に立ち寄り、別れを惜しんだと伝わる。

隣接する❼道明寺天満宮は、明治の神仏分離まで道明寺と一体だった。土師氏の祖神を祀ったことに始まり、のちに菅原道真らを祀る天満宮となった。梅の名所として知られ、また境内に古代の木ぞり「修羅」の復元品を展示している。天満宮から商店街を抜けると、❽道明寺駅はもう目の前である。

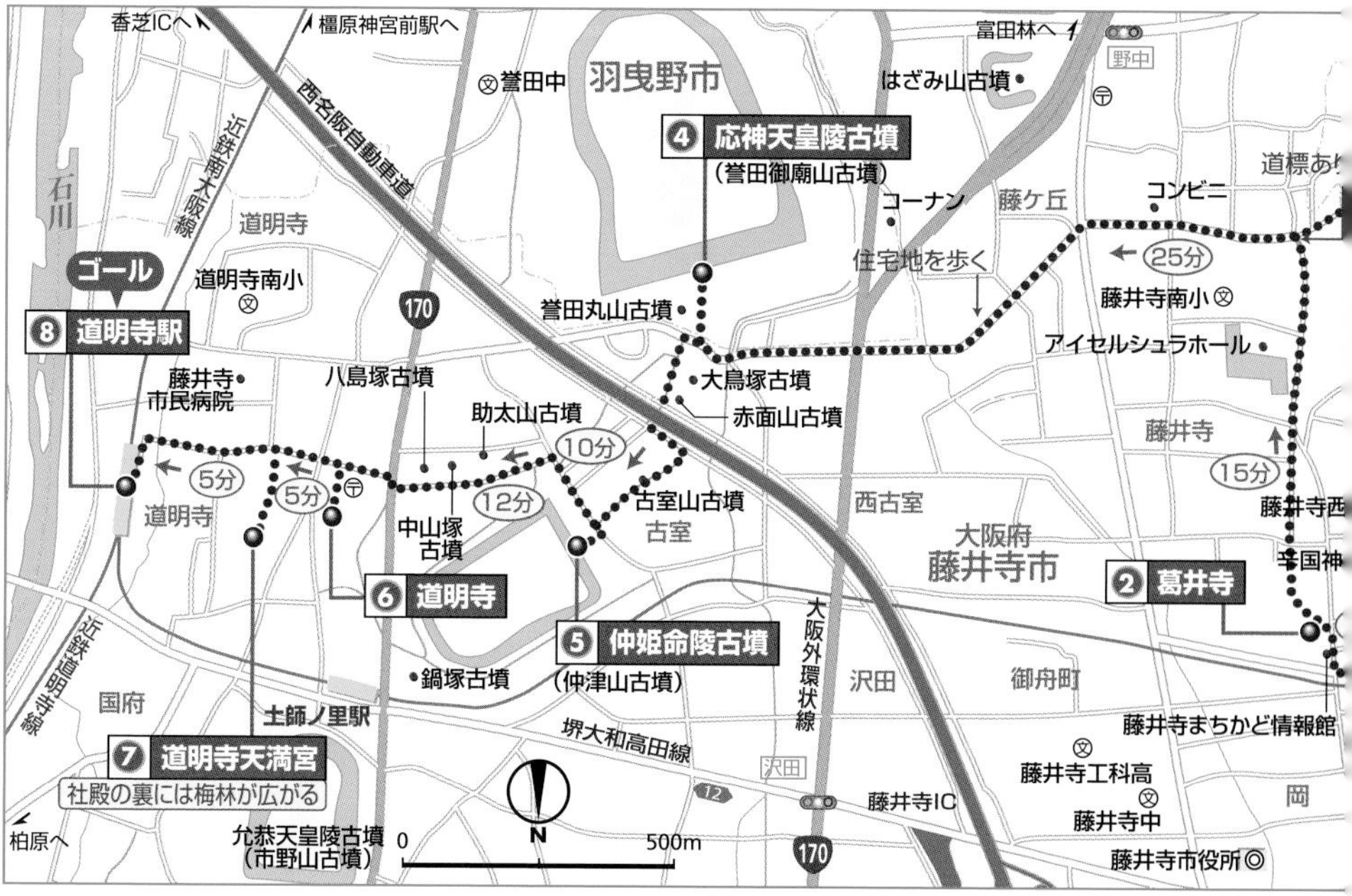

香芝ICへ
橿原神宮前駅へ
富田林へ
誉田中
羽曳野市
はざみ山古墳
野中
❹ 応神天皇陵古墳（誉田御廟山古墳）
西名阪自動車道
近鉄南大阪線
石川
道明寺
コーナン
藤ケ丘
コンビニ
道標あり
住宅地を歩く
25分
ゴール
道明寺南小
❽ 道明寺駅
170
誉田丸山古墳
藤井寺南小
アイセルシュラホール
藤井寺市民病院
八島塚古墳
大鳥塚古墳
赤面山古墳
助太山古墳
10分
藤井寺
15分
5分
5分
12分
古室山古墳
西古室
藤井寺西
道明寺
中山塚古墳
古室
大阪府 藤井寺市
❻ 道明寺
❷ 葛井寺
寺国神
近鉄道明寺線
❺ 仲姫命陵古墳（仲津山古墳）
大阪外環状線
鍋塚古墳
国府
沢田
御舟町
土師ノ里駅
藤井寺まちかど情報館
堺大和高田線
❼ 道明寺天満宮
社殿の裏には梅林が広がる
沢田
藤井寺工科高
12
藤井寺IC
岡
藤井寺中
柏原へ
允恭天皇陵古墳（市野山古墳）
0 500m
N
170
藤井寺市役所

第6番札所

ご本尊は眼病封じに霊験あらたか

壺阪山(つぼさかさん) 南法華寺(みなみほっけじ)(壺阪寺(つぼさかでら))

宗派 真言宗
本尊 十一面千手千眼観世音菩薩
創建 大宝3年(703)

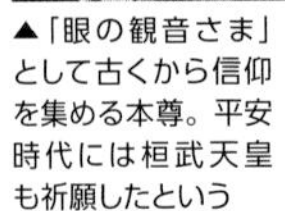
▲「眼の観音さま」として古くから信仰を集める本尊。平安時代には桓武天皇も祈願したという

▶重要文化財に指定されている三重塔と礼堂。この礼堂の奥に八角円堂の本堂が立つ

▲大観音石像。インドで66のパーツに分けて彫刻され日本に運ばれてきた

高取山の中腹に立つ。正式名は南法華寺だが、一般に壺阪寺の名で親しまれる。寺伝によれば、大宝3年(703)、高取山で修行していた元興寺(がんごうじ)の弁基(べんき)上人が、水晶の壺を坂の上の庵に安置し、感得した観音像を刻んで祀ったのが始まりという。

本尊は眼の病気にご利益があるとされる十一面千手千眼観世音菩薩。その霊験は浄瑠璃『壺坂霊験記』でも語られる。伽藍のうち、室町時代再建の礼堂や三重塔は重要文化財。戦国時代の兵火を免れた三重塔は秘仏本尊の大日如来とともに「火難除け」の信仰を集める。また境内には、総高20mの大観音石像をはじめ、巨大な石仏や石造物が多数ある。壺阪寺が昭和以降、インドでハンセン病患者の救済に尽くしてきた縁により、インドの石で造られたものだ。

☎0744-52-2016
住 奈良県高市郡高取町壺阪3
料 600円
時 8時30分～17時
P 80台(有料)

奈良県
高取町

コース 6

壷阪寺から高取城跡へ登り、風情ある城下町へ下る

◀春には桜花に包まれる壷阪大仏。「桜大仏」とよばれて人気を集めており、期間限定でライトアップも行われる

▶高取山の中腹に新旧の伽藍が立ち並ぶ壷阪寺。左下は大釈迦如来石像（壷阪大仏）

6番札所の壷阪寺を参拝後、高取山頂（584m）付近に広がる日本三大山城の一つ・高取城跡へ登り、昔ながらの町並みが残る城下町へ下るコース。

近鉄壺阪山駅からバスに乗り、曲がりくねった道を15分ほどで終点の**❶壷阪寺前バス停**に到着する。すぐ前が**❷壷阪寺**の拝観受付で、仁王門をくぐって本堂を目指そう。眼病平癒の仏らしく、大きく目を開いた十一面千手観音菩薩を拝観したら、境内最高所に立つ大観音石像も参拝。下方には全長8mの大涅槃石像も祀られており、その前の広場から奈良盆地を見渡せる。

拝観受付に戻り、左手の階段を上がって県道に出る。舗装された道を10分ほど歩くと、左に登山道の入口がある。細く急な道を登れば、**❸五百羅漢**が刻まれた大きな岩の前に出る。風化が進んでいるものの、一体ずつ見分けることができ、親の顔に似た羅漢像が必ずあるといわれる。

コースアドバイス　高取城跡からの急な下り坂に注意

壺阪山駅からの壷阪寺行きバスは便数が少ないので、事前の時間確認は必須。高取城跡へ登る道は標識もよく整備されたハイキングコース。壷阪寺から山頂へは緩やかに上って行くが、城下町への下りはかなりの急坂が続くので、足元は固めておきたい。壷阪寺では春から初夏にヤマブキやツツジ、ラベンダーが咲き、秋の紅葉も美しい。

アクセス

【行き】
大阪阿部野橋駅から近鉄南大阪線急行で約45分、壺阪山駅下車、奈良交通バス壷阪寺前行きで11分、終点下車。

【帰り】
壺阪山駅から往路を戻る。

所要時間 **約4時間30分**
歩行時間 **約2時間20分**
歩行距離 **約7.2km**

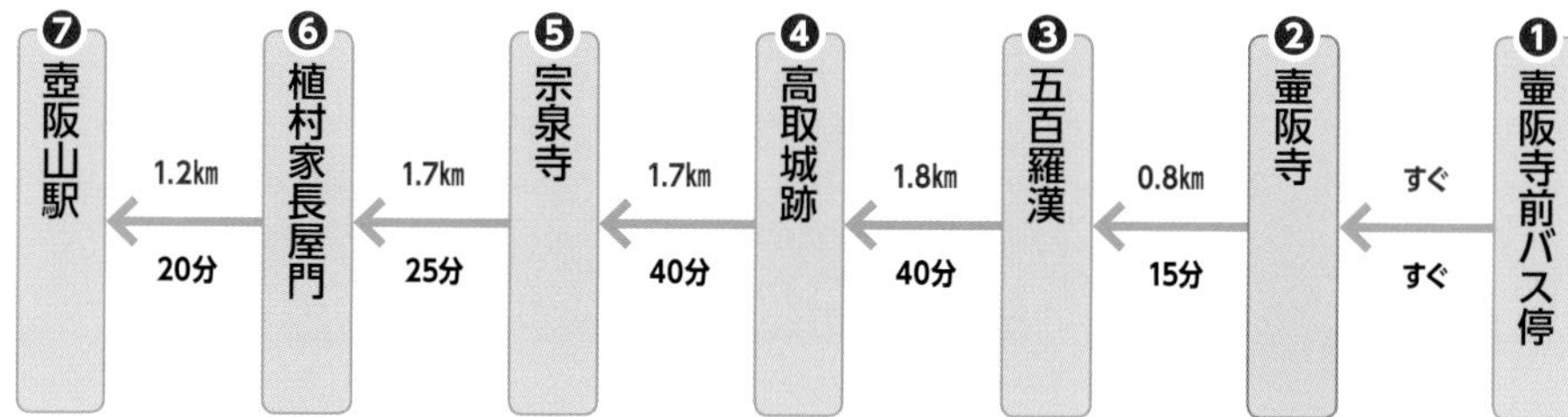

 ※コース状況などの問合せは夢創舘（高取町観光協会）☎0744-52-1150へ。

◀国見櫓跡からの絶景。奈良盆地を眼下に、遠く六甲山まで見える日もある

▲巨大な石に刻まれた五百羅漢。親の顔に似た羅漢さんが必ず見つかるという

◀壷阪寺から五百羅漢への登山道の途中に残る石塔

五百羅漢の前を上ると杉木立となり、しばらく急な山道が続く。車道との合流点を前に左に折れ、「史蹟 高取城阯」と書かれた石碑前から平坦な道を進んで再び車道に出る。大きな案内板の前で左に入ると、いよいよ本丸跡への登りだ。このあたりからところどころに石垣が現れ、山城に来たことを実感できる。鉤型に折れる大手門跡を過ぎるとほどなく、❹**高取城跡**の本丸跡に到着する。石垣は高さ約10m。壮大さは目を見張るほどで、上の広場からは吉野・大峰の山並みが見渡せる。

城跡散策を楽しんだら、「土佐街道」の標識に従って城下町へ下る。途中、コースを左に折れ、国見櫓跡にも立ち寄りたい。その名のとおり奈良盆地が一望でき、条件がよければ比叡山や六甲山まで見渡せる。コースに戻って少し下った先が二の門跡で、すぐ脇に神秘的な水堀が広がっている。山城では珍しく、かつては欄干の付いた橋を渡って二の門に入ったという。

二の門跡のすぐ先、飛鳥・栢森への分岐点に猿石がある。高さ約85㎝。眼鏡をかけたような丸い目が特徴で、陽物らしき表現も。飛鳥の謎の石造物と同様、製作は飛鳥時代とみられ、高取城に使用するため、江

二の門跡
猿石
❹ 高取城跡
40分
立ちの間に山城
の面影が偲ばれる
国見櫓跡
584
高取城跡
あたり一帯に石垣が残る
八幡神社
40分
❸ 五百羅漢
15分
阪峠
0
500m
壷阪寺コース

Column

日本三大山城の一つ、高取城跡

標高584mの髙取山頂に築かれた高取城は、備中髙松城（岡山県）、美濃岩村城（岐阜県）と並んで「日本三大山城」の一つに数えられる。最初の整備は南北朝時代だが、豊臣秀吉の弟、秀長が大和を治めるようになると、郡山城の詰城として大工事が行われ、天守を備えた壮大な城郭が誕生した。山頂付近の本丸から山下に広がる城内は面積1万㎢、周囲約3㎞、城郭全体に至っては総面積約6万㎢、周囲約30㎞に及んだ。城下町から見た壮麗な様子は「巽高取雪かと見れば、雪でござらぬ土佐の城」と歌われたが、明治時代に建物は壊され、現在は山中に石垣が延々と残る。城跡は国史跡。

▲苔むした石垣が山中に残る
◀鉤型に曲がる大手門跡

◀ユニークな猿石は、明日香村にある有名な猿石と同類の石造物

▲植村家長屋門は、幕末に建造された家老屋敷の一部。なまこ壁が美しい

◀「土佐街道」の町並み。写真左の観光案内所「夢創館」ではみやげも買える

戸時代に現在の明日香村から運ばれた。猿石を過ぎると急坂の「一升坂」を下る。高取城の石材を運び上げる人々に、藩士が「米一升を支給するから」と約束し、はっぱをかけたのが名の由来という。

道はやがて川沿いとなり、舗装道に出て左に折れると、江戸時代の高取藩主・植村家の菩提寺である❺宗泉寺（そうせんじ）。分岐に戻り、8分ほど下った上子島沢砂防公園には東屋やトイレもある。さらに緩やかに下って❻植村家長屋門（うえむらけながやもん）を過ぎ、一帯の地名から「土佐街道」とよばれる城下のメインストリートをたどり、❼壺阪山駅（つぼさかやま）にゴールする。

カフェ すこ。

旬の野菜&フルーツたっぷりのスコーンランチとパフェが大人気

風情ある古い町並みが残る土佐街道沿いに佇むカフェ。おすすめは季節の野菜をたっぷり使ったスコーンランチ1400円。旬のフルーツがふんだんに盛られたパフェも絶品で、ビジュアルも抜群。スコーンはテイクアウト用もあり、1個170円〜。

☎050-3188-1628

㊟奈良県高市郡高取町下土佐341 ㊖10時〜15時30分LO（ランチは11〜14時） ㊡水曜、第1・2火曜、第3・4木曜

飛鳥駅へ
❼壺阪山駅 ゴール
高取町役場
壺阪漢方堂薬局
光明寺
南都銀行
街の駅 城跡
20分
石川医院
土佐街道
下土佐
すこ。
観光案内所（夢創館）
札之辻跡
下子島
国府神社
コンビニ
近鉄吉野線
小嶋神社
信楽寺
赤坂池
古い町並みが残る
花大和（薬膳料理）
吉野駅へ
たかむち小
『壺坂霊験記』のお里・沢市の墓がある
明日香村
上子島神社
上子島沢砂防公園
25分
高取川
WC
❺宗泉寺
上子島公民館
長円寺
❻植村家長屋門
奈良県
高取町
清水谷
高生神社
冷水寺
常照寺
169
スタート
❷壺阪寺
❶壺阪寺前バス停
大淀へ

第7番
札所

巨大な如意輪観音坐像を祀る飛鳥の古刹

東光山 岡寺（龍蓋寺）

宗派 真言宗豊山派
本尊 如意輪観世音菩薩
創建 天智天皇2年（663）

▲境内の遊歩道から眺める本堂。このお堂いっぱいに、巨大な本尊が祀られている

▶今も龍が眠るという龍蓋池。蓋である大石を触ると大雨が降るともいわれる

▲季節の花や紅葉が浮かべられる華手水舎。写真は春の天竺牡丹（ダリア）

古代日本の中心地・飛鳥を見下ろす小高い山の中腹に立つ。創建は、今から1350年ほど前。天武天皇の子・草壁皇子の宮殿を、高僧の義淵僧正がもらい受けて寺に改めたのが始まりと伝わる。

義淵僧正には数々の伝説があるが、岡寺の正式名である「龍蓋寺」の由来も、その一つ。昔、飛鳥の地を荒らしまわっていた暴れん坊の龍を、僧正がその法力をもって池の中に封じ込めて、大石で蓋をした。その後改心した龍が、今でも眠るといわれる龍蓋池が境内に残っている。本堂に祀られるのは、像高4・85mの、日本最大の塑像（土で造った像）として有名な本尊・如意輪観世音菩薩坐像（重文）。巨大な厄除けの観音さまとして、昔も今も篤い信仰を集めている。

☎0744-54-2007
住 奈良県高市郡明日香村岡806
料 400円
時 8時30分 ～ 17時（12 ～ 2月は～ 16時30分）
P あり（または近隣民営有料駐車場を利用）

奈良県
明日香村

コース 7

古代ロマンの里・飛鳥を巡り、厄除観音霊場の岡寺へお参り

所要時間 約5時間30分
歩行時間 約1時間50分
歩行距離 約6.4㎞

▲亀石は、その名のとおり、亀そっくりの巨大な石造物

◀橘寺の本堂前には、聖徳太子の愛馬・黒駒の銅像が立つ

6世紀末から約100年間にわたり、日本の首都として栄華を極めた飛鳥の地。今はのどかな田園風景のなかに、数々の遺跡や古墳、古社寺が点在する。そんな古代ロマンを秘めたスポットを訪ねながら、飛鳥の東端にある岡寺を目指す。

❶飛鳥駅（あすか）に降り立てば、そこはもう古代ロマンの里。車道をまっすぐに行けば、〝飛鳥美人〟の壁画で有名な高松塚古墳が控えているが、このコースでは、車道を左へ行き、飛鳥周遊歩道へ入る。するとほどなく、吉備姫王墓の敷地にある猿石、しばらく行くと、鬼の俎（まないた）・鬼の雪隠（せっちん）、❷亀石（かめいし）と、早くも謎の石造物のオンパレード。亀石はその可愛さから、飛鳥で一番人気の石造物だが、この石が西を向くと奈良は泥の海と化す、という怖い伝説もある。

亀石から❸橘寺（たちばなでら）まで、一面の田んぼのなかを抜けていく。寺は、聖徳太子が自らの生誕地に建立したと伝わり、本堂の太子堂

アクセス

【行き】
大阪阿部野橋駅から近鉄南大阪線急行で約45分、飛鳥駅下車。

【帰り】
飛鳥大仏バス停から奈良交通バス橿原神宮前駅東口行きで10～20分、終点下車。近鉄南大阪線急行で約40分、大阪阿部野橋駅下車。

コースアドバイス 岡寺の参道以外は平坦で歩きやすい道

岡寺へは急勾配の坂を歩くことになるが、それ以外は全体的に起伏も少なく、のどかな田園風景や謎の石造物などを眺めながら、のんびりとウォーキングが楽しめる。スタート地点から石舞台古墳あたりまでは飛鳥周遊歩道を歩いて行くが、その先は狭い車道を歩くことになるので、観光シーズンなどは特に車に気を付けて。

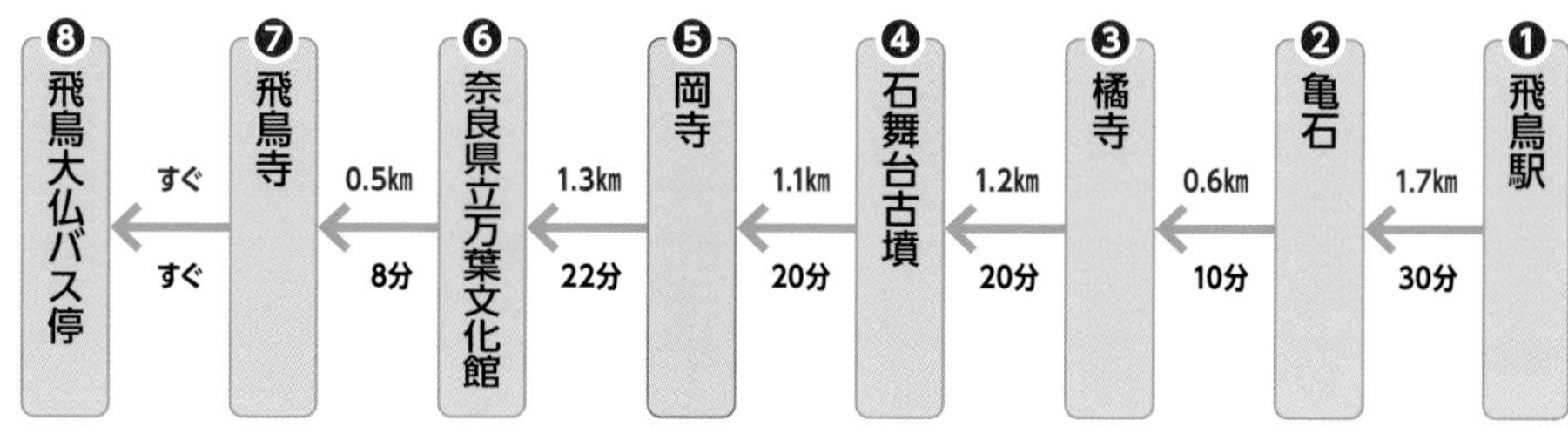

※奈良県立万葉文化館は月曜（祝日の場合は翌平日）、展示替え日休館。

▲岡寺には約3000株のシャクナゲが。同時期にはボタンやサツキも楽しめ、さらにアジサイへ続く

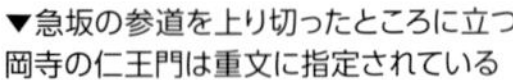
▼急坂の参道を上り切ったところに立つ岡寺の仁王門は重文に指定されている

▲ある月夜、女に化けたキツネがこの上で舞ったという伝説が残る、石舞台古墳

には本尊・聖徳太子坐像を祀っている。境内にある善と悪を表すという2つの顔をもつ二面石も見逃さないように。

橘寺の東門を出て、飛鳥川沿いの周遊歩道をたどり、❹**石舞台古墳**（いしぶたいこふん）へ。飛鳥のシンボルともいえるこの古墳は、日本最大級の横穴式石室を擁する大方墳で、推古天皇34年（626）に亡くなった当時の大権力者・蘇我馬子の墓といわれる。周辺は歴史公園となっていて、飲食施設やトイレなどの設備がひととおり揃う。芝生広場でお弁当を広げるのもいい。

石舞台古墳からは狭い車道を歩き❺**岡寺**（おかでら）へと向かう。付近には豪壮な町家が立つ古い町並みが残り、昔から厄除観音霊場の門前町として賑わってきたということがよくわかる。車道に面した石鳥居をくぐり参道を行く。途中から急勾配の坂道となり、その突き当たりに朱塗りの仁王門。岡山の中腹に位置する境内には、本尊・如意輪観音坐像を祀る本堂を中心に、開山堂や書院、三重塔などが立ち並ぶ。シャクナゲの名所としても知られ、毎年4月中旬〜5月上旬には石楠花（しゃくなげ）まつりが開かれる。

岡寺を出て参道下の石鳥居まで戻り、古い町並みの残る道をさらに北へ歩いて行く

岡寺コース

1 飛鳥駅
スタート
牽牛子塚古墳
斉明天皇陵説が有力な八角墳。2022年3月に築造当時の姿に復元整備された
岩屋山古墳
高取町
貝吹山
益田岩船
岡寺駅
倭彦命墓
近鉄吉野線
高取川
宣化天皇陵
169
橿原神宮前駅
大阪阿部野橋駅へ

Column

飛鳥に残る謎の石造物

飛鳥の里を歩くと、いたるところで古代の石造物に出合う。それらは研究が進んだ現代でも用途不明なものが多く、ミステリアスな物語を秘めたまま。コースでも紹介している猿石、亀石をはじめ、奈良県立万葉文化館近くには、幾何学模様が彫り込まれた酒船石や、祭祀に使われたという亀形石造物もあり見逃せない。鬼の俎・鬼の雪隠は、このあたりに住む鬼が通行人をとらえては俎で調理して食べ、雪隠で用を足したという伝説をもつ。

▲奇妙な姿形から猿石とよばれているが、いまだ正体は不明。ほか3基もすぐそばに佇んでいる

▲飛鳥大仏を祀る飛鳥寺の本堂。寺は6世紀末、蘇我馬子により創建された

◀飛鳥寺の西門を出た先に立つ、蘇我入鹿の首塚といわれる五輪塔

▲昭和に再建された岡寺の三重塔。軒先には珍しい琴の荘厳（装飾）がある

と、右手に❻奈良県立万葉文化館の入口が見えてくる。ここは『万葉集』を中心に、日本の古代文化を紹介する総合ミュージアム。万葉時代の人々の暮らしなどをわかりやすく展示するほか、日本画を中心とするさまざまな展覧会を随時開催している。

コースの締めくくりは、日本初の本格的寺院として有名な❼飛鳥寺へ。「飛鳥大仏」とよばれる本尊の釈迦如来坐像は、日本最古の仏像として名高く、重文に指定されている。仏教が日本にもたらされたころの、遠い飛鳥時代に思いを馳せながら、門前の❽飛鳥大仏バス停から帰路につく。

食べる　農村レストラン 夢市茶屋

のうそんれすとらん ゆめいちちゃや

明日香村の旬の野菜をたっぷり使った滋味深い古代米御膳が人気

石舞台古墳のすぐそばにあるおみやげ処「明日香の夢市」に併設されたレストラン。ログハウス調の店内で、地元の旬の食材をふんだんに使ったランチが楽しめる。人気の古代米御膳は1400円(冬期は飛鳥鍋御膳1400円に変更)。

☎0744-54-9450
住 奈良県高市郡明日香村島庄154-3
時 11～16時(土・日曜、祝日は～17時) 休 無休

飛鳥川を渡る
高松塚壁画館へ
飛鳥歴史公園館
飛鳥びとの館
飛鳥周遊歩道
❹ 石舞台古墳
❸ 橘寺
農村レストラン夢市茶屋
明日香村商工会館
古い家並みが残る
❺ 岡寺
犬養万葉記念館
20分
20分
10分
30分
22分
8分
鬼の雪隠
吉備姫王墓
欽明天皇陵
鬼の俎
猿石
明日香小
天武・持統天皇陵
明日香村役場
聖徳中
❷ 亀石
川原寺跡
飛鳥宮跡
菖蒲池古墳
天理教岡大教会
酒船石
亀形石造物
❻ 奈良県立万葉文化館
奈良県 明日香村
橿原市
丸山古墳
桜井市
蘇我入鹿首塚
飛鳥川
❼ 飛鳥寺
飛鳥坐神社
GS
飛鳥水落遺跡
甘樫丘
国営飛鳥歴史公園 甘樫丘地区
豊浦寺(宮)跡
畝傍東小
孝元天皇陵
石川池
❽ 飛鳥大仏バス停
ゴール
明日香村埋蔵文化財展示室
0　500m

第8番札所

豊山 長谷寺

平安貴族もこぞって参詣した観音の聖地

宗派　真言宗豊山派総本山
本尊　十一面観世音菩薩
創建　朱鳥元年（686）

▲初瀬山の山腹に立つ国宝の本堂（写真上）。春の境内は大輪のボタンの花に彩られる

▶仁王門から本堂へ続く登廊。天井からは風雅な楕円形の長谷寺形灯籠が吊り下げられている

▲本堂の外舞台からは境内や、初瀬の山々を望むことができる

朱鳥元年（686）、道明上人が天武天皇の病気回復を願って開創。のちの神亀4年（727）、西国三十三所巡礼の開祖でもある徳道上人が十一面観音を造立したという。観音信仰が高まった平安時代には、都の貴族の間で初瀬詣が大流行。女性の参詣も多く、清少納言や紫式部の作品にも長谷寺が描かれている。

堂塔は初瀬山の山腹に立ち、仁王門から風情豊かな399段の登廊を上って、国宝の本堂へ。慶安3年（1650）、徳川3代将軍家光が再建した豪壮な建物で、南側の舞台から境内が一望できる。高さ約10mもの十一面観音立像は、木造仏としては日本最大級とされる。また長谷寺は「花の御寺」の異名をとり、有名なボタンをはじめ、桜やアジサイなどが折々に咲き、紅葉も美しい。

☎0744-47-7001
住 奈良県桜井市初瀬731-1
料 500円
時 8時30分～17時（10・11・3月は9時～、12～2月は9時～16時30分）
P 70台（有料）

奈良県 桜井市

コース 8

初瀬街道をたどり、大観音が立つ花の浄土へ

▲白山神社に立つ、『万葉集』の巻頭を飾る雄略天皇の歌を刻んだ石碑

◀昔ながらの佇まいの家並みが残る初瀬（伊勢）街道

古の巡礼者も歩いた初瀬（伊勢）街道をたどり、万葉集に「隠国の泊瀬山」と詠まれた霊地に立つ長谷寺を目指す。起点は❶**大和朝倉駅**の北出口。大和川（初瀬川）に架かる橋を渡ると初瀬（伊勢）街道で、右にとって格子の民家が残る道を歩く。20分ほどで左に鳥居があり、国道165号を挟んで❷**白山神社**の参道が延びている。国道を安全に渡るなら、鳥居の少し手前で「白山神社」の道標に従って左折すれば信号機がある。境内は雄略天皇の泊瀬朝倉宮の伝承地。文芸評論家として知られた保田與重郎の筆による雄略天皇の万葉歌碑も立つ。

参拝を済ませたら国道165号を東に歩く。しばらくして左手にある仏堂には「出雲の流れ地蔵」が祀られている。「初瀬流れ」といわれる文化8年（1811）の大洪水で上流から流され、初瀬村の人々が助けて祀ったという。高さ約1・4mで、腰から下は地中に埋まっている。

コースアドバイス 距離短く平坦なコース 長谷寺の花も楽しみ

与喜天満神社への往復、長谷寺山内を除いてコースはほぼ平坦。初瀬街道は狭い道だが、車の通行は少なく、歩きやすい。長谷寺本堂への登廊は399段の石段が続くが、勾配は緩やか。境内はボタン名所で有名だが、全山に咲く桜も見事。アジサイや紅葉なども楽しめる。門前町には初瀬名物の草餅を売る店などが並び、散策を楽しめる。

所要時間 約3時間30分
歩行時間 約1時間50分
歩行距離 約6.5km

アクセス

【行き】
大阪上本町駅から近鉄大阪線急行で約45分、大和朝倉駅下車。

【帰り】
長谷寺駅から近鉄大阪線急行で約50分、大阪上本町駅下車。

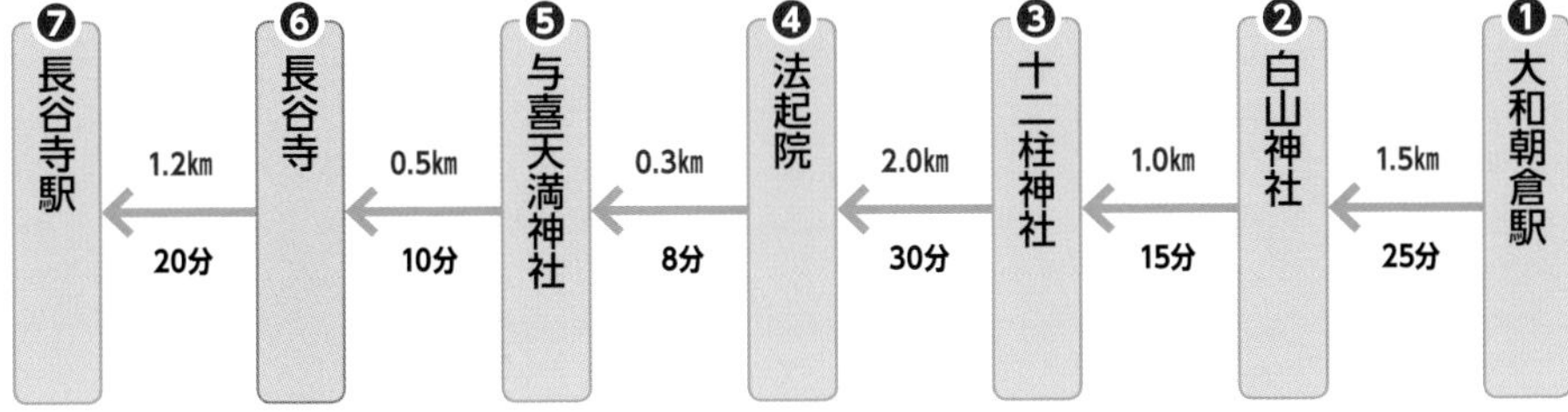

◀武烈天皇の宮跡の伝承地でもある十二柱神社。境内に顕彰碑が立つ

▲十二柱神社の狛犬の台座を支える力士像。踏ん張った姿がユニーク

◀徳道上人の御廟所である法起院。山門をくぐると正面に本堂が立つ

その先で、国道をはずれて左に道をとると、ほどなく**❸十二柱神社**に到着する。みどころは、鳥居脇に立つ狛犬の台座。各4体の力士像が狛犬を支えるように彫られている。相撲の祖とされる野見宿禰がこの地の出身といわれることから、江戸時代末期に奉納された。境内には野見宿禰の墓といわれる五輪塔もある。

神社を出て再び国道に合流、約８００ｍ先の「総本山長谷寺」と書かれた石標が立つ交差点から左の道に進み、門前町へ入る。商店や旅館が並ぶ参道を進み、**❹法起院**へ。長谷寺の開山で、西国三十三所巡礼の祖である徳道上人が晩年に隠棲したところとされ、西国巡礼の番外札所（→Ｐ１４４）となっている。本堂に上人の合掌像を祀り、境内奥の上人御廟には十三重石塔が立つ。

法起院を出たら、与喜山の中腹に鎮座する**❺与喜天満神社**にも参拝しよう。初瀬川に架かる朱色の橋を渡って鳥居をくぐると、巨木の間に苔むした石段が続き、最近はパワースポットしても人気がある。石段の途中から門前町も一望できる。城のような石垣の上に立つ社殿は19世紀初頭の再建。原生林の状態を残す一帯の森は国の天然記念物に指定されている。

◀旅館や飲食店などが並ぶ長谷寺の門前町

▲巨木の間に苔むした石段が続く与喜天満神社の参道

◀長谷寺はアジサイも見事。花期には6番壷阪寺、7番岡寺とともに「大和三大観音 あぢさゐ回廊」を開催。凝ったアレンジで楽しませる

▶長谷寺の五重塔は、戦後の日本に初めて建てられた五重塔。「昭和の名塔」といわれる

▲登廊脇に咲くボタン。境内のボタンは約7000株を数える

石段を下って、分岐点まで戻り、草餅などが売られて賑やかな門前町を抜けると、正面に❻**長谷寺**(はせでら)の仁王門が現れる。そこから先は399段の石段が続く登廊。春は両脇にボタンの花が咲き誇る。上り切った本堂では、金色に輝く高さ10m余りの十一面観音像が迎えてくれる。古来さまざまな霊験が語られてきた長谷寺の本尊だ。

参拝後は本堂の舞台から眺望を楽しみ、西へ下って行くと、昭和29年（1954）に復興された五重塔が立つ。さらに仁王門まで下って門前町を引き返し、国道165号を渡って坂道を上れば❼**長谷寺駅**に着く。

総本舗白酒屋（そうほんぽしろざけや）

長谷寺門前の名物 草餅でひと息つきたい

長谷寺の参道に立つ、明治8年(1875) 創業のみやげ物店。名物は、天然ヨモギを使い、昔ながらに臼と杵でつく草餅。店頭の鉄板で草餅の表面を焼いた「おやき」もあり、どちらも1個150円。店内では2個500円(大和茶付き) で味わえる。

☎0744-47-7988
㊟奈良県桜井市初瀬746
㊋9～17時 ㊡不定休(4・11月は無休)

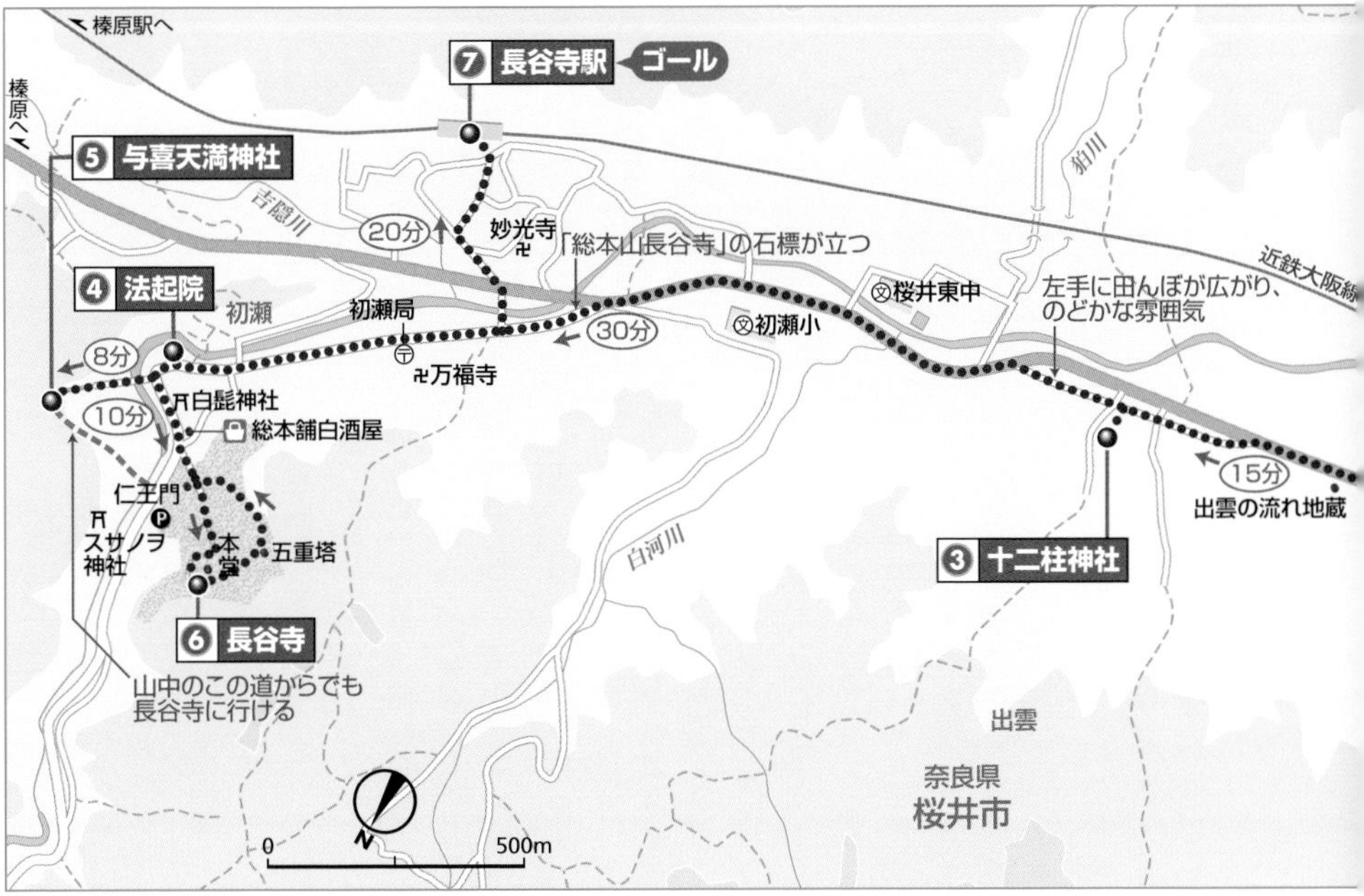

榛原駅へ
榛原へ
❼ 長谷寺駅 ゴール
❺ 与喜天満神社
❹ 法起院
❻ 長谷寺
❸ 十二柱神社
吉隠川
初瀬川
狛川
白河川
20分
8分
10分
30分
15分
妙光寺
「総本山長谷寺」の石標が立つ
初瀬局
万福寺
白髭神社
総本舗白酒屋
仁王門
スサノヲ神社
本堂
五重塔
初瀬
桜井東中
初瀬小
左手に田んぼが広がり、のどかな雰囲気
近鉄大阪線
出雲の流れ地蔵
山中のこの道からでも長谷寺に行ける
出雲
奈良県
桜井市
0 500m

第9番札所

香煙と鐘の音が絶えない祈りの八角円堂

興福寺（こうふくじ） 南円堂（なんえんどう）

宗派　法相宗大本山
本尊　不空羂索観世音菩薩
創建　弘仁４年（８１３）

▲本尊・不空羂索観音を祀る南円堂。日本最大の木造八角円堂で、重要文化財に指定されている

▶2018年に再建された興福寺の中心、中金堂。木造建築としては屈指の大きさを誇る

▲4月8日の仏生会（花まつり）。南円堂前に安置された誕生釈迦仏に甘茶を注ぎ、お釈迦さまの誕生日を祝う

世界遺産にも登録されている興福寺は、藤原氏の氏寺として古くから隆盛を極めた巨刹。憂いを帯びた表情で人気がある阿修羅像をはじめ、日本の国宝彫刻１４０件のうち18件がこの寺にあると聞けば、その繁栄ぶりがわかるだろう。

世界中から訪れる観光客で連日賑わう境内の一角に、香煙がたなびく朱塗りの八角円堂がある。西国第9番札所の南円堂だ。弘仁４年（８１３）、藤原冬嗣（ふゆつぐ）が父の追善供養のため創建した。本尊の不空羂索観音坐像は、運慶の父・康慶（こうけい）とその弟子たちによって造られた威厳に満ちた金色の像で、こちらも国宝。ただし堂内は通常非公開で、開扉は毎年10月17日のみ。扉を閉じたお堂の前では、今日も一心にお参りする人々があとを絶たない。

☎0742-22-7755（寺務所）
☎0742-24-4920（南円堂納経所）
㊟奈良県奈良市登大路町48 ㊕境内自由（中金堂500円、東金堂300円、国宝館700円。東金堂・国宝館共通券900円）㊋9～17時 Ⓟ46台（有料）

奈良県
奈良市

コース 9

世界遺産の寺社が連続する奈良公園を鹿とともに歩く

所要時間 約5時間30分
歩行時間 約1時間35分
歩行距離 約6.0km

▲猿沢池のほとりから南円堂へ続く参道石段。春は石段脇の桜も楽しめる

◀奈良国立博物館の新館。秋には正倉院展の会場となる

興福寺、東大寺、春日大社という世界遺産の社寺をぐるりと巡る、奈良観光の王道コース。一帯は奈良公園として整備され、春日の神の使いとして大切にされている野生の鹿が、緑のなかを悠然と遊んでいる。

❶**近鉄奈良駅**を出て、アーケードの東向商店街を抜け、突き当たりの三条通りを左へ行けば、❷**猿沢池**が見えてくる。奈良時代に造られた人工池で、中秋の名月には風雅な管弦船を浮かべる采女祭の舞台となる。池の畔に佇む采女神社の前の石段を上ると、西国札所の❸**興福寺南円堂**。普段は堂内に入れないので、堂前でお参りをしたら、すぐそばにある納経所で御朱印をいただく。続いては、2018年に約300年ぶりに再建された中金堂を参拝。さらに東金堂や国宝館も訪ねて数々の名仏像を拝観し、境内をあとにする。

奈良名物の茶飯の老舗を左に見ながら歩を進めると、仏教美術の展示では日本随一

コースアドバイス　鹿の"落とし物"に気を付けて！

本コースのほぼ全域が奈良公園。野生の鹿が群れ遊ぶ緑豊かな園内は、起伏があまりなく歩道もよく整備されていて歩きやすい。世界遺産の社寺を巡りながら、のんびり歩くにはこの上ないコースだが、ひとつだけ問題がある。1200頭近い鹿たちの"落とし物"がいたるところにころがっているので、そのつもりで。

アクセス

【行き】
大阪難波駅から近鉄奈良線快速急行で約40分、近鉄奈良駅下車。

【帰り】
近鉄奈良駅から往路を戻る。

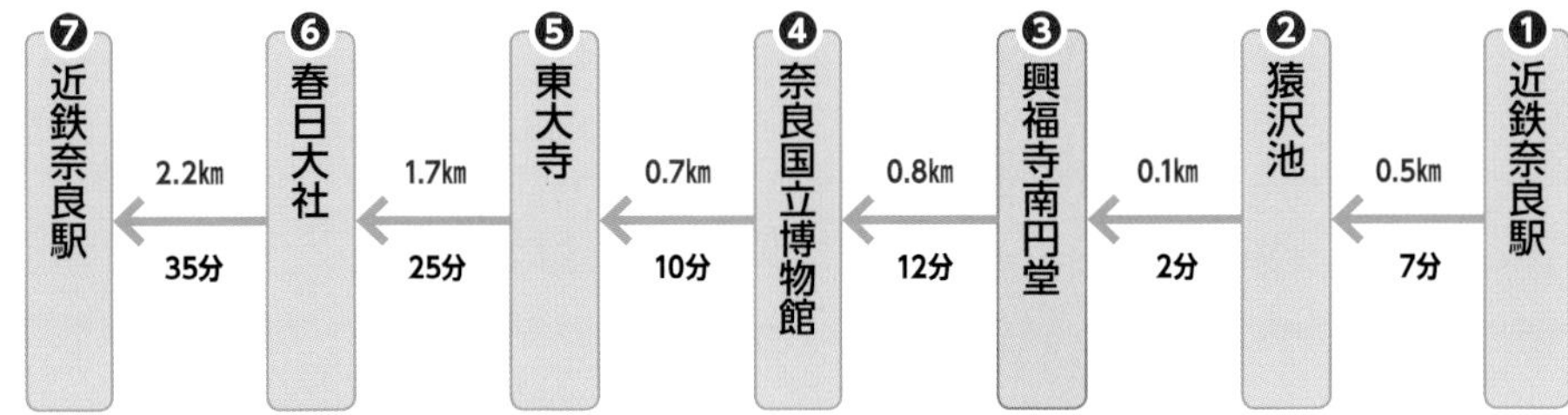

※奈良国立博物館は月曜休館（祝日の場合は翌平日）。

▲二月堂の舞台からは大仏殿の大屋根越しに奈良市街が一望できる

◀土塀と石畳が続く東大寺二月堂裏参道は風情たっぷり

▶奈良の大仏さまを祀る東大寺大仏殿。世界最大級の木造建造物だ

の❹**奈良国立博物館**が前方に。重厚なレンガ造りの明治建築である「なら仏像館」(旧本館)と、校倉造の正倉院をイメージした新館が立つ。両館を結ぶ地下回廊は入場無料ゾーンとなっている。

いったん車道に出て、信号のある交差点を左へ曲がれば、そこは❺**東大寺**の参道。みやげ物店や鹿せんべいを売る店がずらりと並び、各国の言葉が飛び交い、年中賑わっている。参道を進むと、豪壮な南大門。運慶、快慶らの手による金剛力士像が、両側から大迫力で見下ろしている。門をくぐりさらに進むと、東大寺の本尊・奈良の大仏さまがおわします大仏殿だ。天平勝宝4年(752)に開眼した、世界最大級の金銅仏である大仏さまは、いつでもどっしりと、やさしく参拝者を迎えてくれる。

大仏殿を出たら左へ曲がり、建物沿いに回り込むようにして突き当たりを右へ。ここから続くのが、石畳が敷かれた二月堂裏参道。二月堂は、奈良に春を告げる行事「修二会(お水取り)」が行われるお堂として知られる。舞台へ上がり、雄大な眺望を楽しんだら、二月堂の南に立つ寺内最古の建造物である法華堂(三月堂)を拝観しよう。堂内には10体もの国宝の仏像が並び(執

▲青々と茂る若草山で草をはむ鹿の群れ

◀奈良公園のいたるところで出合う野生の鹿は、国の天然記念物に指定されている

▲石燈籠が立ち並ぶ春日大社の表参道

▲透かし彫りの釣燈籠がずらりと並ぶ春日大社の朱塗りの回廊

◀春日大社の萬葉植物園内に咲き誇る藤の花。見ごろは4月下旬～5月上旬ごろ

金剛神像は12月16日のみ特別公開)、圧巻だ。

手向山八幡宮（たむけやまはちまんぐう）の前を通り道なりに行くと、左手に若草山が迫ってくる。山焼き行事で有名な若草山には登ることができ、入山ゲートから山頂まで徒歩30分ほど。

若草山をあとにそのまま進むと緑が一段と深くなり、❻**春日大社**（かすがたいしゃ）の境内へと入っていく。平城京の守り神として創建された古社には神さびた空気が漂い、王朝の昔をほうふつさせる朱塗りの社殿が立ち並ぶ。本社を参拝したら、石燈籠が連なる表参道を歩き、途中、萬葉（まんよう）植物園にも立ち寄りながら、ゴールの❼**近鉄奈良駅**（きんてつなら）へ戻る。

食べる 春日荷茶屋（かすがにないちゃや）

春日大社境内にある風流な茶店で名物の“万葉粥”をいただく

萬葉植物園に隣接する庭園喫茶。名物の“万葉粥”は、1月の七草粥からはじまり、2月は節分の大豆粥、3月は菜の花粥と、月ごとに内容が変わる。写真は11月のきのこ粥。季節のおかずや香の物などがセットになって1100円。

☎0742-27-2718
住 奈良市春日野町160 時 10時30分～16時LO
休 不定休

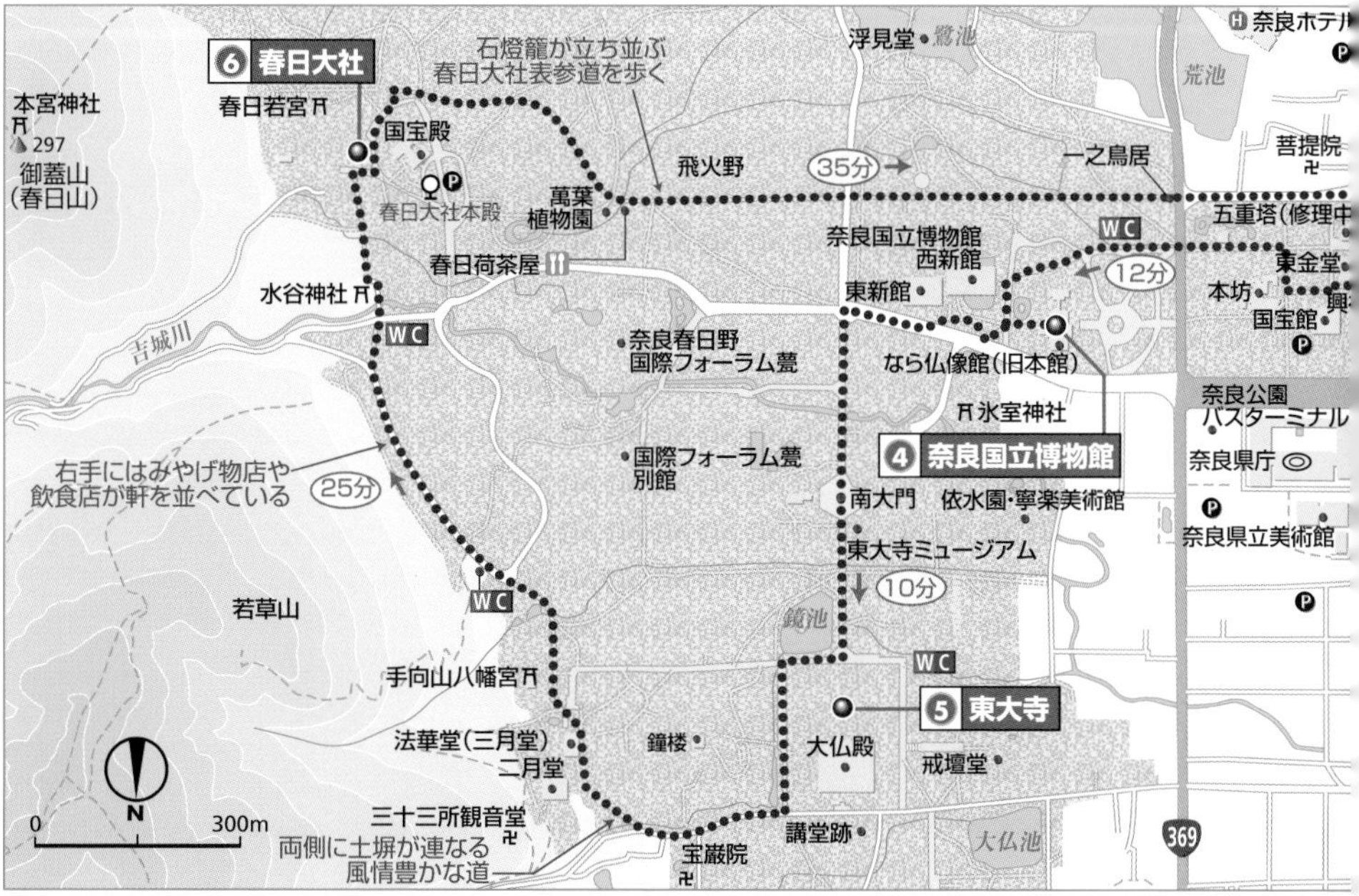

第10番札所

宇治に佇む観音さまと花の寺

明星山（みょうじょうざん）三室戸寺（みむろとじ）

宗派　本山修験宗

本尊　千手観世音菩薩

創建　宝亀元年（770）

▲6月下旬～8月上旬には約100種250鉢もの蓮が本堂前に開花。まるで極楽浄土を思わせる

▶梅雨どきには約50種2万株のアジサイが庭園に咲き乱れる

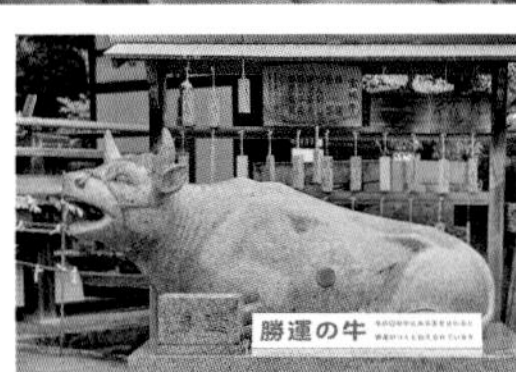

▲本堂前に鎮座する「宝勝牛」。口の中の玉をなでると勝運がつくという

奈良時代末、光仁天皇が宇治川の支流・志津（しづ）川上流に、観音菩薩出現の奇瑞を知り、堂を建立したのに始まると伝わる。平安時代には山上・山下に伽藍が立ち並び、観音霊場として篤く信仰されてきた。正面に唐破風の屋根を付けた風格ある本堂には、厄除け、病気平癒の信仰を集める千手観世音菩薩を祀る。本尊は秘仏で、飛鳥様式のお前立ちにその姿を偲ぶことができる。本堂前には勝運の牛「宝勝牛」、運気アップにご利益があるという「福徳兎」、財運がつく「宇賀神」の像が鎮座している。

境内には与楽苑と名付けられた枯山水、池泉回遊式庭園などからなる5000坪の大庭園がある。2万株ものツツジやアジサイなどが咲き誇り、四季を通じて花や紅葉の美しい寺としても名高い。

☎0774-21-2067

住京都府宇治市菟道滋賀谷21 料500円（2月18日～7月17日、11月は1000円）時8時30分～16時30分（11～3月は～16時）※最終受付は閉門50分前 P300台（有料）

京都府
宇治市

コース 10

三室戸寺から世界遺産を訪ね、平安の昔を偲ぶ

◀悠々と流れる宇治川。本コースでは左の赤い橋の朝霧橋から中の島へ渡り、平等院のある対岸へ向かう

三室戸寺が立つ宇治にはユネスコの世界遺産に登録された宇治上神社と平等院もある。また『源氏物語 宇治十帖』の舞台でもあり、京都市中には少ない平安時代の名残を留める地として散策が楽しめる。

❶三室戸駅から東へ、明星山の麓にある**❷三室戸寺**へと坂道を上って行く。境内は広く、参道の右手には5000坪の庭園が広がっている。石段を上った先には、正面中央3間に向拝を付け、唐破風屋根を載せた風格のある本堂が立つ。お参りを済ませ、参道を下って、右手に小さな石仏があるところを左折。間もなく京都翔英高校の横の植え込みに囲まれた**❸蜻蛉石**の前に出る。大きな自然石に阿弥陀三尊と仏を拝む女性を刻んだものだが、風化が進み定かではない。『源氏物語 宇治十帖』の「蜻蛉」の古蹟といわれる。

住宅地を進み、「さわらびの道」の道標のところで左折、敷石の散策路の先に**❹宇**

コースアドバイス 距離短くみどころ多数 宇治茶の楽しみも

歩く距離は短いが、宇治市源氏物語ミュージアムや平等院ミュージアム鳳翔館などをじっくり見学するなら、時間に余裕をもたせるのが望ましい。界隈には抹茶や煎茶、スイーツを味わえる店も多い。また三室戸寺の大庭園は四季折々に美しいが、とりわけツツジやアジサイの時期は見事。本堂前に広がる「蓮園」もすばらしい。

所要時間 約4時間

歩行時間 約1時間

歩行距離 約3.9㎞

アクセス

【行き】
京都駅からJR奈良線で20分、黄檗駅乗り換え、京阪宇治線で3分、三室戸駅下車。

【帰り】
京阪宇治駅から京阪宇治線で3分、黄檗駅乗り換え、往路を戻る。または宇治駅からJR奈良線みやこ路快速で17分、京都駅下車。

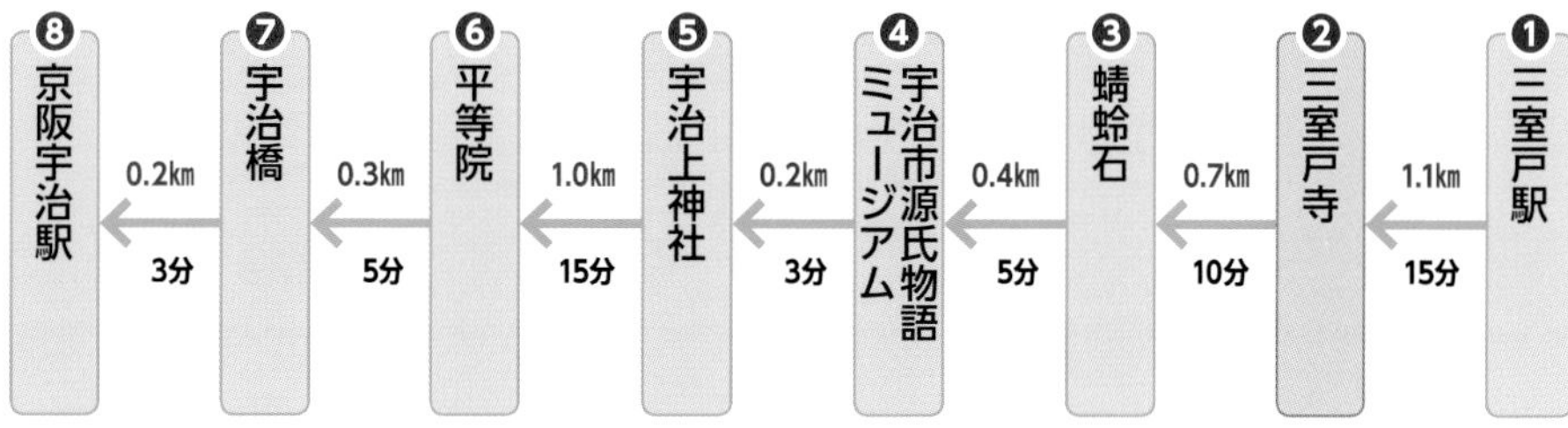

※宇治市源氏物語ミュージアムは月曜休館（祝日の場合は翌日）。

▲三室戸寺と縁の深いウサギの石像「福徳兎」。運気アップのご利益がある

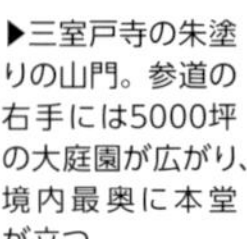

◀三室戸寺の本堂前に鎮座する宇賀神像。財運・金運の神で、神像をなでると財運や良運に恵まれるという

▶三室戸寺の朱塗りの山門。参道の右手には5000坪の大庭園が広がり、境内最奥に本堂が立つ

治市源氏物語ミュージアムがある。光源氏の邸宅・六条院の縮小模型や、「宇治十帖」の名場面を再現した展示などで源氏物語の魅力やあらすじを紹介。しばし王朝ロマンの世界に遊ぶのも楽しい。

世界遺産の❺**宇治上神社**は、すぐ先にある。菟道稚郎子命と父の応神天皇、異母兄の仁徳天皇を祀る神社で、本殿は現存最古の神社建築。平安時代後期に伐採された木材が使われていることがわかっている。鎌倉時代建立の寝殿造の遺構といわれる拝殿とともに国宝。隣接する宇治神社とは長く一体の神社だった。

宇治神社を出て、悠々たる宇治川の流れに架かる朝霧橋を渡り、中の島へ。左へ進み、鵜飼に使う鵜のゲージ、巨大な十三重石塔を見て、対岸に渡る。まっすぐ行くと、世界遺産の❻**平等院**の南門前に出る。平等院は平安時代、関白藤原頼通が父道長の別荘を譲り受け、寺としたのに始まる。鳳凰堂の名で知られる阿弥陀堂の堂内には、定朝作の阿弥陀如来坐像を安置。平等院ミュージアム鳳翔館では、阿弥陀堂内を荘厳していた雲中供養菩薩像、堂の屋根を飾っていた初代鳳凰などを見ることができる。

拝観後は表門から出る。表参道は環境省

三室戸寺コース

0 500m

❶三室戸駅 スタート
15分
❷三室戸寺
10分
❸蜻蛉石
5分
❹宇治市源氏物語ミュージアム
3分
❺宇治上神社
15分
❻平等院
5分
❼宇治橋
3分
❽京阪宇治駅 ゴール

塔の島 / 宇治市営茶室「対鳳庵」 / 中の島 / 朝霧橋 / 興聖寺 / 恵心院 / 宇治神社 / 県神社 / 志津川 / 仏徳山 / 宇治茶道場「匠の館」 / 橋寺放生院 / 宇治橋西詰 / 宇治署 / 宇治駅 / 小倉駅へ / 宇治武田病院 / WC / 明星町 / 都倉病院 / 京都翔英高 / 宇治明星園 / 三室戸小 / お茶と宇治のまち交流館 茶づな / 菟道稚郎子墓 / 伊藤久右衛門本店・茶房 / 京都府宇治市 / 奈良街道 / JR奈良線 / 京阪宇治線 / 宇治川 / 京都駅へ / 黄檗駅へ

▶中の島にある高さ約15mの十三重石塔は、国内最大級の石塔

▲宇治川に架かる朝霧橋のたもとに立つ『源氏物語 宇治十帖』のモニュメント

◀宇治上神社の本殿（国宝）。覆屋内に一間社流造の3棟の内殿が立つ。現存する日本最古の神社建築とされる

選定の「かおり風景百選」の道。宇治茶を扱う店が立ち並び、茶を焙じるいい香りが漂ってくる。参道が尽きるところで、日本三古橋の一つ❼宇治橋（うじばし）に出合う。大化2年（646）に初めて架けられたといわれ、以来、幾度も戦乱で焼かれ、洪水で流されたが、その都度架け直されてきた。檜造りの高欄を付けた現在の橋は1996年の完成。橋の途中、上流側に張り出した部分は「三の間」とよばれ、橋の守り神・橋姫を祀っていたところ。ここで豊臣秀吉が茶の湯の水を汲ませたという話も残る。歴史ある橋を渡ればすぐ❽京阪宇治駅（けいはんうじ）だ。

カフェ 買う

伊藤久右衛門本店・茶房（いとうきゅうえもんほんてん・さぼう）

宇治茶の老舗の茶房で抹茶づくしのスイーツを堪能

天保3年（1832）創業の老舗茶舗。銘茶はもちろん、宇治抹茶だいふくなど抹茶を使ったスイーツがずらりと揃う。併設の茶房では、抹茶ゼリーや抹茶アイスがたっぷりの伊藤久右衛門パフェ、宇治抹茶あんみつ（各1090円）などを味わえる。

☎0774-23-3955

住 京都府宇治市莵道荒槙19-3 時 10時～17時30分LO 休 無休

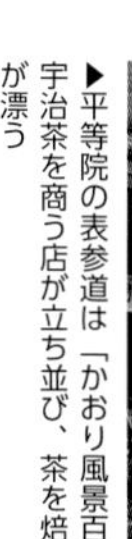

▶平等院の表参道は「かおり風景百選」の道。宇治茶を商う店が立ち並び、茶を焙じる芳香が漂う

◀宇治橋のこの張り出し部を「三の間」という。10月初旬に開催される宇治茶まつりでは、「名水汲み上げの儀」が行われる

Column

茶どころ・宇治を楽しむ

宇治は高級茶の産地として名高い。鎌倉時代初期、栄西禅師が中国から持ち帰った茶種を、明恵上人が宇治に播植し、以後、栽培が盛んになった。室町時代には足利3代将軍義満が宇治に7つの茶園を定めて栽培させたほど、宇治茶の品質は優れたものとなっていった。宇治茶といえば、江戸時代の「お茶壷道中」も有名。徳川将軍家に献上する高級茶を茶壷に収め、宇治から江戸まで運んだもので、徳川家光の時代に制度化され、幕末まで250年間続いた。さてウォーキング途中、気軽に宇治茶を味わいたいなら、宇治神社近くの宇治茶道場「匠の館」や、平等院近くの宇治市営茶室「対鳳庵」などがおすすめ。また平等院表参道や、宇治橋通り商店街などには、宇治茶の老舗が開いている茶房が多い。

第11番札所

「花の醍醐」と謳われる京都屈指の大寺院

深雪山(みゆきさん) 上醍醐(かみだいご)・准胝堂(じゅんていどう)（醍醐寺(だいごじ)）

宗派 真言宗醍醐派総本山
本尊 准胝観世音菩薩
創建 貞観16年（874）

▲春になると醍醐寺の境内は、桜の花に包まれる。写真は国宝の五重塔と大しだれ桜

▶下醍醐の観音堂。西国11番札所本尊の准胝観世音菩薩像は現在、この堂内に安置されている

▲上醍醐の五大堂前には開山の理源大師・聖宝（中央）などの像が立つ

「花の醍醐」とよばれる桜名所の醍醐寺は、標高約450ｍの醍醐山の山上・山下に伽藍を擁する、京都でも屈指の大寺院。膨大な国宝・重要文化財を所蔵し、世界遺産にも登録されている。山下の「下醍醐(しもだいご)」には寺の中心である金堂や五重塔などが立ち、また歴代座主の住まいの三(さん)宝院(ぼういん)は豪壮華麗な庭園で知られる。

山上の「上醍醐(かみだいご)」は醍醐寺開創の地。貞観16年（874）、理源大師(りげんだいし)・聖宝(しょうぼう)が山上で霊泉「醍醐水」を発見し、そのほとりに草庵を建て、准胝・如意輪観世音菩薩像を祀ったのを始まりとする。その准胝堂が西国11番札所だが、2008年、落雷による火災で焼失。現在は下醍醐の観音堂に、札所本尊の准胝観世音菩薩像（秘仏）を安置し、納経や御朱印もここで受け付けている。

☎075-571-0002
住 京都府京都市伏見区醍醐東大路町22
料時 はP156参照
P 100台（有料）

京都市
伏見区・山科区

コース 11

醍醐寺をくまなく拝観し、小野小町ゆかりの古寺へ

◀醍醐寺の中心のお堂である下醍醐の金堂は国宝に指定されている

▶旧奈良街道に面する醍醐寺の総門。門をくぐり、春は両脇に桜が咲き誇る参道を進むと、正面に仁王門が立つ

❶**醍醐駅**で下車したら、2番出口から地上へ。さらに階段を上り、複合施設のパセオ・ダイゴロー東館（アルプラザ）2階出口から、団地の間に延びる広い遊歩道を行く。突き当たりを左に曲がり、次の角を右折、高架をくぐって進み、正面の❷**醍醐寺総門**から境内へ入る。

すぐ左手にある三宝院は上醍醐の下山後に拝観することにして、まずは参道の先の仁王門から下醍醐の伽藍へ。国宝の金堂や五重塔を見て、奥へ進むと❸**観音堂**が立つ。堂内には、子授けや安産の霊験あらたかという札所本尊・准胝観世音菩薩像（秘仏。毎年5月15～21日に開扉）が安置されており、納経や御朱印もここで受け付けている。参拝を済ませたら、醍醐寺開創の地である上醍醐を目指そう。

上醍醐の登山口にある女人堂は、かつて女人禁制の山上に登ることができなかった女性たちが、山上の諸仏を拝んだ堂。堂前

アクセス

【行き】
京都駅からJR琵琶湖線で5分、山科駅乗り換え、地下鉄東西線で10分、醍醐駅下車。

【帰り】
小野駅から地下鉄東西線で6分、山科駅乗り換え、往路を戻る。

コースアドバイス 上醍醐へは険しい山坂 歩きやすい靴で

下醍醐と上醍醐の標高差は約400m。険しい山道が続くので、動きやすい服装、歩きやすい靴で出かけたい。また醍醐寺はみどころの多い大寺院なので、拝観時間にも余裕をもたせておこう。本コースでは上醍醐登山後、小野小町ゆかりの随心院へも足を延ばすコースとしたが、体力や時間的に難しければ、醍醐寺だけで終えてもいい。

所要時間 約6時間

歩行時間 約3時間5分

歩行距離 約8.8km

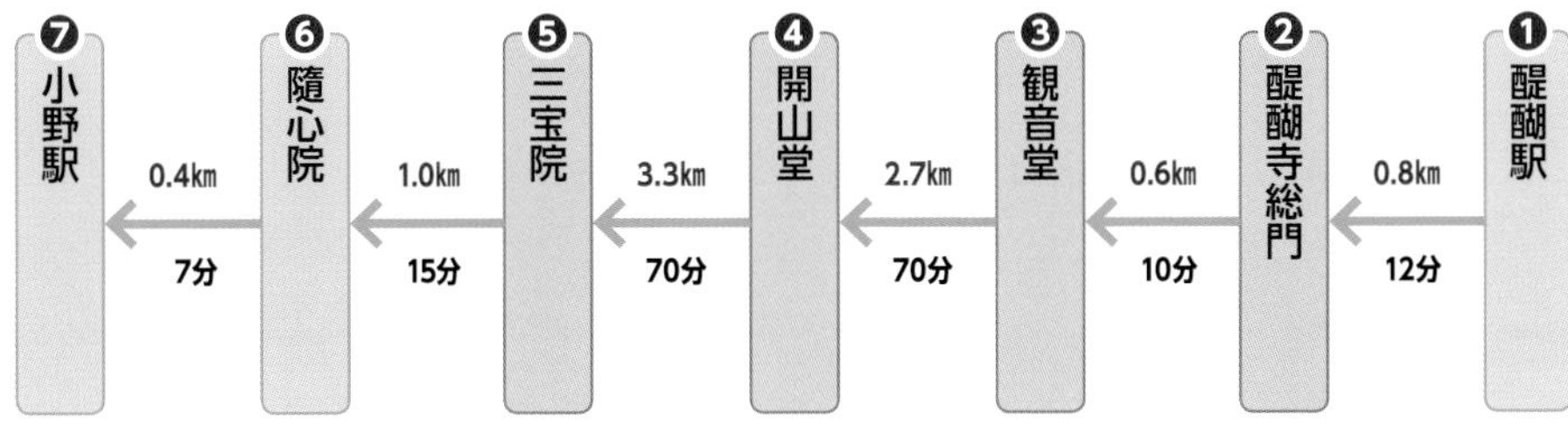

◀上醍醐への参道入口。山上へは町石を数えながら1時間ほどの道程

▲醍醐寺開創の地である上醍醐に湧く霊泉「醍醐水」

◀桃山時代を代表する名庭である三宝院庭園は、国の特別史跡・特別名勝

には開山の理源大師像などが祀られている。ここからはいよいよ山道。道端には町(丁)石が1町ごとに建てられており、参道を歩く目安となる。途中、豊臣秀吉が「醍醐の花見」を行った地などを過ぎて、1時間ほど登ると、塀で囲まれた小さな建物に着く。建物内の井戸に寺名の由来である霊泉「醍醐水」が湧いている。

貞観16年（874）、理源大師・聖宝はここで、地主神の横尾明神に出会った。横尾明神はこの霊水を飲み「ああ、醍醐味（最上の美味の意）なるかな」と言って、姿を消した。聖宝はここに草庵を結び、准胝観音と如意輪観音を祀った。これが醍醐寺の始まりとされている。醍醐水は今も飲むことができ、登山で汗をかいた身には、まさに醍醐味である。

醍醐水の横の石段を上ると、准胝堂跡。今は更地になっており、復興が待たれる。さらに奥へ進むと、薬師堂、五大堂、如意輪堂を経て、理源大師・聖宝を祀る❹**開山堂**に至る。このあたりは標高約450m。天気がよければ遠く大阪方面まで見渡せ、山上のさわやかな風が心地いい。

しばらく休憩ののち、山を下り、❺**三宝院**へ。歴代座主の住まいである三宝院は、

Column

醍醐の花見

慶長3年（1598）春、豊臣秀吉は正室の北政所（きたのまんどころ）や息子の秀頼、側室の淀殿ら約1300人を引き連れて、醍醐寺で盛大な花見を楽しんだ。花見に際しては、近畿各地から約700本の桜を取り寄せて植え、茶会や歌会などを催し、豪華な宴を繰り広げた。醍醐寺は今も桜名所として知られ、枝垂桜、染井吉野、山桜、八重桜など多くの桜が絢爛と咲き誇る。

◀醍醐の花見に因み、境内で毎年4月第2日曜に催される「豊太閤花見行列」

▲随心院には小町への恋文を下張りにした「小野小町文張地蔵」なども伝わる

◀随心院の境内、竹薮にひっそり立つ「小町文塚」は、小野小町に寄せられた恋文を埋めたものと伝わる

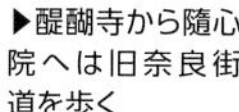

▶醍醐寺から随心院へは旧奈良街道を歩く

応仁・文明の乱で荒廃したが、秀吉が「醍醐の花見」に際して復興。見事な襖絵に飾られた表書院などが立ち、秀吉が自ら設計した豪壮な庭園が広がっている。

三宝院拝観後は総門から出て、右へ。旧奈良街道を1㎞ほど北上して行けば、小野小町ゆかりの門跡寺院、❻**随心院**（ずいしんいん）がある。小町の邸宅跡といわれ、境内には、小町に寄せられた多くの恋文を埋めたという文塚や、小町の化粧井戸などもあり、また遅咲きの梅の名所としても知られる。参拝後は、❼**小野駅**（おの）へゴール。なお余力があれば、近くの勧修寺へ立ち寄るのもいい。

食べる 雨月茶屋（うげつちゃや）

醍醐寺ならではのメニューを醍醐寺の境内で味わう

醍醐寺境内にある食事処。京野菜を中心に旬の味を2段のお重に盛り込んだ一味膳3630円や、焼餅入りの「五大力うどん」1210円などが味わえる。醍醐寺の桜を塩漬けにして練り込んだ桜アイスクリーム550円など喫茶メニューも充実。

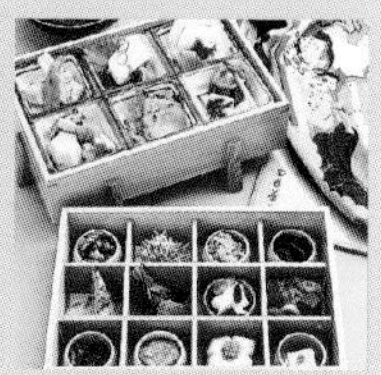

☎075-571-1321

㊟京都府京都市伏見区醍醐東大路町35-1 ㊐10～17時（季節により異なる） ㊡火曜

醍醐寺コース

❹開山堂　如意輪堂　五大堂　薬師堂　醍醐水　寺務所　清瀧宮　准胝堂跡　上醍醐　醍醐山　WC
女人堂から開山堂まで上り坂を徒歩約70分　70分　70分
❸観音堂　女人堂　弁天堂　ここから山道に入る　五重塔　10分　金堂　仁王門　下醍醐　長尾天満宮　❺三宝院　❷醍醐寺総門
六地蔵駅　融雲寺　唯心寺　雨月茶屋　醍醐小　光台院　霊宝館　WC　理性院　一言寺　朱雀天皇醍醐陵　北醍醐小　醍醐天皇後山科陵
横峰地蔵尊　醍醐　伏見区　0　300m　N

第12番札所

岩間山 正法寺（岩間寺）

厄除け・雷除けの「汗かき観音」の寺

宗派 真言宗醍醐派
本尊 千手観世音菩薩
創建 養老6年（722）

▲岩間山の山頂近くに立つ本堂。本尊の千手観世音菩薩像は秘仏だが、お前立ちを拝せる

▶松尾芭蕉が「古池や～」の句を詠んだと伝わる本堂横の池。ほとりには芭蕉直筆の句碑が立つ

▲境内に祀られる白姫龍神は、女性が崇めれば美人になると伝えられている

岩間山（標高443m）の山頂近くに位置し、一般に岩間寺とよばれる。寺伝によれば、養老6年（722）、元正天皇の勅願で、泰澄大師が桂の霊木に刻んだ千手観音を本尊として創建した。現在の本尊（秘仏）は元正天皇の念持仏とされる千手観世音菩薩像。この仏さまは苦しむ人々を救うため、毎夜厨子を抜け出て、136の地獄を巡り、汗だくになって戻られるという。そのため「汗かき観音」とよばれ、厄除け、雷除けの霊験で信仰されている。

寺は近畿十楽ぼけ封じ観音霊場の4番札所ともなっており、健康長寿やぼけ封じを願う参詣者も絶えない。また本堂の横の池は、松尾芭蕉の名句「古池や蛙飛び込む水の音」で詠まれた池と伝えられ、芭蕉直筆の句碑が立つ。

☎077-534-2412
住 滋賀県大津市石山内畑町82
料 500円
時 9～16時
P 30台

第13番札所

紫式部ゆかりの風光明媚な観音霊場

石光山（せっこうざん） 石山寺（いしやまでら）

宗派 東寺真言宗
本尊 如意輪観世音菩薩
創建 天平19年（747）

☎077-537-0013
住 滋賀県大津市石山寺1-1-1
料 600円（本堂内陣拝観は別途500円）
時 8時～16時30分（入山は～16時）
P 140台（有料）

▲国宝の本堂。永長元年(1096) 再建の内陣（正堂）と、慶長7年 (1602) に淀殿が寄進した外陣（礼堂）からなる

▶優美な多宝塔も国宝。建久5年 (1194)、源頼朝の寄進で建てられた

▲境内の奥に広がる源氏苑の一角にある紫式部の像

琵琶湖から流れ出る瀬田川のほとり、伽藍山（239ｍ）の麓に位置。巨大な硅灰石（けいかいせき）（国天然記念物）の上に立つことから石山寺の名が付いた。縁起によれば、天平19年（747）、聖武（しょうむ）天皇の勅願で良弁（ろうべん）僧正が創建。平安時代には、京の都からほど近い観音霊場として、貴人の間に石山詣が流行。女流文学者の参詣も多く、紫式部は当寺に7日間参籠し『源氏物語』の着想を得たという。

石山寺は建物、仏像、絵巻など多数の国宝・重要文化財を所蔵する。本堂は滋賀県に現存する最古の建築で国宝。硅灰石の上に坐す秘仏本尊の如意輪観世音菩薩像（重文）は、安産・福徳・縁結び・厄除けの信仰を集める。また梅や桜、アジサイなどが折々に咲く「花の寺」としても知られ、紅葉も美しい。

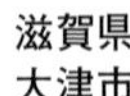
滋賀県
大津市

コース 12

岩間山上の正法寺から、琵琶湖のほとりの石山寺へ

◀岩間寺への道の途中にある分岐。右は奥宮神社への道。ここでは左の道を行き、岩間寺〜奥宮神社と訪ねた後、鳥居側からここへ下って来る

▶コース起点の中千町バス停から見た岩間山

所要時間
約5時間30分

歩行時間
約2時間30分

歩行距離
約8.8㎞

岩間寺の名で一般に知られる12番札所の正法寺は、京都府宇治市と滋賀県大津市の境に位置する岩間山（443m）の山頂付近にある。かつての巡礼者は11番上醍醐准胝堂（京都市）から山道をたどったが、現在のアクセスは大津市側から。本コースではその岩間寺をまず参詣し、次に琵琶湖から流れ出る瀬田川のほとりに立つ石山寺へと向かう。

岩間寺へはJR・京阪石山駅から京阪バスに乗り**❶中千町バス停**で下車。そこから3・2㎞の道程を歩く。寺まではずっと舗装車道。バス停からの標高差は280mあるものの、徐々に上り詰めて行くので、それほど難儀はしないだろう。

バス停からしばらくは田園風景のなかを行き、集落を抜け、京滋バイパスを越える。そこから約700mで赤い鳥居が立つ分岐に至る。右の道はのちほど訪ねる奥宮神社への道で、ここでは左の道を行く。山腹を

コースアドバイス

奥宮神社の先からの急な下り坂が難所

岩間寺のある岩間山へ登って下りて、さらに石山寺まで歩く。少々ハードなコースだが、岩間寺〜奥宮神社を除けば舗装道。また起点から岩間寺までは徐々に上って行くので、それほど苦にならないはずだ。むしろ、奥宮神社の先から600mほど続く急な下り坂が難所。疲れたら、中千町バス停から石山寺までバスで向かってもいい。

アクセス

【行き】
京都駅からJR琵琶湖線新快速で13分、石山駅下車、京阪バス52・54・55系統で13分、中千町下車。

【帰り】
石山寺山門前バス停から京阪バス石山駅行きで9分、終点下車、石山駅から往路を戻る。

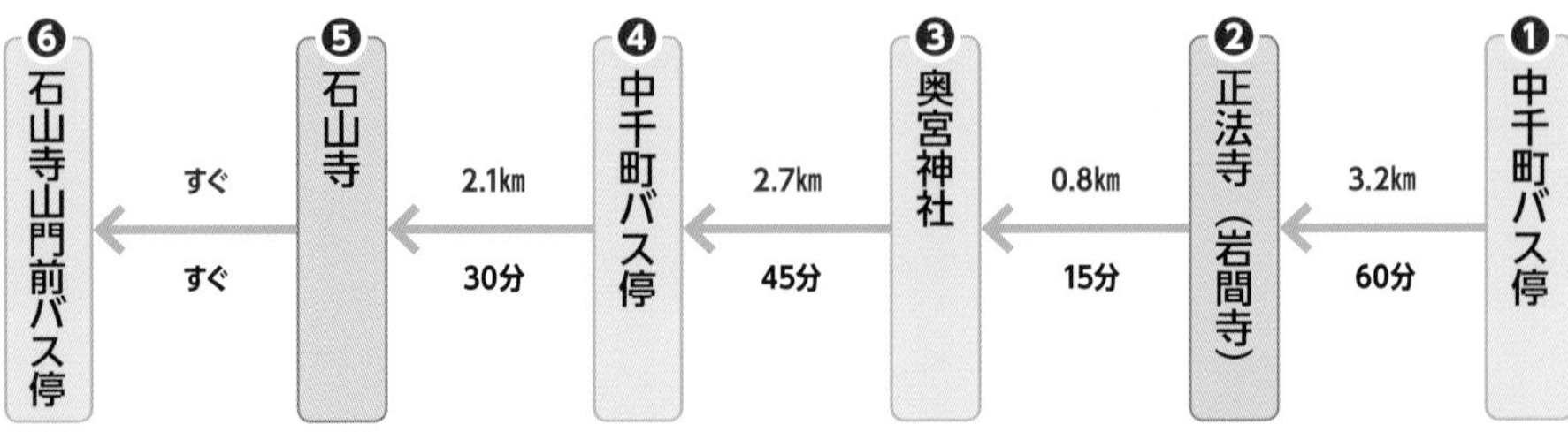

◀岩間寺の本堂の外陣。堂内には本尊のほか、平安時代作の重要文化財の地蔵菩薩立像なども安置する

▶岩間寺の本堂前に立つ「夫婦桂」。泰澄大師が千手観音像を刻んだ霊木の3代目にあたるという

◀岩間寺の境内入口に安置されているぼけ封じ観音像

巻いて上っていく車道を1・5km行けば、❷正法寺（岩間寺）に到着する。境内入口には、近畿十楽ぼけ封じ観音霊場の第4番の観音像が立つ。その向かいに祀られている白姫龍神は、開山の泰澄大師が加賀の白山から勧請したもので、女性が崇めると美人になると言い伝えられている。

境内の中心部へ進むと、木立に囲まれて本堂などの諸堂が立つ。まずは本尊の千手観世音菩薩を参拝。秘仏だが厨子前にお前立ちが安置されている。「汗かき観音」とよばれる本尊は、ここまで汗をかいて歩いてきた身には、親しみを感じさせてくれる。本堂前に立つ「夫婦桂」は、泰澄が観音像を刻んだ桂の3代目とか。また本堂横の池は、当寺に参籠して本尊の霊験を得た松尾芭蕉が「古池や蛙飛び込む水の音」の名句を詠んだ池と伝わる。

さらに境内奥へ進むと、日本有数の桂の大樹群があり、そこから山道を15分ほどで❸奥宮神社に至る。尾根上にあるこの神社からは琵琶湖が一望できる。こぢんまりした境内を抜けて、少し行けば急な下り坂が始まる。舗装道とはいえ、曲がりくねった急傾斜の道は歩きにくい。それが、上って来る時に見た鳥居の立つ分岐まで続く。

▶石山寺本堂の「源氏の間」。紫式部はここで『源氏物語』を起筆したという

◀「源氏の間」には十二単をまとった紫式部の御所人形が置かれている

Column

石山寺と紫式部

平安時代、石山寺には多くの女流文学者も参籠しており、紫式部もこの寺に籠って『源氏物語』の構想を練ったと伝えられている。『石山寺縁起絵巻』などによると、式部は新しい物語の成就祈願のため、石山寺に7日間参籠。琵琶湖に映える十五夜の月を眺めていた時、心が澄み渡り、にわかに物語の構想が浮かんだ。手近にあった紙に「今宵は十五夜なりけりと思し出でて…」と書き付け、のちにこの部分は「須磨巻」に生かされることになったという。本堂に残る『源氏の間』は式部が参籠した部屋と伝わり、また石山寺は紫式部や『源氏物語』にまつわる作品を多数収蔵。それらは境内の豊浄殿で春・秋に開かれる「石山寺と紫式部」展で、ほかの寺宝とともに公開される（入館300円）。この期間に合わせて参拝するのもおすすめだ。

▲石山寺近く、古い道標が立つ三叉路。ここから約400mで石山寺に着く

◀奥宮神社。この鳥居の右手にある展望所から琵琶湖を一望できる

▶岩間寺から奥宮神社へは樹林に包まれた山道を行く。ほぼ平坦で、道幅は広く歩きやすい

居から先は来た道を❹**中千町バス停**まで下る。この先は通行量の多い車道となり、歩道がない区間もあるので、中千町から路線バスで石山寺へ向かってもいい。

歩を進め、京滋バイパスの高架をくぐると静かな細い道となる。道標に従って歩いて行けば、❺**石山寺**の東大門に着く。仁王像に守られた門をくぐれば、木々や苔の緑が美しい境内。参道を進み、右手の石段を上ると、寺名の由来である硅灰石が露出している。その左に国宝の本堂が立つ。安産・福徳・縁結びなどの信仰を集める本尊の如意輪観世音菩薩像は、日本唯一の勅封の秘仏で、開扉は33年ごと。また天皇ご即位の翌年にも開扉されるため、前回は2020年に3カ月間ほど開扉された。

本堂から石段を上って行けば、優美な国宝の多宝塔が立つ。その先の琵琶湖や瀬田川を望む場所には、近江八景の一つ「石山秋月」のシンボル月見亭がある。さらに周遊路を進んで行くと、春と秋に紫式部展が開かれる宝物館「豊浄殿」、梅園、牡丹園、回遊式庭園「無憂園」などを見て、広い境内を一周できる。

参拝後は門前の❻**石山寺山門前バス停**から石山駅へ向かおう。

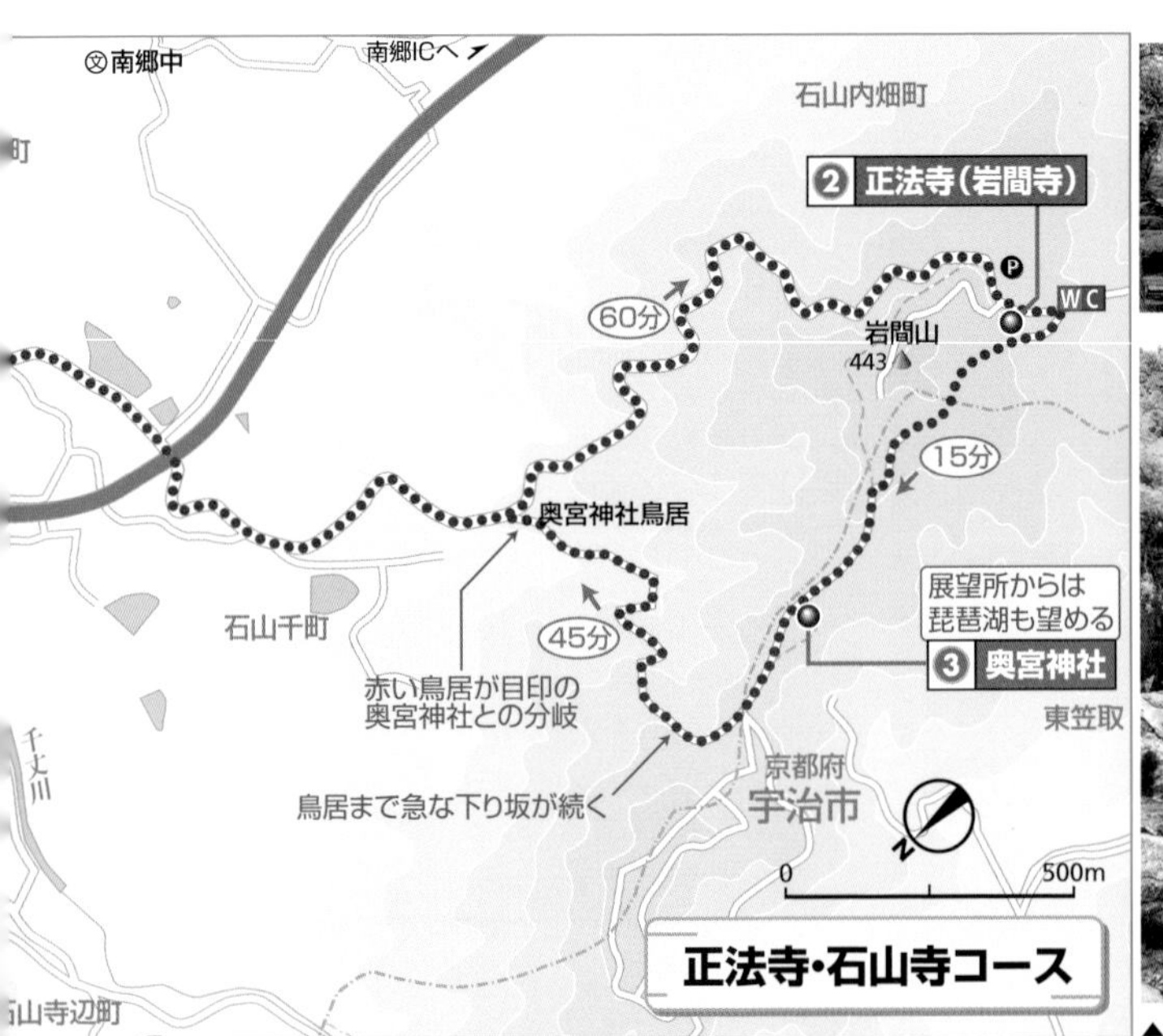

◀緑に覆われた石山寺境内。四季折々の花や紅葉も楽しみ

▲石山寺の境内中央で見られる硅灰石

▲石山寺境内の東の高台にある月見亭。周辺には紅白の梅の花が咲く

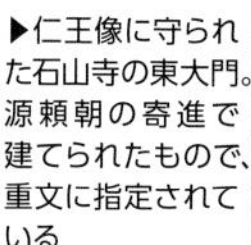
◀石山寺の開山・良弁僧正が地主神の比良明神と出会ったという場所

▶仁王像に守られた石山寺の東大門。源頼朝の寄進で建てられたもので、重文に指定されている

カフェ 買う 叶 匠壽庵 石山寺店（かのう しょうじゅあん いしやまでらてん）

和菓子の名店が手がける石山寺のスイーツ巡礼菓子「石餅」

代表銘菓「あも」で知られる和菓子の名店。ここ石山寺店では、石山寺にちなむ名物「石餅」が限定で味わえる。寺の硅灰石に見立てた小豆餡を、白とヨモギのねじり餅にたっぷりのせたもので、2個お茶付き350円。持ち帰り用は6個入り756円～。

☎077-534-6331
㊟滋賀県大津市石山寺1-576-3 ㊕10時～16時30分(16時LO) ㊡水曜(祝日の場合は営業)

食べる 志じみ釜めし 湖舟（しじみかまめし こしゅう）

ほかほかのシジミの釜飯とこだわりの鰻料理が評判

石山寺門前の食事処。注文を受けてから鉄釜で炊き上げる名物「志じみ釜めし」は、季節のおばんざい4種、志じみ汁が付いて1800円。厳選した国産鰻の料理も評判で、鰻蒲焼と近江牛炭火焼を組み合わせた贅沢な「うな牛重」3800円～もある。

☎077-537-0127
㊟滋賀県大津市石山寺3-2-37 ㊕10～17時(ランチは11～15時。夜は予約のみ) ㊡不定休

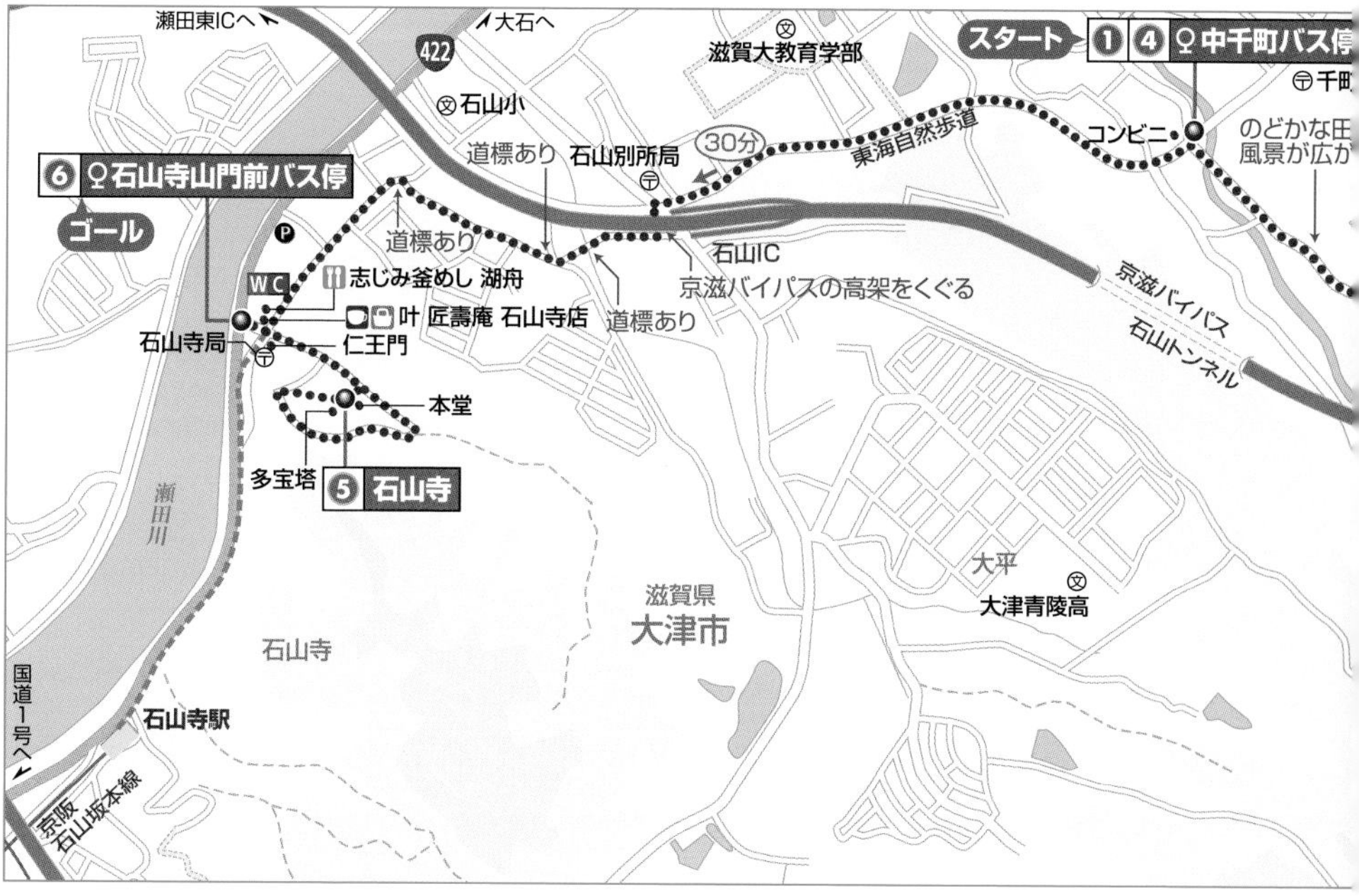

瀬田東ICへ
大石へ
422
滋賀大教育学部
スタート ① ④ 中千町バス停
千町
石山小
道標あり
石山別所局
30分
東海自然歩道
コンビニ
のどかな田園風景が広がる
⑥ 石山寺山門前バス停
ゴール
道標あり
石山IC
京滋バイパスの高架をくぐる
WC
志じみ釜めし 湖舟
叶 匠壽庵 石山寺店
道標あり
京滋バイパス
石山トンネル
石山寺局
仁王門
本堂
多宝塔
⑤ 石山寺
瀬田川
大平
大津青陵高
滋賀県
大津市
石山寺
国道1号へ
石山寺駅
京阪石山坂本線

第14番 札所

近江八景「三井の晩鐘」が響く大寺院

長等山(ながらさん) 園城寺(おんじょうじ)(三井寺(みいでら))

宗派 天台寺門宗総本山

本尊 如意輪観世音菩薩

創建 朱鳥元年(686)

▲境内南東の展望台から見た札所伽藍。観音堂などが立ち、目線を上げると大津の街や琵琶湖が一望

▶重要文化財の鐘楼。近江八景の一つ「三井の晩鐘」で有名な巨大な梵鐘を吊るしている

▲檜皮葺きの大堂である金堂(国宝)は桃山建築の代表作の一つ

朱鳥元年(686)、大友皇子(弘文天皇)の子・与多王(よたおう)が創建したとされる。与多王が「田園城邑(でんえんじょうゆう)」を献じて堂宇を建立し、天武天皇より「園城」の勅額を賜ったのが園城寺という寺号の由来。一般に三井寺とよばれるのは、境内に三帝(天智・天武・持統天皇)の産湯に使われた霊泉があり「御井(みい)の寺」とよばれたこと、また平安前期に寺を中興した智証大師(ちしょうだいし)円珍(えんちん)がその水を三部灌頂(かんじょう)の儀式に用いたことによる。金堂の西側にある閼伽井屋(あかいや)には、今も絶えることなく、三井の霊泉が湧き出ている。

三井寺は国宝10件、重要文化財42件を所蔵する文化財の宝庫。なかでも豊臣秀吉の正室北政所(きたのまんどころ)が再建した国宝の金堂は威容を誇る。近江八景の一つ「三井の晩鐘」は、荘厳な鐘音を大津の街に響かせる。

☎077-522-2238(代表)
☎077-524-2416(札所)
住 滋賀県大津市園城寺町246
料 600円(文化財収蔵庫拝観は別途300円)
時 8～17時(文化財収蔵庫は8時30分～16時受付終了)
P 350台(有料)

滋賀県大津市・京都市山科区

コース 13

三井寺から小関越え、琵琶湖疏水沿いに山科へ

◀長等神社の朱塗りの楼門。境内には平忠度の歌碑もある

▲西国札所である三井寺の観音堂。現在の建物は元禄2年（1689）の再建

大津の街を散策後、三井寺へ参拝、往時の巡礼者もたどった小関越えの古道を歩いて京都山科へ向かうコース。まず❶**大津駅**から中央大通りを直進する。このあたりは江戸時代に宿場町として大いに栄え「大津百町」とよばれた旧市街の中心地。大津別院を過ぎたら次の交差点を左折。中町通りを西へ歩けば、アーケードの商店街に入る。琵琶湖岸の街らしく、コアユやモロコ、ゴリなどを扱う川魚店が点在する。

商店街を抜けると旧北国街道（西近江路）。大津「札の辻」から湖西の今津・海津を経て福井の敦賀へと通ずる古道。右折して、またすぐ先で左折し、直進すると❷**長等神社**の石鳥居の奥に朱塗りの楼門が見える。天智天皇が大津京の鎮護社として創建。のちに三井寺の守護神となった。平忠度が都落ちの折に、春の長等山を懐しみ詠んだ「さざなみや志賀の都は荒れにしを昔ながらの山桜かな」の歌碑が境内に立つ。

コースアドバイス　山道に慣れている人はハイキング道でも

小関越えのルートは峠付近まで狭い車道なので、ときおり通る車に注意。山道を静かに歩きたい人は、三井寺観音堂の上方の展望台を起点とするハイキング道をたどってもよい。ただし展望台から先、地図記載の記念碑までの道筋がややわかりにくく、終盤にはやや荒れた箇所も。また歩く人は少なめ。道標は要所にある。

アクセス

【行き】
京都駅からJR琵琶湖線で9分、大津駅下車。
【帰り】
山科駅からJR琵琶湖線で5分、京都駅下車。

所要時間
約5時間

歩行時間
約2時間30分

歩行距離
約9.0㎞

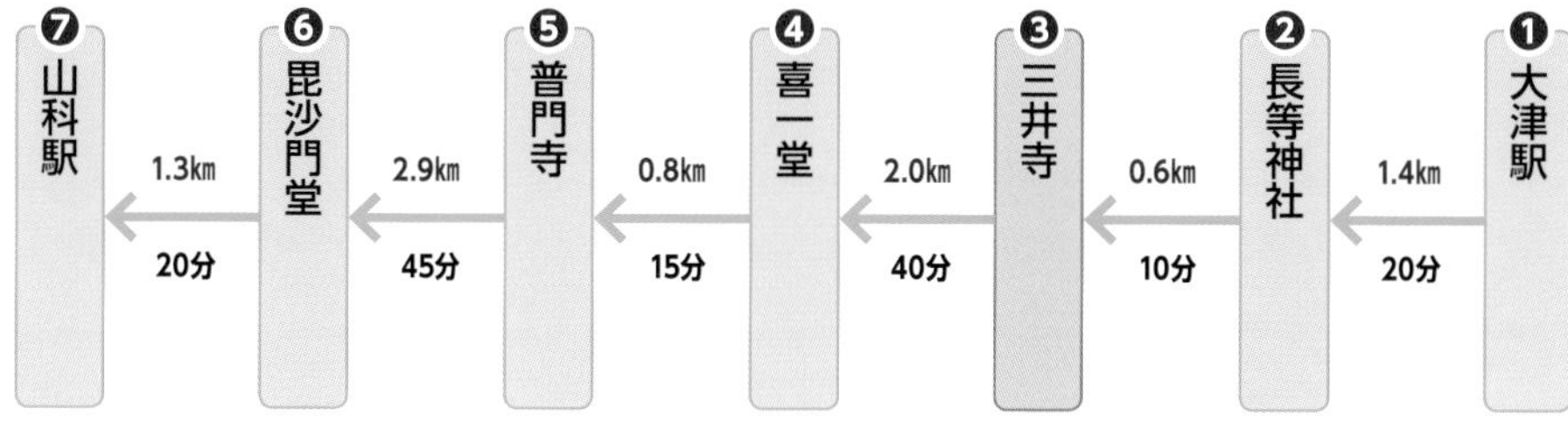

▲三井寺近くの琵琶湖疏水の第一トンネル東口。琵琶湖と京都を結ぶこの水路では、春秋に観光船が運航している

◀観音堂の脇に立つ百体観音堂に奉納された大津絵「鬼の寒念仏図」は、大津絵の代表的な絵柄

▶重文に指定されている三井寺の閼伽井屋。内部には寺名の由来である霊泉が湧いている

神社の脇から144段の急な石段を上ると❸三井寺（みいでら）の境内。西国三十三所の観音堂や観月舞台などの札所伽藍が目の前に立つ。香煙が立ち上る一帯は、庶民的な雰囲気が漂う。33年に1度しか開帳されない秘仏の如意輪観音を祀るお堂に参拝する。三井寺は広く、高台のこのあたりは境内の南東端にあたる。眼下に大津の街や琵琶湖が広がり、近江富士の愛称をもつ三上山も見える。江戸期の浮世絵師・歌川広重も観音堂からの眺望を描いており、今も昔も大津のビューポイントだ。

小関越（こぜきご）えに向かう前に三井寺の境内をくまなく拝観したい。観音堂あたりを除けば、境内は厳粛な空気に満ちている。そのなかでひと際存在感を示すのが、七間四方の大堂の金堂。鳥が翼を広げたような檜皮葺（ひわだぶ）きの大屋根が美しい。西隣の閼伽井屋（あかいや）には天智・天武・持統の三帝が産湯に使い、寺名の由来ともなった霊泉が湧く。正面の蟇股（かえるまた）に施された龍の彫刻は左甚五郎の作。毎夜琵琶湖で暴れる龍の目に、五寸釘を打ち込んだという伝承が残る。また境内には、寺に危難が迫る時には前兆として、鐘の表面が汗をかくといわれる「弁慶の引き摺り鐘」、荘厳な鐘音の「三井の晩鐘」もある。

▶昔ながらの佇まいの大津絵の店。本コース沿い、長等神社の門前にあるので、気軽に立ち寄ってみて

買う　おおつえのみせ
大津絵の店

大衆芸術「大津絵」の伝統と魅力に触れられる

大津絵は江戸初期より神仏や風俗を風刺的に描いた素朴な味わいを持つ民画。東海道大津宿で旅人相手に売られていたという。この店では、大津絵の伝統を継ぐ5代目髙橋松山さんが描いた絵葉書5枚組660円などを購入できる。

☎077-524-5656
住 滋賀県大津市三井寺町3-38
時 10～17時 休 第1・3日曜

三井寺から小関越え、琵琶湖疏水沿いに山科へ

▲山科を流れる琵琶湖疏水沿いの遊歩道。よく整備されており、気持ちよく歩ける

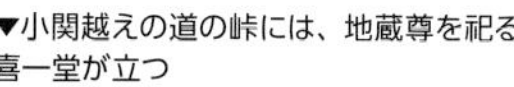
▼小関越えの道の峠には、地蔵尊を祀る喜一堂が立つ

◀長等神社南の三叉路に残る江戸時代の石造道標。「右小関越 三条五条いまくま京道」などと刻まれている。「いまくま」は15番札所の今熊野観音寺

金堂東の仁王門（大門）から境内を出て南へ。琵琶湖疏水を見て、再び長等神社の前を通り、南へ歩くと突き当たりの三叉路に「小関越」と刻まれた江戸時代の道標が立つ。京都と大津を結ぶ東海道の逢坂越えを「大関」とよぶのに対して、脇道にあたることから「小関」の名が付いたらしい。往時は三井寺から京都への最短ルートで、巡礼者の参詣道として利用されていた。道標に従って右へ進み、坂道を上って行けば、峠に地蔵堂の❹**喜一堂**が立つ。少し先の道標が立つ分岐で左側の細い道に入る。

そのまま下って❺**普門寺**（拝観不可）のところで国道161号をくぐり、小川沿いの道を進んで行けば、大津から山中のトンネルを抜けてきた琵琶湖疏水の出口がある。この先しばらくは、疏水沿いに整備された遊歩道をたどる。安朱橋を右折して、北上して行くと、❻**毘沙門堂**がある。約1300年前に創建され、現在地に移った江戸時代初期からは門跡寺院として栄えた。本尊は伝教大師最澄が刻んだという毘沙門天。境内は枝垂桜や紅葉の名所としても知られる。拝観後は来た道を引き返し、再び安朱橋を渡って、住宅街のなかをさらに南へ歩いて行くと❼**山科駅**に至る。

京都府
京都市
山科区
湖西道路へ
❻ 毘沙門堂
瑞光院
20分
安祥寺
洛東高
上野
琵琶湖疏水
安朱橋
地下鉄東西線
安朱小
安朱
京都駅へ
諸羽神社
❺ 普門寺
藤尾奥町
長等山トンネル
JR湖西線
小関
疏水沿いに桜並木が続く遊歩道
WC
15分
道標あり。左の細い道に入る
❹ 喜一堂
WC
一燈園高
四ノ宮
琵琶湖疏水
WC
45分
コンビニ
JR琵琶湖線（東海道本線）
逢坂山トンネル
京阪山科駅
ラクト
徳林院
茶戸町
藤尾小
161
稲葉台
四宮駅
西大津バイパス
❼ 山科駅
ゴール
京阪京津線
横木
1
京都東IC
名神高速道路
追分駅
追分町
0
500m
堀川五条へ

頭の悩みに霊験あらたかな観音さま

新那智山(しんなちさん) 今熊野観音寺(いまくまのかんのんじ)

宗派 真言宗泉涌寺派
本尊 十一面観世音菩薩
創建 天長年間(824~834)

▲弘法大師が熊野権現に出会った場所に立つという本堂。山上に立つ丹塗りの多宝塔は「医聖堂」

▶弘法大師を祀る大師堂の前には、心身のぼけを取り除いてくれるという「ぼけ封じ観音」が立つ

▲今熊野川に架かる赤い鳥居橋を渡って境内へ

寺の縁起によると、弘法大師がこの地で熊野権現に出会い、観音像を託された。そこで自ら十一面観音像を刻み、その像を胎内に納めて堂を建立した。これが今熊野観音寺の始まりという。やがて紀州熊野を観音の住む補陀落浄土とする信仰が広まると、今熊野観音は熊野権現が出現した地に立つ観音の寺として信仰を集めた。特に熊野信仰に篤かった後白河法皇は、熊野権現を京に勧請して新熊野(いまくまの)神社を建立するとともに、その本地仏を祀る堂として今熊野観音寺を崇敬した。

またある夜、法皇の夢枕に当山の観音が立ち、霊光を放つと、法皇の持病の頭痛が消えていたという。以来、本尊は頭の悩みや知恵授けに霊験あらたかな「頭の観音さま」として広く信仰されている。

☎075-561-5511
住 京都府京都市東山区泉涌寺山内町32
料 境内自由
時 8～17時
P 数台

京都市
東山区

コース 14

東福寺から今熊野観音寺へ、東山の麓に立つ寺を訪ねる

◀東福寺の境内は広大で、塔頭の土塀の間の道を通って中心伽藍へ向かう

▲泉涌寺の大門から「降り参道」を下った先に立つ仏殿（重要文化財）

このコースでは今熊野観音寺に加えて、東山南部の名刹を巡る。起点はJR奈良線と京阪本線が接している❶**東福寺駅**。南へ歩いて高架下を抜けてから左折、次の角を右へ曲がり、❷**東福寺**の塔頭の土塀の間の道を進む。紅葉の名所として名高い東福寺の境内は広く、さらに南へ歩いて、中心伽藍を訪ねる。豪壮な三門や本堂などが整然と並び立ち、昭和の名作庭家・重森三玲が手がけた本坊庭園もみどころだ。

拝観後は来た道を戻り、塔頭の海蔵院（洛東園）の前の道を右に進む。日吉ヶ丘高校の南沿いの坂道を上り、泉涌寺塔頭・雲龍院への道を示す案内板に従って左手の急坂へ。その先に❸**泉涌寺**の大門が見える。東山連峰の麓に立つ泉涌寺は、皇室とのゆかりが深いことから「御寺」とよばれ、背後には歴代天皇らの陵墓がある。御座所の庭園もみどころ。また楊貴妃観音堂に祀られる聖観音像は美しいことで名高い。

コースアドバイス　歴史と文化が薫るみどころたっぷり

急なアップ・ダウンはなく、コース全般に歩きやすい道が続くが、泉涌寺入口のところで急坂、また今熊野観音寺からの帰途は長い下り坂となる。智積院から先、ゴールとした京阪本線の七条駅までの間にも、三十三間堂、養源院、京都国立博物館など多数のみどころがあるので、時間の調整に工夫して、立ち寄ることを勧めたい。

所要時間　**約4時間**

歩行時間　**約1時間10分**

歩行距離　**約4.4km**

アクセス

【行き】
京都駅からJR奈良線で2分、東福寺駅下車。

【帰り】
七条駅から京都駅まで徒歩15分。

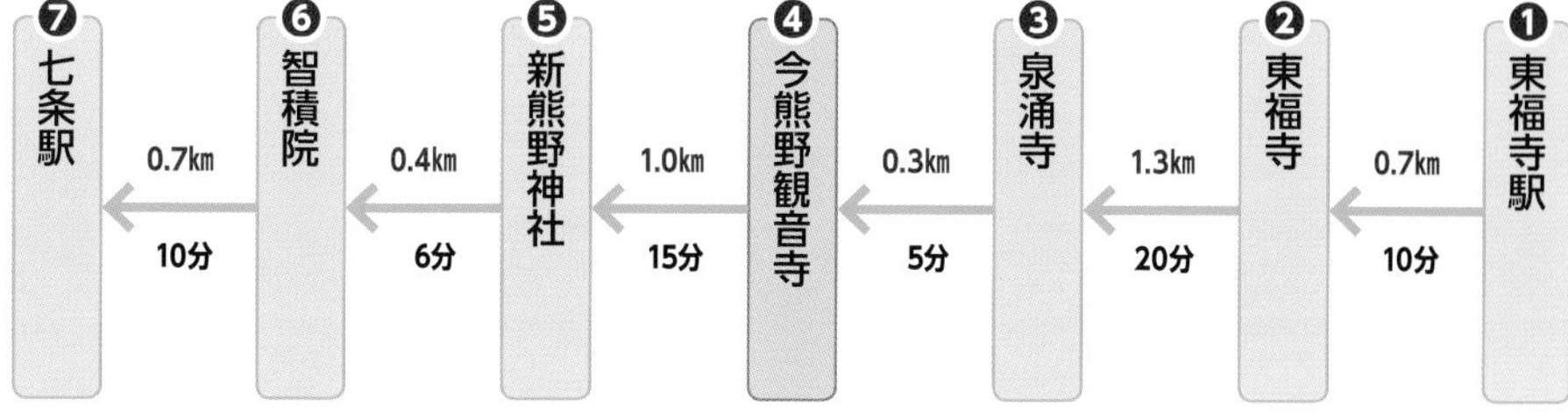

▲今熊野観音寺の境内に湧く、弘法大師ゆかりの霊泉「五智水」の井戸

◀今熊野観音寺の境内に立つ「子護弘法大師」。子どもたちを慈しむ弘法大師の像で、子や孫の健康や学業上達などを願う人が多い

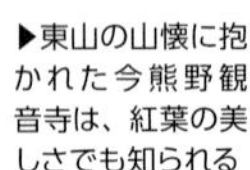

▶東山の山懐に抱かれた今熊野観音寺は、紅葉の美しさでも知られる

泉涌寺の北門を出て、川沿いの細い道を❹**今熊野観音寺**へと向かう。赤い鳥居橋を渡って行く参道一帯も本堂付近も、春は新緑が、秋には紅葉が美しい。正徳2年（1712）再建の本堂に祀られるのは、弘法大師自刻の十一面観音像（秘仏）。境内にはほかに、大師堂や大師ゆかりの「五智水」、医学界に貢献した人々を祀る医聖堂などがある。医聖堂に至る山道には、西国三十三所霊場の各本尊の石仏を安置した霊場巡りが設けられている。

今熊野観音寺から参道（泉涌寺道）を下り、東大路通に出て、北に進むと、左手に樹齢900年というクスノキの大木が見える。後白河法皇の離宮・法住寺殿内に建てられた❺**新熊野神社**のシンボルで、樟大権現として敬われている。この神社は、観阿弥・世阿弥父子が、足利義満の前で猿楽を演じた地としても知られている。

東大路通をさらに北に進むと、真言宗智山派総本山の❻**智積院**の前に出る。夏にはキキョウの咲く参道の奥に、大日如来を祀る金堂が立つ。ここでは宝物館で公開されている長谷川等伯・久蔵父子が描いた国宝障壁画と、「利休好みの庭」と伝えられる大書院前の名勝庭園が見逃せない。

今熊野観音寺コース

◀西国三十三所の各本尊を石仏として祀っている今熊野西国霊場

▲能楽発祥の地といわれる新熊野神社にはこんな石碑も立つ

◀新熊野神社の社頭にそびえ立つ推定樹齢900年の大クスノキ

智積院をあとに七条通を進む。❼七条駅（しちじょう）までは10分ほどだが、この界隈にも多くのみどころがあるので、時間の余裕があれば立ち寄ることを勧めたい。七条通の北側に立つ京都国立博物館は、赤レンガ造りの明治古都館と、2014年開館の平成知新館があり、平成知新館は数々の文化財を常時公開。また博物館北側には、豊臣秀吉を祭神とする豊国神社や、豊臣家滅亡の因となった鐘が残る方広寺がある。一方、七条通の南側には、俵屋宗達（たわらやそうたつ）の襖絵や杉戸絵を所蔵する養源院、千体千手観音像がぎっしりと並ぶ三十三間堂などが立つ。

青山豆十本舗（あおやままめじゅうほんぽ）

代々受け継がれた伝統の製法で作るこだわりの豆菓子がずらり

今熊野商店街にある豆菓子の老舗。今熊野観音寺のスイーツ巡礼の菓子でもある名物「東山五色豆」1袋400円は、縁起のよい5色のカラフルな豆菓子。ほかにもイカやエビ味の落花生、黒胡椒空豆、抹茶豆など自慢の豆菓子が豊富に揃う。

☎075-561-4219
住 京都府京都市東山区泉涌寺門前町24
時 10～17時 休 土・日曜、祝日

▶豊臣秀吉の側室淀殿が父・浅井長政の追善のために創建した養源院

◀京都国立博物館。庭の池のほとりにはロダン作の「考える人」が見られる

Column

清少納言と月輪の地

泉涌寺の境内、寺名の由来となった泉涌水屋形のすぐ横に『枕草子』の作者・清少納言（せいしょうなごん）の歌碑が立っている。泉涌寺と清少納言に直接の関係はないが、清少納言の父の清原元輔の邸宅がこの近くにあり、清少納言が晩年をその家のそばで過ごしたことから、この地に歌碑が建てられたという。清少納言は一条天皇の皇后定子に仕えて寵遇を受けたが、若くして定子が崩御。今熊野観音寺の北に御陵が造営された。そこで清少納言は御陵近くの月輪の地で晩年を送ったという説が有力視されている。

▲泉涌寺境内に立つ清少納言の歌碑

第16番札所

音羽山（おとわさん） 清水寺（きよみずでら）

名高い「清水の舞台」から絶景が広がる

宗派 北法相宗大本山

本尊 十一面千手千眼観世音菩薩

創建 宝亀9年（778）

松風や 音羽の滝の
清水を 結ぶこころは
涼しかるらん

▲国宝に指定されている本堂・舞台は、寛永10年（1633）、徳川3代将軍家光が再建したもの

▶高さ約14mの仁王門。門の両脇には、京都最大級という像高3.65mの仁王像が睨みを利かせている

▲音羽の滝。寺名の由来である清水が3筋になって流れ落ちる

世界遺産にも登録されている清水寺は、宝亀9年（778）、延鎮（えんちん）上人が庵を結んで観音像を安置したことが始まり。2年後に坂上田村麻呂が堂を建て、十一面千手観音を本尊にしたという。以来、霊験あらたかな観音霊場として栄え、現在では年間約500万人が訪れる。

音羽山の中腹に広がる境内には、国宝・重要文化財に指定された多数の建物があり、なかでも有名なのは江戸時代再建の本堂とその前の懸造の舞台。「清水の舞台から飛び降りる」の語源ともなった舞台は、桜や紅葉の名所でもある錦雲渓（きんうんけい）を眼下にし、京都市街を見渡せる。本堂下には、寺名の由来となった清水が流れ落ちる音羽の滝があり、古来、「延命水」とよばれ、清めの水として信仰されている。

☎075-551-1234
住 京都府京都市東山区清水1-294
料 400円
時 6～18時（季節により異なる）
P なし

第17番札所

補陀洛山　六波羅蜜寺

衆生を救う空也の願いが生きる寺

宗派　真言宗智山派
本尊　十一面観世音菩薩
創建　天暦5年（951）

▲現在の本堂は貞治2年（1363）の再建で、重要文化財。本尊の十一面観音像は辰年（12年に一度）のみ開帳される

▶本堂前にはご本尊を模して造られた縁結び観音像が立つ

▲本堂の脇には平清盛の供養塔と、阿古屋塚が並んでいる

空也上人が建立した西光寺に始まる。上人は醍醐天皇の第2皇子ともいわれるが、生涯ひとりの僧として貧者や病人に施しをなし、市中に立って念仏をすすめた。人々はそんな空也を「市の聖（いちのひじり）」と呼んで敬慕した。天暦5年（951）、都に疫病が流行したとき、自刻の観音像を車に乗せて引き歩き、梅干を入れた茶を病人にふるまったという。その尊像を安置した堂が始まりで、空也没後、高弟の中信が六波羅蜜寺と名を改め、天台別院として伽藍を整えた。

空也が刻んだという本尊の十一面観音立像は国宝。開帳は辰年（12年に一度）のみだが、お前立ち像にその姿を偲べる。また令和館には、有名な空也上人像、平清盛坐像、運慶坐像など多数の重要文化財の仏像が安置されている。

☎075-561-6980
住 京都府京都市東山区五条通大和大路上ル東
料 境内自由（令和館〈文化財収蔵庫〉600円）
時 8～17時（令和館は8時30分～16時30分受付終了）
P なし

京都市
東山区

コース 15

六波羅蜜寺から清水寺、さらに東山の有名寺社を巡る

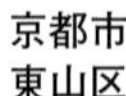

◀六波羅蜜寺の境内には、この一帯に平氏の邸宅が立ち並んでいたことを示す石碑が立つ

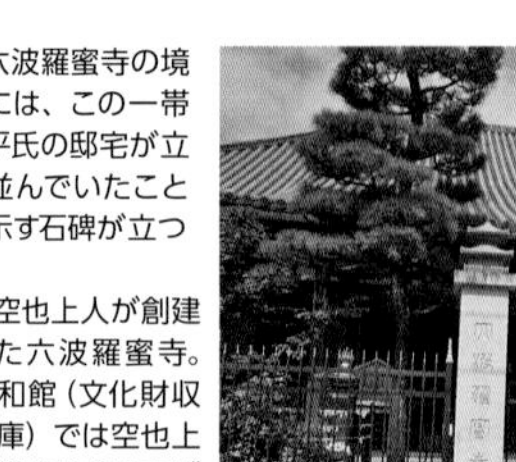

▶空也上人が創建した六波羅蜜寺。令和館（文化財収蔵庫）では空也上人像をはじめすばらしい仏像を拝観できる

京阪本線の❶**清水五条駅**（きよみずごじょう）から五条通を東へ歩き、大和大路通を左折して、六波羅裏門通に進む。このあたりは平家一門が居館を連ねていたところ。池殿町などの町名にその名残を留めている。❷**六波羅蜜寺**（ろくはらみつじ）の境域に立ち並んだ居館の数は5200余に及び、平家没落の折、兵火を受けて、六波羅蜜寺は本堂以外の建物を焼失した。

現在の本堂は貞治2年（1363）の再建。空也上人が刻んだという本尊の十一面観音像（国宝）は辰年（12年に一度）しか開帳されないが、寺は仏像の宝庫として知られ、令和館で常時、空也上人像や平清盛坐像など、重文に指定された平安・鎌倉時代の優れた仏像を拝観できる。

寺の前の道を北へ進み、松原通で右折。東大路通から先を清水道（坂）ともよぶこの道は古来、市中から清水寺へ詣でるルートで、しばしば平安期文学にも登場する。みやげ物店が軒を連ねる参道を上って行く

コースアドバイス

京都屈指の人気コース ゆっくり楽しみたい

2つの観音霊場に加えて、東山の有名な3寺1社を巡る欲張りコース。京都屈指の人気観光地である一帯には、ほかにも多くのみどころがあり、飲食店やカフェ、みやげ物店が軒を連ねている。ゆっくり時間をとって楽しみたい。ただし、有名観光地だけに歩道もしばしば渋滞。桜や紅葉の季節にはなおさらすごいことになる。

所要時間
約4時間30分

歩行時間
約1時間10分

歩行距離
約4.0km

アクセス

【行き】
京都駅からJR奈良線で2分、東福寺駅乗り換え、京阪本線で3分、清水五条駅下車。

【帰り】
東山駅から地下鉄東西線で5分、烏丸御池駅乗り換え、地下鉄烏丸線で6分、京都駅下車。

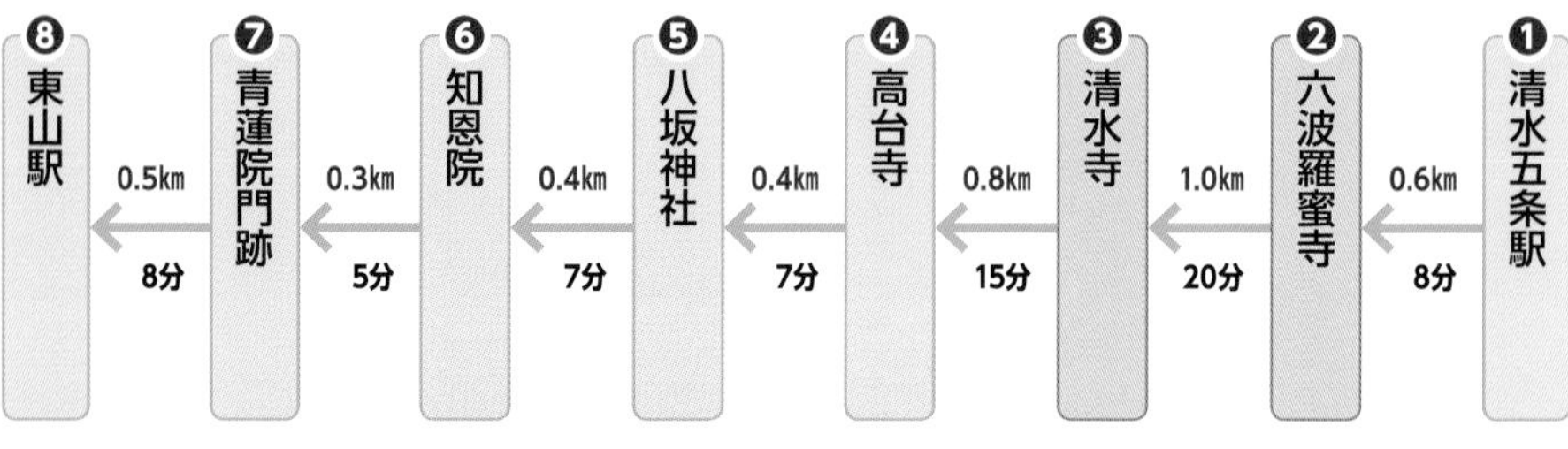

▲下から見た清水寺の本堂・舞台。巨大なケヤキの柱で支えられている

◀古来、「延命水」として信仰される清水寺の音羽の滝。流れ落ちる清水を柄杓に汲んで、ありがたくいただこう

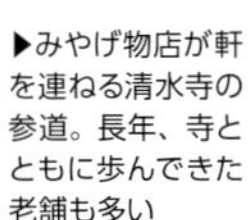

▶みやげ物店が軒を連ねる清水寺の参道。長年、寺とともに歩んできた老舗も多い

と、❸**清水寺**の仁王門に突き当たる。豪壮な門をくぐり、本堂へ。本尊は平安時代より信仰を集める十一面千手観音像（秘仏）。左右の腕を頭上に高く挙げて化仏を戴く独特の姿で「清水型観音」とよばれる。開帳は33年に一度だが、お前立ちを拝せる。本堂の有名な舞台は、本尊へ相撲や芸能を奉納するために造られたもの。舞台の高さは約13m、広さは約190㎡（約100畳）。舞台からは京都市街が望め、眼下には春の桜、秋の紅葉が美しい錦雲渓が広がっている。音羽の滝でのどを潤し、境内を出たら、三年坂（産寧坂）・二年坂を下り、高台寺へ向かう。

❹**高台寺**は豊臣秀吉の正室・北政所ねねが秀吉の菩提を弔うために創建した寺。ねねの墓所で、秀吉とともに祀られている霊屋、小堀遠州作という庭園など多くのみどころがある。高台寺前の「ねねの道」を北へ歩き、突き当たりを左折、すぐ先の下河原通を右折すると、正面に❺**八坂神社**の南楼門が立つ。夏の京を彩る祇園祭はこの神社の祭礼で、疫病退散を祈願した祇園御霊会に始まる。鮮やかな朱塗りの社殿が立つ境内を東に出ると、円山公園が広がっている。背後の緑の山も、手前の池も、樹木も

▲清水寺の三重塔は総丹塗りの壮麗な塔。重文に指定されている

Column

京情緒漂う三年坂（産寧坂）

石畳が敷かれた三年坂は京情緒たっぷりの坂道。清水寺の子安観音へ「お産が寧らかであるよう」と祈るために上った坂であることから、産寧坂とよばれるようになったとか。「ここで転ぶと3年以内に死ぬ」という話も伝わっている。また、町家を改装したみやげ物店や飲食店が並ぶ一帯は、国の重要伝統的建造物群保存地区に選定されている。

◀一帯は京都屈指の人気観光地。年間通して観光客で賑わう

◀三年坂の北側に続く二年坂（二寧坂）も風情たっぷりの散策道

▲高台寺の前を通る道は、「ねねの道」とよばれている

◀桜や紅葉時のライトアップも美しい秀吉とねねの寺・高台寺

店も全てを景色に取り込んで広々と気持ちのいい空間になっている。

円山公園の北に隣接するのが、法然上人が開いた浄土宗総本山の❻**知恩院**。堂々たる国宝の三門をくぐると、法然上人の御影を祀る国宝の御影堂を中心に集会堂、方丈、経蔵などが立ち並ぶ。知恩院境内を出て北に向かえば、❼**青蓮院門跡**。皇族や摂関家が代々門主を務めてきた門跡寺院で、相阿弥により造られた池泉回遊式庭園「相阿弥の庭」や華頂殿の襖絵などみどころたっぷり。寺を出て、三条通を左折すれば、ほどなく市営地下鉄東西線の❽**東山駅**に着く。

七味家本舗

しちみやほんぽ

一子相伝の製法による七味は清水寺参拝の定番みやげ

創業360年以上という七味唐辛子の専門店。清水坂と三年坂の角に立ち、昔は茶店として営業。参拝客にふるまった唐辛子入りの白湯「からし湯」が評判をよび、いつしか七味唐辛子を商うようになった。七味小袋(15g) 864円。

☎075-551-0738

住 京都府京都市東山区清水 2-221
時 9～18時(季節により変動) 休 無休

▶青蓮院門跡の華頂殿から眺める「相阿弥の庭」。四季折々に美しい

◀華頂殿を飾る青い蓮の襖絵。〝ロックな壁画絵師〟として活躍する木村英輝氏奉納

Column

坂本龍馬の墓所

慶応3年（1867）11月15日、坂本龍馬は京都河原町蛸薬師の近江屋で斬殺された。薩長同盟を斡旋し、大政奉還を成し遂げ、まさに新政権の誕生まであと一歩と迫った時だった。だれが龍馬を殺害したかについては諸説あったが、京都見廻組の所業でほぼ決着をみている。清水寺から高台寺に向かう途中、京都霊山護国神社への参道に出合う。坂本龍馬は死から2日後、神社横の高台に葬られた。近江屋で襲われ、その後死亡した中岡慎太郎と並んで墓が立っており、今でも多くのファンが参拝に訪れる。また円山公園内には片膝をつく中岡慎太郎と、遠くを見つめる龍馬の像がある。昭和11年（1936）、京都高知県人会が建て、戦時中撤去されたものを、昭和37年（1962）に再建したもの。こちらも龍馬ファンの人気が高い。

▲知恩院の三門（国宝）。高さ24m、幅50m、日本最大級の木造門だ

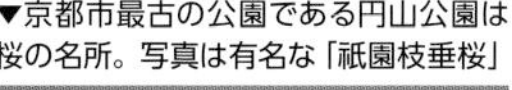

▼京都市最古の公園である円山公園は桜の名所。写真は有名な「祇園枝垂桜」

▲四条通の東端に立つ八坂神社の西楼門は祇園のシンボルともなっている

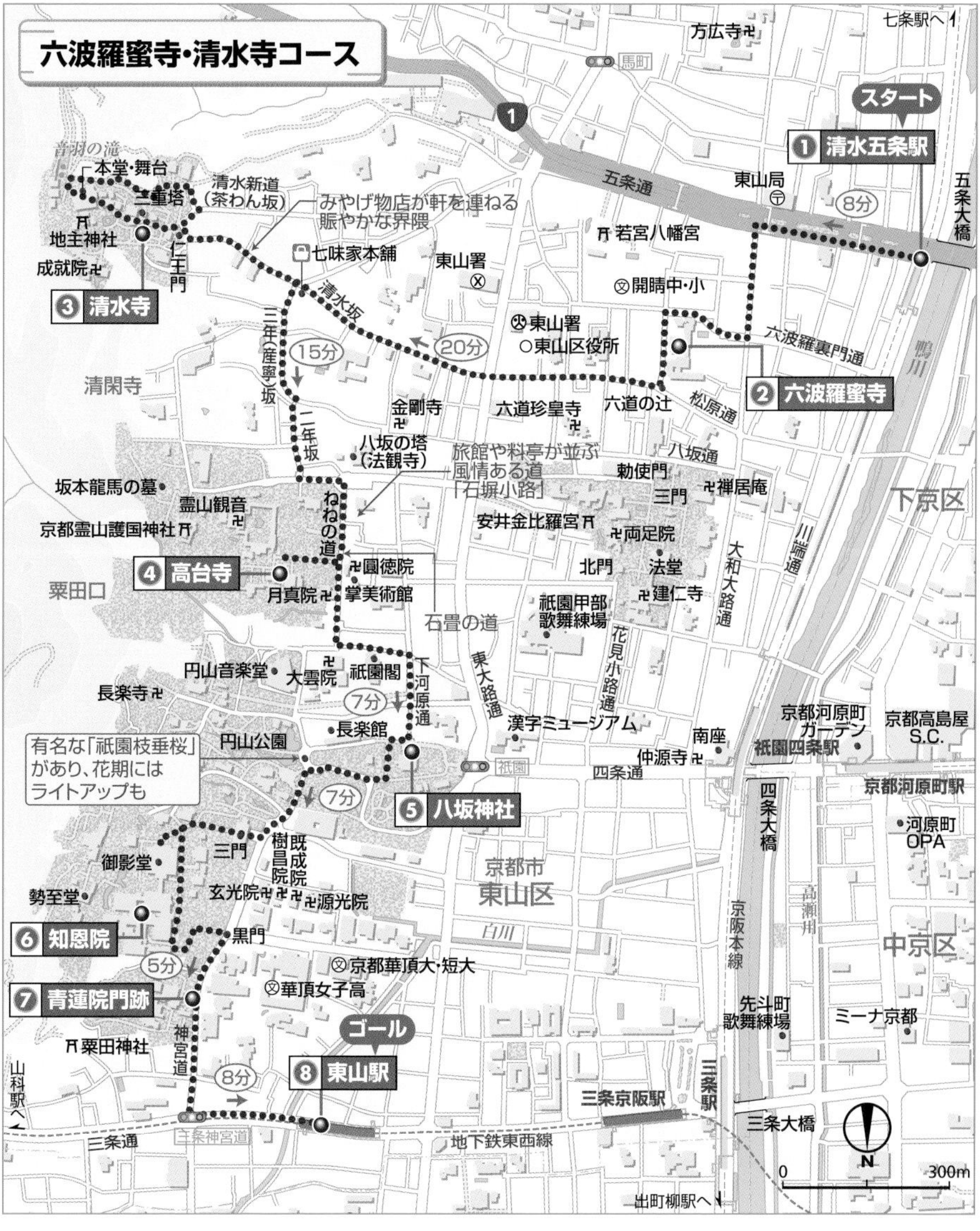

六波羅蜜寺・清水寺コース

スタート
1 清水五条駅
8分
2 六波羅蜜寺
20分
3 清水寺
15分
4 高台寺
7分
5 八坂神社
7分
6 知恩院
5分
7 青蓮院門跡
8分
ゴール
8 東山駅

七条駅へ
方広寺
馬町
1
五条通
東山局
五条大橋
若宮八幡宮
開睛中・小
東山署
東山区役所
六波羅裏門通
松原通
鴨川
六道の辻
六道珍皇寺
金剛寺
八坂の塔（法観寺）
八坂通
旅館や料亭が並ぶ風情ある道「石塀小路」
勅使門
三門
禅居庵
安井金比羅宮
両足院
北門
法堂
建仁寺
大和大路通
川端通
下京区
音羽の滝
本堂・舞台
三重塔
清水新道（茶わん坂）
みやげ物店が軒を連ねる賑やかな界隈
地主神社
仁王門
成就院
七味家本舗
東山署
清水坂
三年（産寧）坂
清閑寺
二年坂
坂本龍馬の墓
霊山観音
京都霊山護国神社
ねねの道
圓徳院
掌美術館
月真院
粟田口
石畳の道
祇園甲部歌舞練場
花見小路通
東大路通
円山音楽堂
大雲院
祇園閣
長楽寺
下河原通
長楽館
漢字ミュージアム
南座
京都河原町ガーデン
京都高島屋S.C.
祇園四条駅
有名な「祇園枝垂桜」があり、花期にはライトアップも
円山公園
祇園
仲源寺
四条通
四条大橋
京都河原町駅
河原町OPA
三門
樹昌院
既成院
御影堂
勢至堂
玄光院
源光院
京都市
東山区
白川
高瀬川
京阪本線
中京区
黒門
京都華頂大・短大
華頂女子高
粟田神社
神宮道
先斗町歌舞練場
ミーナ京都
三条京阪駅
三条駅
三条大橋
山科駅へ
三条神宮道
三条通
地下鉄東西線
0 300m
N
出町柳駅へ

第18番札所

華道家元池坊が住職を務める異色の寺

紫雲山(しうんざん) 六角堂(ろっかくどう) 頂法寺(ちょうほうじ)

宗派 天台宗(単立)
本尊 如意輪観世音菩薩
創建 用明天皇2年(587)

▲本堂正面。観音菩薩と書かれた大きな赤い提灯が吊り下がり、下では邪鬼が香炉を支えている

▶本堂前の柳の下にある六角形の「へそ石」。京の中心を表すとも、当初の本堂の礎石ともいわれる

▲境内にはニコニコ顔の十六羅漢の像も安置されている

六角形の本堂にちなみ「六角さん」と親しまれる寺は、ビルに囲まれた京の町の真ん中に立つ。平安京以前に創建されてからずっと同じ場所にあり、境内には京の中心を表すという「へそ石」が残る。応仁の乱後は、町堂として下京の町衆の自治活動の拠点的な役割も果たすなど、庶民とともに歩んできた寺だ。

縁起によれば、飛鳥時代、聖徳太子がこの地を訪れ、念持仏の如意輪観音を本尊とする六角の堂を建てたのが始まり。寺はいけばなの発祥地としても知られ、華道家元池坊(いけのぼう)が代々住職を務めている。池坊の祖とされる小野妹子は、境内の池のほとりに住房を構え、本尊に花を供えるのを務めとした。それが代々の住職に受け継がれて華道が起こり、華道池坊に発展したという。

☎075-221-2686
住 京都府京都市中京区六角通東洞院西入ル堂之前町248
料 境内自由
時 6～17時(納経は8時30分～)
P なし

第19番 札所

町なかに佇む寺は昔も今も庶民を見守る

霊麀山 行願寺（革堂）

宗派	天台宗
本尊	千手観世音菩薩
創建	寛弘元年（1004）

▲老舗が多い寺町通に門を開く古寺。一般に「こうどうさん」と親しまれる

▶本堂以外にも庶民の願いを叶えるさまざまな堂が立つ。こちらは家内安全を守る鎮宅霊符神堂

▲本堂前に置かれた蓮の鉢。こんなところにも安らぎを感じる

寛弘元年（1004）、行円という僧が創建した。行円は若いころに狩をして、射た雌鹿から子鹿が生まれたのを見て、殺生を悔い、仏門に入った。そして、その母鹿の皮にお経を書いて常にまとい、人々の救済に尽くした。いつしか行円は革聖とよばれ、革聖が建てた寺は革堂の名で親しまれるようになった。中世には下京の六角堂と同様、上京の町衆が結集する生活の拠り所となった。

寺は一条小川に創建され、のちに寺町荒神口に移転、さらに18世紀初めに現在地に移った。現在の本堂は19世紀初頭の再建。秘仏の本尊は行円が夢告を受け、賀茂社の槻の木で彫ったという千手観音像で、1月17・18日の初観音で公開される。本堂の外陣の天井を彩る171面の花鳥の透かし彫りも見逃せない。

☎075-211-2770
住 京都府京都市中京区寺町通竹屋町上ル行願寺門前町17
料 境内自由
時 8～17時
P なし

京都市
中京区

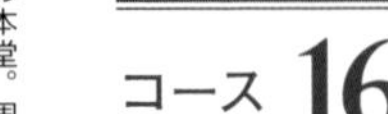

六角堂から革堂へ、町衆の拠点となった寺を巡る

所要時間
約4時間30分

歩行時間
約1時間20分

歩行距離
約5.4km

▲六角堂の本堂。周囲には池坊会館、家元道場など池坊の施設が立つ

▲六角堂境内の池に浮かぶ太子堂には聖徳太子二歳像（南無仏太子像）を安置する

地下鉄の❶**四条駅**から地上に出ると、四条烏丸の交差点。北へ歩き、3本目の六角通を右に曲がると右手に❷**六角堂 頂法寺**の鐘楼がある。かつて、災害など有事の際には鐘を打ち鳴らして人々を集め、寺や町を守ったという。現在の本堂は明治初期の再建。特徴的な六角形の屋根は、西側のビル（WEST18）の展望エレベーターを上って見ることができる。また本堂前の「縁結びの六角柳」は枝を2本寄せておみくじを結ぶと、良縁に恵まれるという。

参拝後は六角通を東へ進み、左折して高倉通を北上すると、赤レンガの建物に出合う。辰野金吾が設計し明治39年（1906）に竣工した旧日本銀行京都支店で、現在は❸**京都文化博物館**の別館となっている。隣接する本館では、京都の歴史や美術工芸などを紹介。また京の町並みを再現した「ろうじ店舗」で飲食もできる。

館を出て、三条通を東進し、寺町通に入

コースアドバイス
広大な京都御苑は四季の花木も楽しみ

三条通から寺町通へと、町歩きや買い物に楽しいコースを歩く。明治維新までの皇居であった京都御所の公開時間は決められている（月曜休）が、京都御苑は自由に散策できる。東西約700m、南北約1300mに及ぶ苑内は、約5万本の樹木が生い茂る市民のオアシス。梅、桃、桜、紅葉などが折々に目を楽しませてくれる。

アクセス

【行き】
京都駅から地下鉄烏丸線で4分、四条駅下車。
【帰り】
今出川駅から地下鉄烏丸線で10分、京都駅下車。

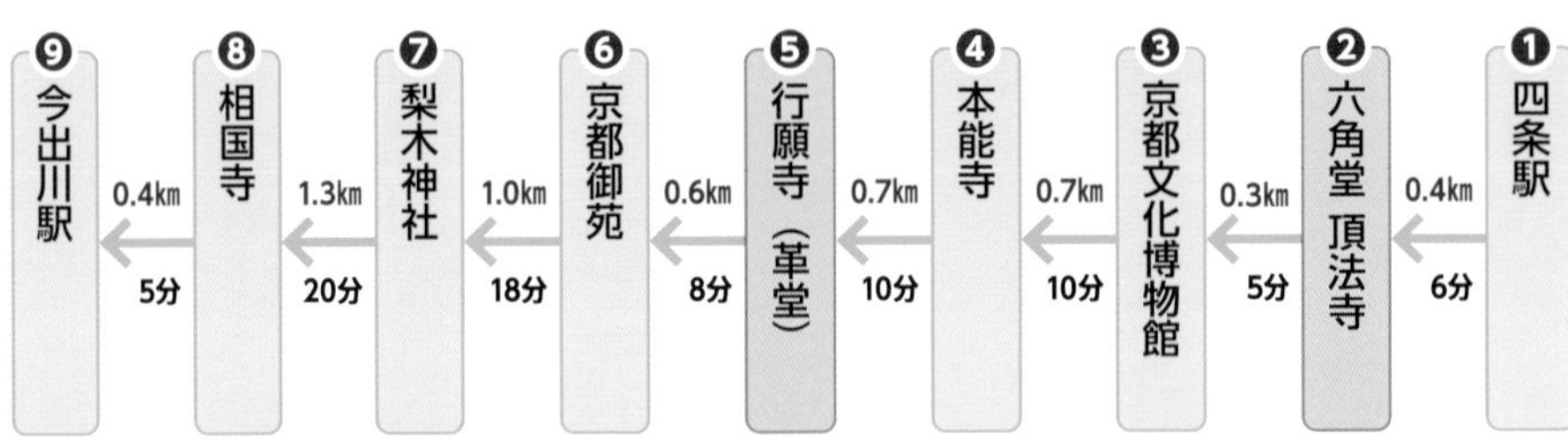

※京都文化博物館は月曜休館（祝日の場合は翌日）。

◀六角堂の「縁結びの六角柳」。良縁を願って多くのおみくじが結ばれている

▲行願寺の寿老神堂。「都七福神」のひとり寿老神が祀られている

◀行願寺の本堂。文化12年(1815)の再建で、京都市指定文化財

る。寺町通は平安京の東端、東京極大路に当たり、豊臣秀吉の都市改造計画で洛中の寺院を移転させたことから、その名が付いた。❹本能寺(ほんのうじ)もその一つ。天正10年(1582)、織田信長が明智光秀に討たれた「本能寺の変」の時は、現在地の南西約1㎞の油小路蛸薬師にあった。移転後もたびたび火災に遭ったが、境内奥に立つ信長公廟は、信長の子・信孝が建てた供養塔を現在地に移したものという。

本能寺から御池通を渡り、寺町通をさらに北へ進む。菓子やお茶の老舗などが軒を連ねるなかに、❺行願寺(ぎょうがんじ)(革堂(こうどう))の山門が見える。寺はいつも鹿皮を身にまとっていたため「革聖(かわのひじり)」とよばれた行円(ぎょうえん)が、11世紀初頭に創建した。千手観音像を祀る本堂の外陣の格天井には、信者が奉納した花鳥の彫刻が残っている。また宝物館には、幽霊となった少女を描いた絵馬が納められており、8月21〜23日に公開される。

さらに北へ歩き、丸太町通に出ると、❻京都御苑(きょうとぎょえん)の森が見える。本コースは丸太町通を西へ進むが、まっすぐ行くと同志社大学の創立者・新島襄の旧邸(時期を限って公開)がある。京都御苑は京都御所や京都仙洞御所の周囲に広がる国民公園。明治時

▶明治時代に日本銀行京都支店として建てられた京都文化博物館の別館

◀本能寺の境内にある信長公廟。この拝殿の正面奥に見えるのが織田信長の供養塔

Column

透明人間にされた男と観音の霊験

六角堂の観音の霊験は昔からさまざまに語られてきた。平安時代後期に成立した『今昔物語集』には、次のような話が載せられている。昔、六角堂に熱心に参詣する男がいた。ある年の大晦日の夜、帰宅するため一条戻橋まで来たところ、西の方から火を持った大勢の人がやって来た。よく見ると鬼の一行で、男は鬼に捕まるが、鬼はツバを吐きかけただけで去って行った。大急ぎで家に戻り、鬼の話をするのだが、妻子は男に気づかず、ただ帰りの遅い男を心配するばかり。男は人に見えない姿になってしまったことに驚き、六角堂の観音にすがりついた。すると数日後、僧が現れ、お経をあげると男の姿が元に戻っていった。僧が観音のお使いであると知った男は、前よりいっそう観音への信仰を深めたという。

◀行願寺境内に立つ高さ3mの五輪塔。本尊ゆかりの賀茂明神を祀っている

▲丸太町通に開かれている京都御苑の堺町御門。ここを通って苑内へ

◀御苑内の広々とした道。緑豊かな一帯は市民の憩いの場となっている

代まで一帯には宮家や公家の屋敷が立ち並んでいた。堺町御門から苑内に入って少し左に折れ、広い道を進む。この先で御所の建礼門に突き当たる道は、葵祭や時代祭の行列が進む道でもある。

建礼門から東へ、仙洞御所の北側の道を歩く。正面に五山送り火の大文字の火床が見える。清和院御門を出たところにあるのは、明治維新で活躍した三條実万・実美父子を祭神とする**❼梨木神社**。手水舎の井戸に湧く「染井の水」は、京都三名水の一つといわれる。境内から寺町通へ出ると、廬山寺がある。紫式部の邸宅跡に立ち、7〜9月のキキョウが咲くころの庭が美しい。

寺町通を北へ進み、左手の石薬師御門から再び御苑内に入る。まっすぐ歩くと、御所の築地塀の北東端を欠いたところに出る。鬼門除けに御幣を担いだ猿の彫刻が屋根の下に置かれており、猿ヶ辻とよばれている。御苑の今出川御門を出ると、臨済宗相国寺派大本山の**❽相国寺**は近い。室町幕府3代将軍足利義満が10年の歳月をかけて建立した寺で、京都五山の中心として栄えた。天井に描かれた蟠龍図で有名な法堂は、春秋のみ公開される。寺の西門を出ると、地下鉄**❾今出川駅**はすぐだ。

東山駅へ
三条京阪駅
東山区
京阪本線
祇園四条駅
三条駅
京都市役所前駅
京都市役所
にぎやかなアーケード商店街
河原町通
京都河原町駅
④本能寺
甘党茶屋 梅園 三条寺町店
10分
10分
地下鉄東西線
六角通
阪急京都本線
四条通
下京区
京都御池中
姉小路通
三条通
5分
御池通
高倉通
高倉小
中京郵便局
大丸京都店
洛風中
東洞院通
烏丸駅
五条駅へ
6分
烏丸御池駅
烏丸通
③京都文化博物館
①四条駅
スタート
②六角堂 頂法寺
条駅へ
桂駅へ

Column

蛤御門の変と「どんどん焼け」

御所の建礼門から西へ歩くと、烏丸通沿いに蛤御門（はまぐりごもん）がある。御苑に9つある門のうちの一つで、正しくは新在家御門というが、宝永5年（1708）の宝永の大火で、めったに開くことのなかった門が開門されたので、焼けて口を開くハマグリになぞらえ、蛤御門とよばれるようになったとか（それ以前からとも）。この門の柱に残る弾痕は、元治元年（1864）、復興を願い御所に押し寄せた長州勢と、御門を守る会津兵らとの激戦の名残とも。戦闘は1日で終わったが、鷹司邸、長州藩邸からの出火で京の町の3分の2が焼失。六角堂、本能寺、革堂も被災した。この時の火事を鉄砲焼けとか、どんどん焼けという。

◀相国寺の総門。広大な境内には、一山の美術品を集めた承天閣美術館もある

▶梨木神社の境内に湧く「染井の水」は京都三名水の一つで、いまだ枯れずに現存する唯一の名水

▲萩の名所としても知られる梨木神社。9月には萩まつりも行われる

村上開新堂（むらかみかいしんどう）

老舗の人気焼き菓子はバターが香る懐かしい味

明治40年(1907) 創業、京都で最も古い洋菓子店といわれる。昭和初期から作られている人気のロシアケーキ1枚205円は、クッキーより少しソフトな生地の、ほどよい甘さの焼き菓子。チョコ、アプリコット、レーズンなどの5種類がある。

☎075-231-1058
住 京都府京都市中京区寺町通二条上ル常盤木町62
時 10～18時 休 日曜、祝日、第3月曜

甘党茶屋 梅園 三条寺町店（あまとうちゃや うめぞの さんじょうてらまちてん）

四角いみたらし団子で知られる京都を代表する甘味処

昭和2年(1927)の創業以来、地元で愛され続ける甘味処・梅園の支店。ここ三条寺町店限定の花点心980円は、名物のみたらし団子に、見た目もかわいいオリジナルどら焼き「あんの花束」やわらび餅などが一皿に盛られた人気のセット。

☎075-211-1235
住 京都府京都市中京区天性寺前町526
時 10時30分～19時30分(19時LO) 休 無休

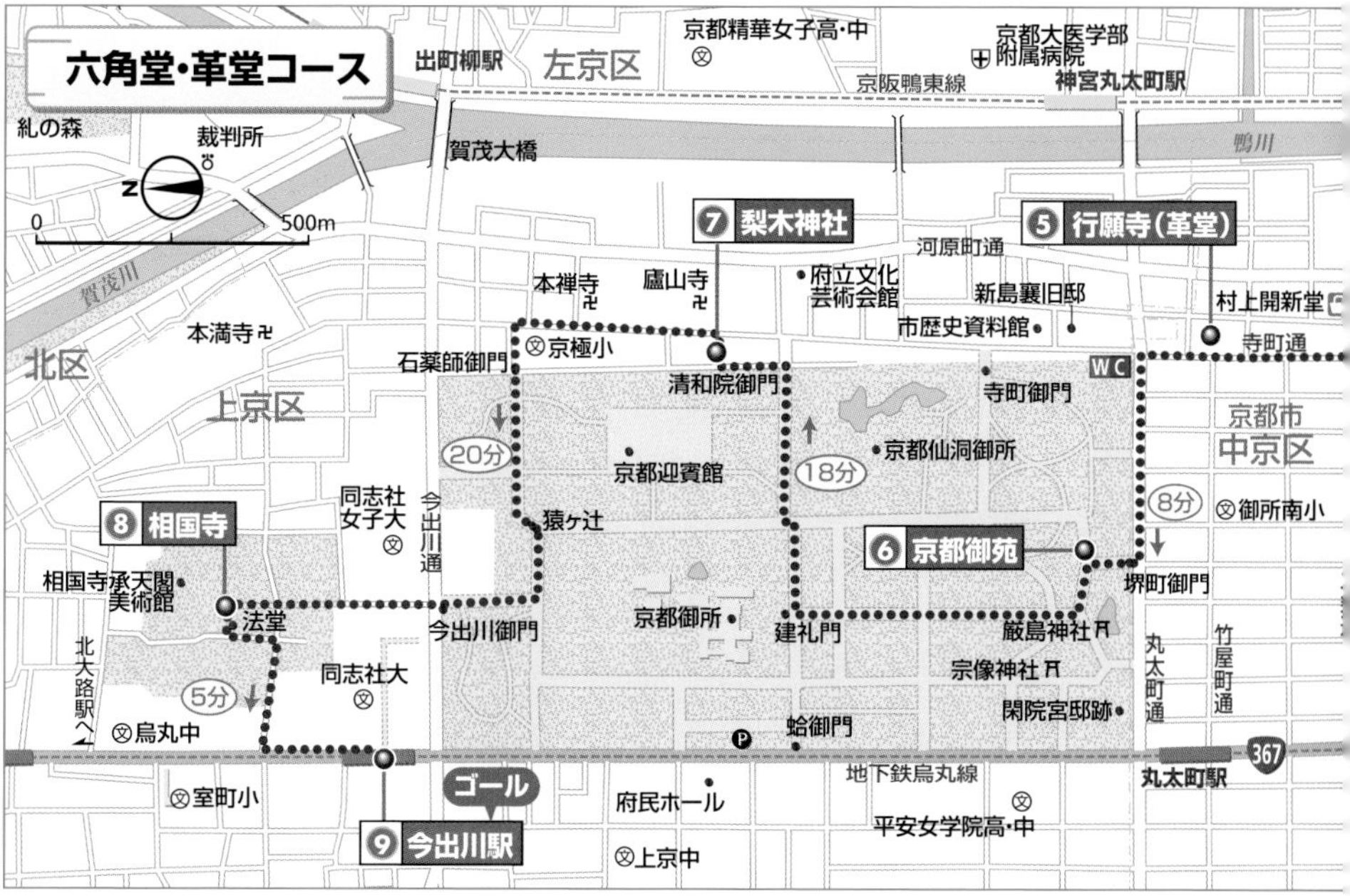

六角堂・革堂コース

0 500m
出町柳駅 左京区 京都精華女子高・中 京都大医学部附属病院 京阪鴨東線 神宮丸太町駅
糺の森 裁判所 賀茂大橋 鴨川 賀茂川
⑦ 梨木神社 ⑤ 行願寺(革堂)
本禅寺 廬山寺 府立文化芸術会館 河原町通 新島襄旧邸 村上開新堂 市歴史資料館 寺町通
本満寺 北区 京極小 石薬師御門 清和院御門 寺町御門 上京区 京都市中京区
20分 18分 8分 京都迎賓館 京都仙洞御所 御所南小
同志社女子大 今出川通 猿ヶ辻 ⑧ 相国寺 ⑥ 京都御苑 堺町御門
相国寺承天閣美術館 法堂 今出川御門 京都御所 建礼門 厳島神社
北大路駅へ 5分 同志社大 宗像神社 丸太町通 竹屋町通 閑院宮邸跡
烏丸中 蛤御門 367
室町小 地下鉄烏丸線 丸太町駅 ゴール 府民ホール 平安女学院高・中
⑨ 今出川駅 上京中

第20番
札所

西山 善峯寺

にしやま よしみねでら

桂昌院が復興した京都西山の名刹

宗派 天台宗（単立）
本尊 千手観世音菩薩
創建 長元2年（1029）

▲豪壮な山門。両脇には運慶作で源頼朝の寄進と伝わる仁王像が立っている

▶善峯寺の境内に立つ桂昌院廟。寺の大恩人である桂昌院の遺髪を納め、宝永2年(1705)に建立された

▲元禄5年(1692)、桂昌院の寄進で再建された観音堂(本堂)

京都西山の中腹に立つ。長元2年（1029）、恵心僧都の高弟である源算上人が小堂を建て、自ら刻んだ千手観音像を祀ったのが始まり。長久3年（1042）、後朱雀天皇の勅命で東山の鷲尾寺から千手観音を遷して本尊とし、源算が刻んだ像は別に祀られるようになった。室町時代には僧坊50余を数えるほど栄えたが、応仁の乱の兵火で堂塔伽藍を焼失した。

本堂をはじめ現在の堂宇の多くは、江戸時代、徳川5代将軍綱吉の生母・桂昌院の寄進で再建されたもの。また約3万坪の境内は、回遊式庭園のようになっており、桜やアジサイ、秋明菊などが折々に咲き、紅葉も鮮やか。樹齢600年以上という国天然記念物の五葉松「遊龍の松」もみどころだ。

☎075-331-0020
住 京都府京都市西京区大原野小塩町1372
料 500円
時 8時30分～17時（土・日曜、祝日は8時～）
P 150台（有料）

京都市
西京区

コース 17

善峯寺から東海自然歩道へ、緑豊かな大原野を周遊

◀四季折々の花や紅葉が楽しめる善峯寺。初夏の境内にはアジサイが優雅に咲き誇る

▶善峯寺の経堂のそばに咲く見事な枝垂れ桜は樹齢300年以上。桂昌院のお手植えと伝えられている

JR向日町(むこうまち)駅からバスに乗車。終点の❶**善峯寺(よしみねでら)バス停**で降りる。朱塗りの善峯一の橋から急坂の参道を上り切り、東門を右折すると、❷**善峯寺**の豪壮な山門が眼前にそびえ立つ。徳川綱吉の生母・桂昌院(けいしょういん)が再建したもので、約3万坪の境内には、ほかにも桂昌院ゆかりの堂宇が点在する。

山門から正面の石段を上れば、本尊の千手観音像を祀る観音堂が立つ。入母屋造、瓦葺きの大屋根が印象的なお堂で参拝を済ませる。多宝塔や経堂の前にあるのは、国天然記念物の五葉松。北と西に長々と枝を伸ばして「遊龍(ゆうりゅう)の松」とよばれ、推定樹齢は600年以上。古色を帯びた老松の幹は、波に泳ぐ龍のように見える。

腰痛や神経痛に霊験あらたかという本尊を祀る釈迦堂を過ぎると、奥の院に入る。薬師堂の本尊は、八百屋の娘・お玉から将軍の生母へと上り詰めた桂昌院の由緒から、出世薬師如来とよばれ、信仰を集めている。

アクセス

【行き】
京都駅からJR京都線で7分、向日町駅下車、阪急バス善峯寺行きで34分、終点下車。※欄外参照

【帰り】
南春日町バス停から阪急バスJR向日町行きで26分、終点下車、往路を戻る。

コースアドバイス 坂道が続くので疲れにくい靴を選んで

寺社の境内以外は舗装道を歩くが、坂道も多いので歩きやすい靴で。善峯寺から杉谷までは九十九折の上り坂が延々と続く。その先はほぼ平坦だが、逢坂峠を過ぎると今度は下り。なお金蔵寺へは逢坂峠からさらに東海自然歩道をたどって行くこともできるが道が険しい。山歩きに慣れていない人は本コースのように府道733号を歩こう。

所要時間 約5時間30分
歩行時間 約3時間5分
歩行距離 約10.1km

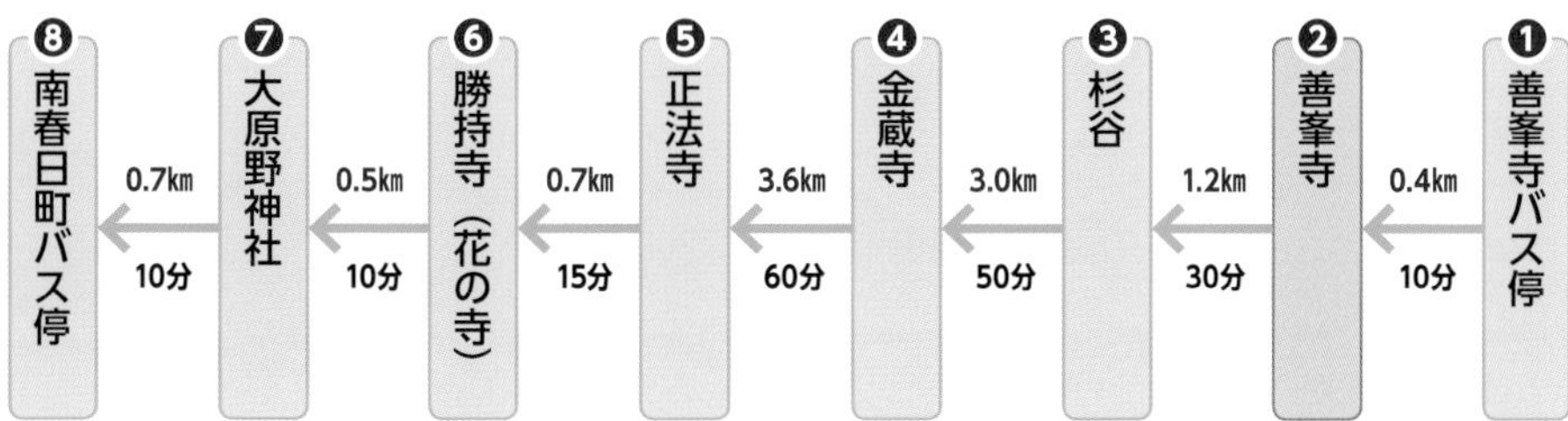

※向日町駅からのバスは、冬期（1月6日～2月末日）は善峯寺まで行かず、小塩バス停までの運行。そこから善峯寺までは徒歩30分。

▲正法寺の遍照塔。境内は桜が美しく、また梅園もある

◀杉谷の湿地帯。ハンノキ林が広がる幻想的な光景が見られる

▶京都市街を見渡せる高台に立つけいしょう殿。建物内には桂昌院の像が安置されている

薬師堂の真下に位置するけいしょう殿には桂昌院の像を安置。ここから見渡す京都市街地はまさに絶景である。

山内を一巡したら、山門から駐車場を抜けて退出。道標に従って、急峻な九十九折(つづらおり)の林道を上って行けば❸**杉谷**(すぎたに)の集落へたどり着く。杉谷の湿地帯に自生するハンノキ林の幻想的な風景を眺めつつ、東海自然歩道を進む。府道733号に突き当たったら右折し、善峯寺と同じく桂昌院が復興した❹**金蔵寺**(こんぞうじ)を目指す。参拝後は府道733号を下り、右手に広がる田園風景を見ながら長峯寺を通過。京都縦貫自動車道の高架をくぐれば、そこは大原野(おおはらの)である。

道標の指示に従い、両側に竹が生い茂る道を歩くうちに❺**正法寺**(しょうほうじ)の傍のため池が見える。この寺は動物の形に似た石を配した庭園が美しい「石の寺」である。寺を出ると大原野神社の一の鳥居があるが、道を直進して先に桜の美しいことで知られる❻**勝持寺**(しょうじじ)**（花の寺**(はなでら)**）**へ向かう。参拝後は参道を折り返して、道標に従い、雑木林の道を進むと❼**大原野神社**(おおはらの)の境内に出る。奈良の猿沢池を模した鯉沢池(こいさわのいけ)は、四季折々に風情がある。帰路は一の鳥居を左折して、車道を進めば❽**南春日町バス停**(みなみかすがちょう)に着く。

▶大原野神社は長岡京遷都の時、藤原氏が奈良の春日大社の分霊を遷し祀ったのが始まり。手水舎には鹿の像がある

▶勝持寺の山門。西行法師ゆかりの「西行桜」をはじめ境内には約100本の桜があり、「花の寺」とよばれている

カフェ

春日乃茶屋(かすがのちゃや)

四季それぞれの美観とよもぎ団子が名物の茶店

大原野神社境内の鯉沢池の畔にあり、景色を愛でながら甘味が楽しめる。名物のよもぎ団子250円(よもぎ茶付き)は大原野で栽培されたヨモギを使用。ほどよい甘さとヨモギの芳香が疲れを癒やしてくれる。併設の「そば切り こごろ」も人気。

☎075-332-2281

㊟京都府京都市西京区大原野南春日町1152

㊎9時～日没(季節により異なる) ㊡水・木曜(春・秋は無休)

▲棚田が広がる大原野ののどかな風景

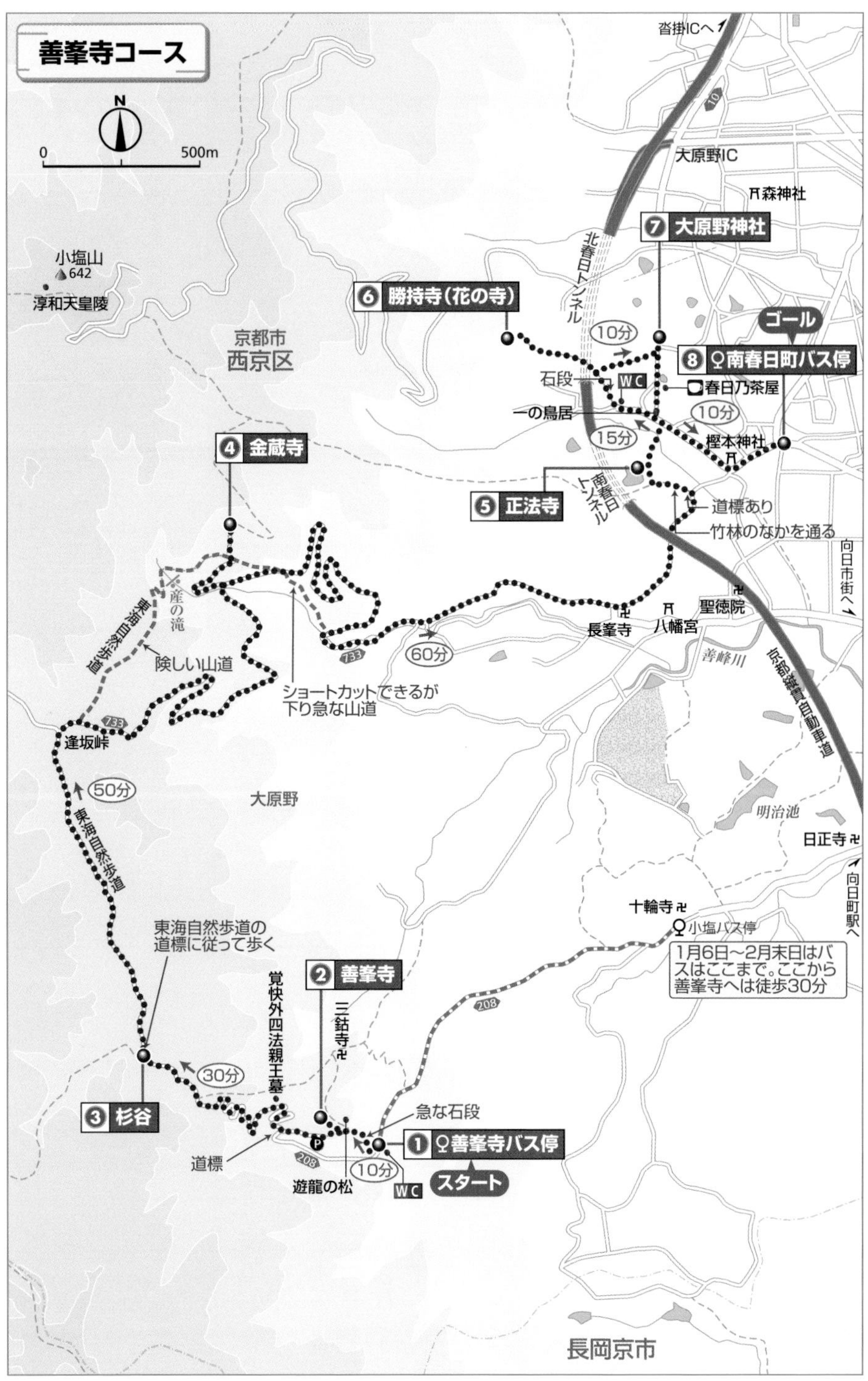
善峯寺コース
0
500m
小塩山
642
淳和天皇陵
京都市
西京区
沓掛ICへ
大原野IC
森神社
7 大原野神社
北春日トンネル
6 勝持寺(花の寺)
ゴール
10分
8 南春日町バス停
石段
WC
春日乃茶屋
一の鳥居
10分
15分
樫本神社
5 正法寺
南春日トンネル
道標あり
竹林のなかを通る
向日市街へ
4 金蔵寺
産の滝
東海自然歩道
険しい山道
ショートカットできるが
下り急な山道
60分
長峯寺
八幡宮
聖徳院
善峰川
京都縦貫自動車道
逢坂峠
50分
東海自然歩道
大原野
明治池
日正寺
向日町駅へ
十輪寺
小塩バス停
1月6日~2月末日はバスはここまで。ここから善峯寺へは徒歩30分
東海自然歩道の
道標に従って歩く
覚快外四法親王墓
2 善峯寺
三鈷寺
30分
3 杉谷
急な石段
1 善峯寺バス停
道標
遊龍の松
10分
WC
スタート
長岡京市

第21番札所

菩提山 穴太寺

「なで仏」も安置される丹波屈指の古刹

宗派　天台宗
本尊　聖観世音菩薩
創建　慶雲2年（705）

かかる世に　生まれあう身の　あな憂やと
思はで頼め　十声一声

▲京都府名勝に指定されている本坊書院の庭園。借景を成す後方の多宝塔は、文化元年（1804）の再建

▶諸病平癒に霊験あらたかな釈迦涅槃像「なで仏」は穏やかな表情が印象的

▲侘びた風情を漂わせる仁王門。眼光鋭い阿吽の仁王像が左右に控えている

慶雲2年（705）、文武天皇の命で大伴古麿によって開かれた。当初は薬師如来を本尊としていたが、約250年後に聖観世音菩薩も祀られるようになった。「身代わり観音」とよばれるこの像には、次のような伝説がある。当地の郡司・宇治宮成が聖観音を彫った仏師感世に礼として馬を与えた。ところが馬が惜しくなり、感世に矢を放ち、馬を奪い返す。その後、帰宅すると、矢が刺さった聖観音から一条の鮮血が流れていた。「観音さまが身代わりになられた」と愚行を悔いた宮成は仏門に入り、穴太寺を再興したという。

この本尊のほか、本堂の一隅に安置される布団を掛けられた釈迦涅槃像「なで仏」も信仰を集める。多宝塔を借景とした本坊書院の庭園は丹波地方随一の名園といわれる。

☎0771-24-0809
住 京都府亀岡市曽我部町穴太東ノ辻46
料 境内自由（本堂・庭園500円）
時 8～17時
P 50台（有料）

京都府
亀岡市

コース 18

庭園が美しい穴太寺から、明智光秀ゆかりの城下町へ

◀穴太寺のどっしりとした本堂は享保20年（1735）の再建。多宝塔とともに京都府文化財に指定されている

京の奥座敷とよばれる湯の花温泉が湧く京都府亀岡市。緑の田園風景が広がり、清らかな保津川が流れる自然豊かな町である。霊験あらたかな寺社も多いことから「ご利益の国 亀岡」をうたう観光PRも行われている。そんな亀岡を代表する名刹、穴太（あなお）寺を起点として、平和台公園のミニハイキング、明智光秀も城主を務めた丹波亀山城下町の散策も織り交ぜたのがこのコース。亀岡の魅力を満喫できることだろう。

JR亀岡駅から京阪京都交通バスで❶穴太（あな）寺前（おじまえ）バス停下車。穴太寺の駐車場脇にあるこのバス停から北へ100mほど行けば、❷穴太寺の山門が立つ。この間には地酒を売る店もある。一方、山門と逆方向、バス停から南へ少し行くと、京都府下最大のセンダンとされる名木「原田邸のセンダン」がそびえている。

山門をくぐり、土塀に囲まれた境内に入ると、正面に本堂が見える。札所本尊の聖（しょう）

コースアドバイス
平和台公園は展望台からの下りが急

穴太寺へは亀岡駅から京阪京都交通バスの60系統に乗車し、穴太口で下車する行き方もある。バス停から寺まで徒歩10分かかるが、バスの便数はこの方が多い。平和台公園展望台への上りは道が広く歩きやすいが、下りは急坂の箇所が多い。古い町並みが残る亀岡の旧城下町には道標や案内板が多く設置されており散策しやすい。

所要時間 約4時間
歩行時間 約1時間45分
歩行距離 約5.9km

アクセス

【行き】
京都駅からJR嵯峨野線で27分、亀岡駅下車、京阪京都交通バス34・59系統で19分、穴太寺前下車。

【帰り】
亀岡駅から往路を戻る。

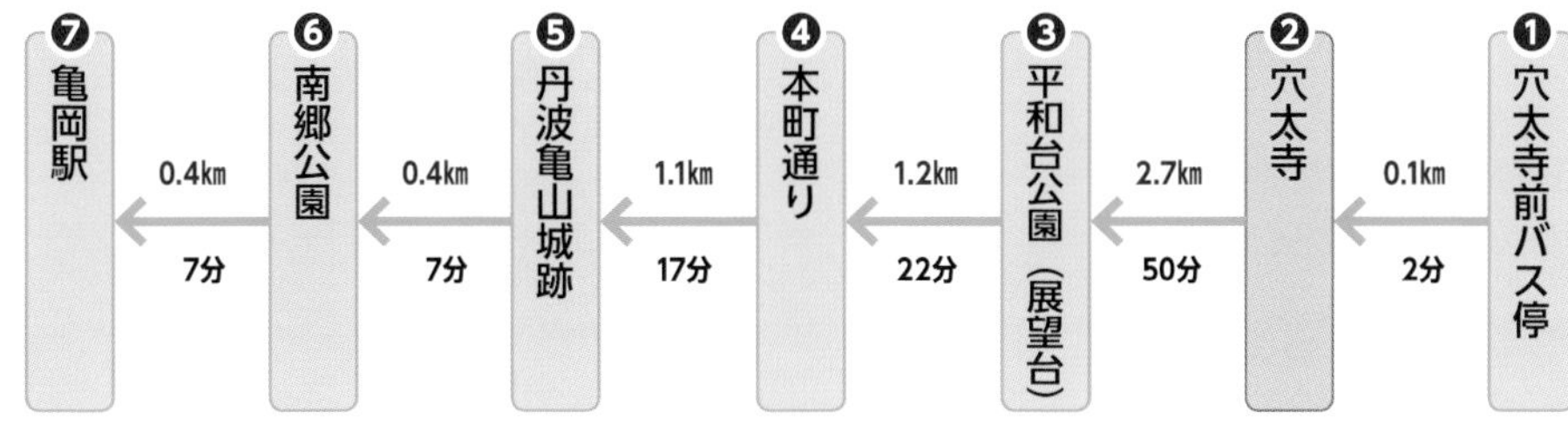

◀西山の山頂にある平和台公園の展望台からは、亀岡市街地を眼下に、周囲に広がる田園や保津川を望める

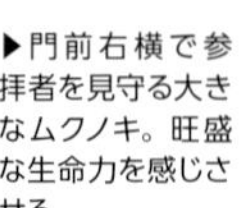

▶門前右横で参拝者を見守る大きなムクノキ。旺盛な生命力を感じさせる

◀穴太寺の本堂。天井や柱などに千社札がびっしり貼られている

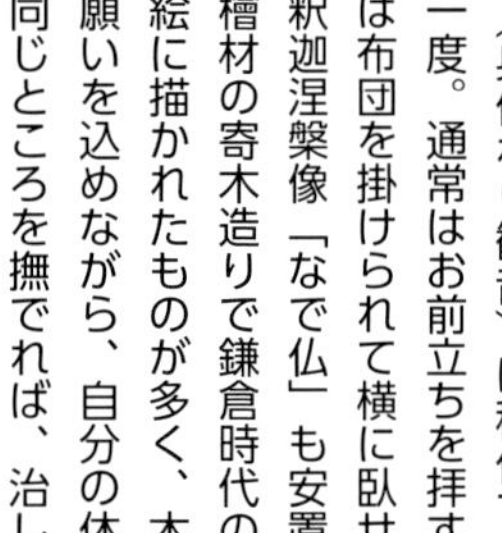

観世音菩薩像（身代わり観音）は秘仏で、開帳は33年に一度。通常はお前立ちを拝する。本堂内には布団を掛けられて横に臥せている木彫の釈迦涅槃像「なで仏」も安置されている。檜材の寄木造りで鎌倉時代の作。涅槃像は絵に描かれたものが多く、木像は珍しい。願いを込めながら、自分の体の悪い部分と同じところを撫でれば、治してくれるという。

実際、お像の全身は、数多くの参拝者に撫でられて黒光りしている。病気平癒の切なる想いが伝わってくる。お像の体に掛けられた温かそうな布団は、参拝後に病が和らいだ信者が奉納するという。

山門を入って左手には優美な立ち姿の多宝塔、右手奥には納経所や地蔵堂が並ぶ。面白いのは、境内を囲む土塀を持ち上げ二分している大きなムクノキ。この巨木は延宝4年（1676）に描かれた『穴太寺観音縁起絵巻』にも見られる。

穴太寺では本坊書院に面する庭園も拝観したい。京都府の名勝に指定されている桃山風の池泉築山式の庭で、大小の石組や刈込を配し、多宝塔を借景とする。サツキやツツジの刈込が花を咲かせるころはとりわけ美しい。

Column

丹波亀山城跡

天正5年（1577）ごろ、織田信長の命を受けた明智光秀が丹波侵攻の拠点とするために築城。本能寺の変の際、光秀はここから出陣した。のちの江戸時代初期には5層の天守が造営されたが明治維新で解体。城跡も荒れ放題となったが、それを嘆いた亀岡出身で宗教法人大本の開祖・出口王仁三郎が土地を買い取り、石垣を修復した。現在も一帯は大本が所有するが、受付に申し出て、大本神苑拝観券300円を購入すれば見学できる。

◀天守の石垣。大半は修復されたものだが、下から約3分の1は光秀築城当時のもの

▲かつての堀に沿う南郷公園には多くの桜が植えられている

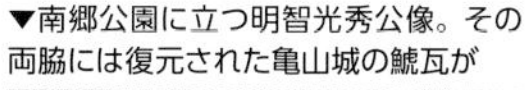
▼南郷公園に立つ明智光秀公像。その両脇には復元された亀山城の鯱瓦が

▲城下町の面影を残す本町通りには、古い町家を改装したカフェ（写真）もある

山門を出て、元来た道を引き返し、国道423号へ出る。国道沿いの穴太口バス停そばを流れる曽我谷川に架かる重利橋を渡って直進し、突き当たりを左折。住宅地を通る山裾の道を歩き、京都縦貫自動車道の高架下をくぐり、右へ曲がる。緩やかな坂道を上り詰めたら、中山池の手前を左へ。付近一帯が、標高約200mの西山を整備した平和台公園だ。池の土手の道を進み、坂道を上って行くと頂上、**❸平和台公園（展望台）**に至る。しばし亀岡市街一望の眺めを楽しみ、展望台横にある磐栄稲荷宮からその参道を下って行く。

国道9号を横断すると町は古色を帯びた雰囲気に変わる。ここは明智光秀が天正5年（1577）ごろに築いた丹波亀山城の旧城下町である。一帯には京格子や虫籠窓が情趣を誘う町家が残り、寺院も多い。観光案内所を兼ねた町家カフェも立つ**❹本町通り**を歩き、**❺丹波亀山城跡**へ。なお城跡一帯は宗教法人「大本」の本部の敷地となっており、見学は有料。

城跡の北側には、城の外堀だった南郷池に沿って**❻南郷公園**が整備されている。明智光秀公像、亀山城の復元鯱瓦なども見て、**❼亀岡駅**にゴールする。

保津峡駅へ
京都へ
篠ICへ
年谷川
JR嵯峨野線（山陰本線）
亀山城の西から南にかけての一帯には今も城下町の雰囲気が残る
17分
7分
22分
7分
亀岡病院
亀岡高
亀岡市文化資料館
大本本部
形原神社
WC
亀岡小
亀岡中
④ 本町通り
歩道橋あり
京都縦貫自動車道
池のほとりを歩く遊歩道
中山池
桂川（保津川）
⑥ 南郷公園
関酒造
本町・町家カフェ
明智光秀公像
京都府亀岡総合庁舎
赤い鳥居が立つ下り坂
磐栄稲荷宮
保津橋
保津川下り乗船場
サンガスタジアム
⑤ 丹波亀山城跡
亀岡警察署
亀岡市役所
③ 平和台公園（展望台）
亀岡IC
⑦ 亀岡駅
ゴール
がんこ京都亀岡楽々荘
安町幼稚園
城西小
京都縦貫自動車道をくぐる
道の駅ガレリアかめおか
曽我谷川
京都府亀岡市
京都府農林水産技術センター
亀岡IC
千代川ICへ
並河駅へ

第22番
札所

補陀洛山(ふだらくさん) 総持寺(そうじじ)

茨木市の町なかに立つ霊亀伝説の古刹

宗派　高野山真言宗
本尊　千手観世音菩薩
創建　仁和2年(886)

▲総持寺は亀と縁の深いお寺。亀の背中に乗った本尊の千手観世音菩薩像は秘仏で、通常はお前立ちを拝する(写真はお前立ち)

▶本尊を祀る本堂は豊臣秀頼による再建

▲本堂後方にある、開山の藤原山蔭ゆかりの包丁塚

平安時代の仁和2年(886)に公卿で料理の名手、中納言藤原山蔭(やまかげ)が開いた古刹。創建時は東西5丁、南北6丁の広大な寺領を有する大寺院だったが、戦乱の世を経て、大幅に縮小されたという。

寺の縁起によると、山蔭は幼き日に継母のたくらみで淀川に落とされたが、父の高房が観音さまの縁日に助けた大亀に命を救われた。それに感謝して、観音像を祀る総持寺が建立されたという。本尊が亀の背中に乗っているのも、境内にある庭園の池に愛らしい亀が甲羅干しをしているのも、この縁起に由来している。また山蔭は本尊を造立した童子姿の仏師に、千日間毎日違う料理を自ら作って供したことから庖丁道の祖とされ、総持寺は「料理の寺」としても名高い。

☎072-622-3209
住 大阪府茨木市総持寺1-6-1
料 境内自由
時 8～17時
P 20台(有料)

大阪府
茨木市・高槻市

コース 19

総持寺から安威川河川敷へ、旧西国街道を経て古墳散歩

所要時間 約4時間30分
歩行時間 約2時間15分
歩行距離 約8.4㎞

◀「山蔭流庖丁式」が行われる開山堂に祀られている藤原山蔭像（お寺の行事日などに拝観できる）

❶**総持寺駅**からほどなく❷**総持寺**の仁王門に到着する。門をくぐると正面に見えるのは重厚な佇まいの本堂。豊臣秀頼の命で、茨木城主・片桐且元が普請したという。亀の背中に立つ本尊の千手観世音菩薩像は秘仏で、毎年4月15～21日に開帳。普段はお前立ちを拝める。「子育て観音」として信仰され、戦国の兵火を受けても焼け残ったことから「火伏せ観音」ともよばれる。

開基の藤原山蔭は平安期に宮中料理の諸作法を整えた人物で「日本庖丁道の祖」とも仰がれる。境内奥にある包丁塚には包丁を奉納するために訪れる調理師の姿が絶えない。また4月18日には山蔭流庖丁式が行われ、食材の魚に手を触れず、包丁と箸のみでさばく妙技が披露される。

境内東門から光明寺の門前を通り、JR京都線の踏切を渡ると左手に❸**総持寺奥の院（総持寺霊園）**が見える。霊園内高台の五輪塔は藤原山蔭の廟所。現在の石塔は往

コースアドバイス 歩行距離は長いが大半が平坦な道程

総持寺から疣水神社までは住宅地でほぼ平坦な道程。安威川の河川敷は緑も豊かで歩きやすい道だ。旧西国街道は道幅は狭いが歩道が整備されている区間もあり、随所に「歴史の道 西国街道」の道標や説明書きが設置されている。今城塚古墳は6世紀に築かれた前方後円墳。古墳外周の遊歩道を歩けば、北摂の歴史の深さを実感できる。

アクセス

【行き】
大阪梅田駅から阪急京都線特急で16分、茨木市駅乗り換え、同線普通で2分、総持寺駅下車。

【帰り】
摂津富田駅からJR京都線で20分、大阪駅下車。

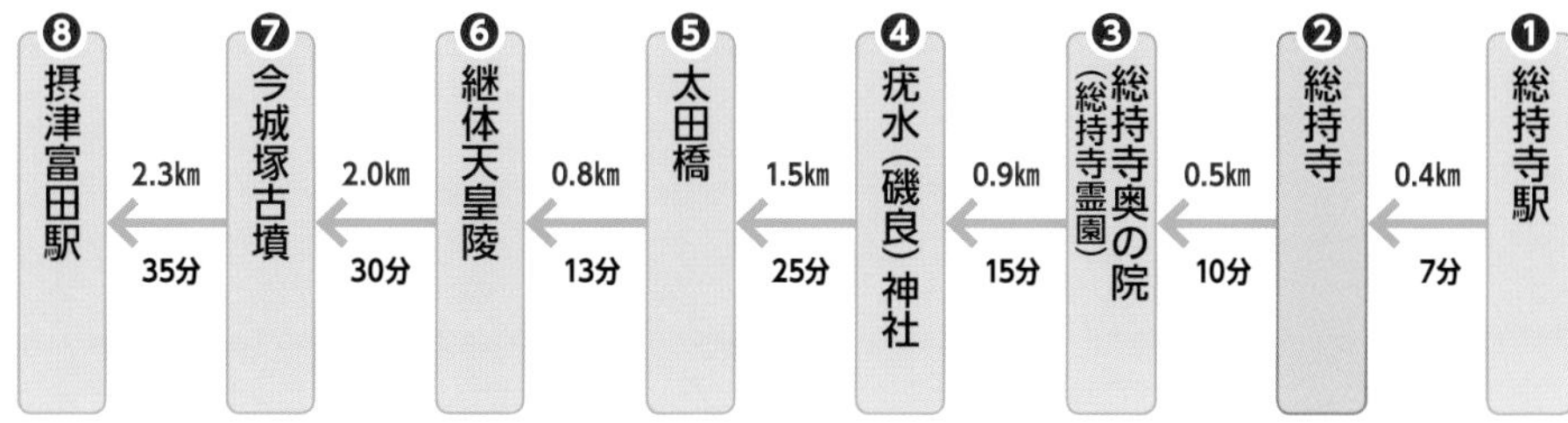

▲総持寺奥の院（総持寺霊園）内にある藤原山蔭の廟所

◀毎年4月18日に行われる総持寺の「山蔭流庖丁式」

▶石段上に立つ総持寺の朱塗りの仁王門。本堂と同じく、17世紀初頭に豊臣秀頼の命で再建されたものという

時の住職が山蔭の八百年忌に建立した。霊園から西へ坂道を下り、小学校の周囲を歩けば広い道に出る。ここを右折すると西河原交差点の手前に❹**疣水（磯良）神社**がある。交差点を横断し、国道171号沿いの歩道を西へ行くと安威川に出る。河川敷の遊歩道は気持ちのいいウォーキングコース。川のせせらぎや、正面にそびえる阿武山の豊かな緑に心癒やされるはず。

　川と交差する❺**太田橋**から東西に延びるのが旧西国街道。京都の東寺口から伏見、山崎を経て西宮へと至る約60㎞の古道で、江戸期には参勤交代の西国大名らが江戸への近道として往来していたという。旧街道は重厚な町家が多く残る、古色を帯びた町並み。東へ進み、緩やかな雲見坂を上れば、左手に❻**継体天皇陵**の拝所がある。

　さらに東へ歩き、氷室川と女瀬川の合流地点を左折。妙見橋を渡れば、❻**今城塚古墳**が眼前に広がっている。史跡公園化された古墳の外周には遊歩道が巡っており、人物や動物の埴輪レプリカを見ながら歩くのも楽しい。隣接する今城塚古代歴史館を見学するのもいい。最後は女瀬川沿いに歩いて国道171号を横断。眼前を走るJRの線路に沿えば❼**摂津富田駅**に到着する。

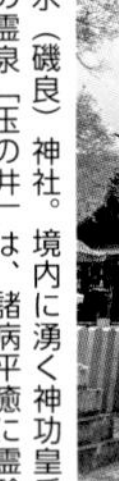
▶疣水（磯良）神社。境内に湧く神功皇后ゆかりの霊泉「玉の井」は、諸病平癒に霊験あらたかといわれる

▶疣水（磯良）神社本殿前の珍しい賽銭箱。祭神の磯良大神は航海の安全に功がある神さま。賽銭箱には磯良大神に縁の深い法螺貝が収められている

◀人物・動物・家形などの埴輪レプリカが並べられた今城塚古墳。国史跡である同古墳は6世紀前半の築造で、継体天皇の真の陵墓と考えられている

potala

総持寺境内にあるお洒落なカフェで本格的な和食ランチを堪能

「料理の寺」として知られる総持寺の境内にあるお寺カフェ。ガラス張りのお洒落な空間で、本格的な和食が味わえると評判だ。吟味した素材を使い、丁寧に作られる月替わりの「季節御膳」は1500円（1日限定50食）。ドリンクのみの利用もOK。

☎072-623-2277

㊟大阪府茨木市総持寺1-6-1

㊖9～16時 ㊡不定休

第22番札所 補陀洛山 総持寺

コース19 総持寺から安威川河川敷へ、旧西国街道を経て古墳散歩

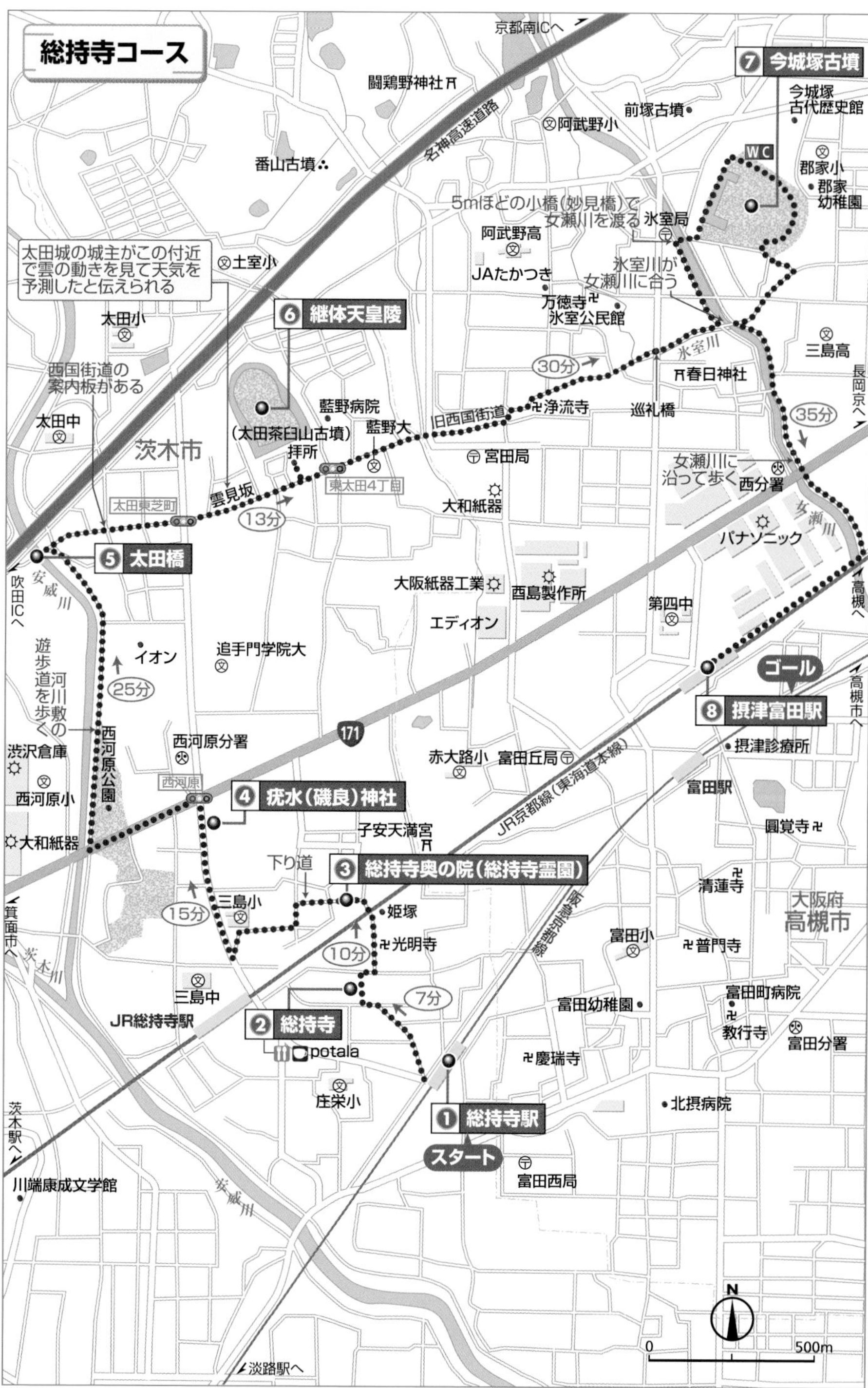

四季折々の花が彩る、勝運信仰のお寺

応頂山 勝尾寺

宗派 真言宗

本尊 十一面千手観世音菩薩

創建 神亀4年（727）

重くとも 罪には法の 勝尾寺
ほとけを頼む 身こそやすけれ

▲豊臣秀頼と母淀殿の再建とされる本堂。初夏にはアジサイの花に彩られる

▶勝負事や願いを叶えてくれる「勝ちダルマ」。勝運をつかんだ者は、そのダルマを寺に奉納する慣わしがある

▲「應頂山」の扁額が掲げられた色鮮やかな仁王門

神亀4年（727）、双子の善仲・善算両上人が箕面山中に草庵を結んだのが始まり。のちに光仁天皇の皇子・開成が来山し、両上人を師と仰いで出家、宝亀6年（775）に堂を建てて、弥勒寺と号した。勝尾寺に改称したのは平安時代。第6代座主の行巡上人が、清和天皇の病気平癒祈願で効験を示したため、朝廷から王に勝つ寺「勝王寺」という寺名を賜った。しかし寺側が遠慮して王を尾の字に控え「勝尾寺」にしたという。以後、源氏や足利氏、豊臣氏など各時代の覇者の帰依を受け、勝運の寺として信仰されてきた。

現在では、人生すべてに「勝つ」寺として、試験・病気・選挙・スポーツ・芸事など、あらゆる勝負の成功を祈願する人々が、「勝ちダルマ」を授かりに訪れる。

☎072-721-7010
住 大阪府箕面市勝尾寺
料 500円
時 8～17時（土曜は～18時）
P 350台（有料）

大阪府
箕面市

コース 20

勝尾寺から最勝ヶ峰へ登り、東海自然歩道を経て箕面大滝へ

◀勝尾寺の山門付近から見上げる全山の紅葉。まるで一幅の絵画のような景観が広がる

❶**勝尾寺バス停**で下車すれば、目の前が❷**勝尾寺**だ。豊臣秀頼再建の朱塗りの門をくぐると、正面には開山の開成皇子が眠る最勝ヶ峰。いったん立ち止まって霊峰に一礼。弁天池に架かる弁財天橋（お浄め橋）を渡り、境内の中心部へと向かう。

20余堂が点在する約8万坪の広大な境内は、遅咲きの枝垂れ桜、シャクナゲ、アジサイ、紅葉など、四季を通じて花木に彩られる。また勝運信仰のお寺らしく、勝ちダルマや小さなだるまみくじが、燈籠や石垣などそこかしこに奉納されている。「こんなところに」と驚くような場所にダルマがあるので探してみるのも一興だ。

軒の反りが美しい本堂も秀頼の再建。本尊は身の丈8尺の十一面千手観音（毎月18日開帳）。妙観という観音の化身と18人の弟子が7月18日から1カ月間で彫刻したとされる。全国の観音縁日が毎月18日と定められているのは、この伝承に由来する。

アクセス

【行き】
梅田駅から大阪市営地下鉄御堂筋線で21分、千里中央駅下車、阪急バス29系統で33分、勝尾寺下車。

【帰り】
箕面駅から阪急箕面線で6分、石橋阪大前駅乗り換え、阪急宝塚線急行で16分、大阪梅田駅下車。

コースアドバイス　前半は険しい山道　飲料水などの備えを

勝尾寺から最勝ヶ峰までの登りは険しく、最勝ヶ峰から政ノ茶屋園地までの尾根道（東海自然歩道）はほとんどが下り坂。さらに箕面大滝までは交通量の多い車道を歩くが、その先の「滝道」は道幅も広く歩きやすい。山歩きに不安のある人は最勝ヶ峰へは登らず、勝尾寺参拝後、門前から箕面ドライブウェイを歩いて政ノ茶屋園地へ。

所要時間 **約5時間**
歩行時間 **約2時間30分**
歩行距離 **約6.8km**

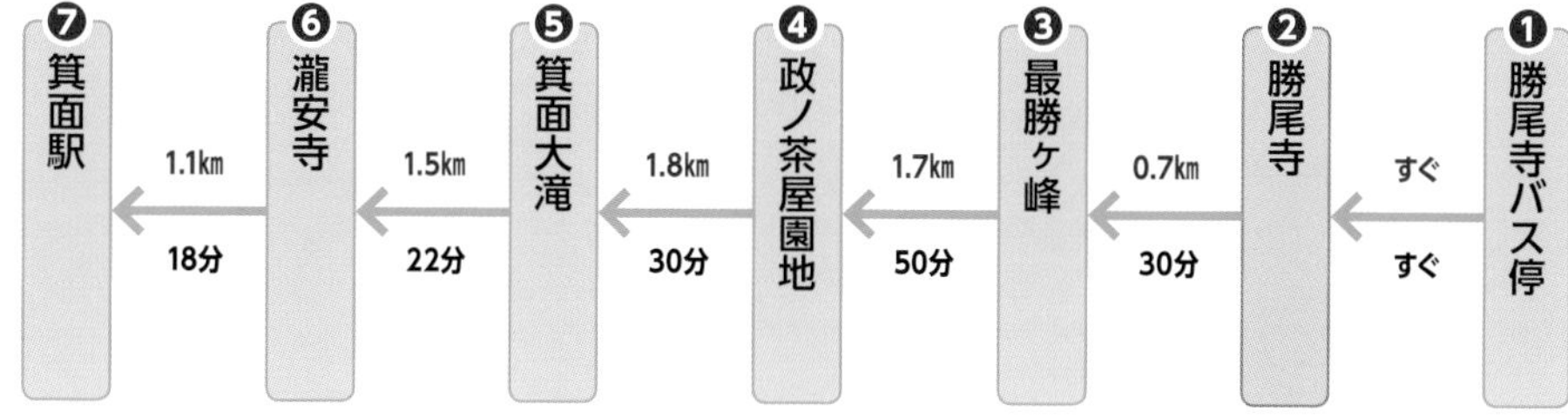

 ※コース状況などの問合せは箕面 交通・観光案内所☎072-723-1885へ。

▲勝尾寺の前身の弥勒寺を開いた開成皇子の墓。最勝ヶ峰の山頂にある

◀勝尾寺では勝運アップの寺らしい授与品が手に入る

▶勝尾寺の荒神堂。高野山立里荒神や清荒神と並ぶ日本三大荒神のひとつとされ、厄や難を祓う荒神さまとして知られている

境内奥へ進むと、法然上人が念仏三昧のなかで浄土宗開宗の構想を固めた二階堂の前に出る。ここは大阪平野が望める絶景スポット。ここから登山が始まる。裏山の急斜面を登り詰めると、尾根上を走る東海自然歩道と交差する。左折して6分ほど行くと開成皇子の墓があり、❸**最勝ヶ峰**のピークに出る。さらに東海自然歩道の坂道を下って行けば小一時間で❹**政ノ茶屋園地**に到着。あたりは明治の森箕面国定公園。当地の自然を学べるビジターセンターを見学し、箕面大滝を目指して出発する。

この先は交通量の多い車道を歩くので注意。杉の茶屋から短いトンネルを抜けて、急坂を下れば、落差約33mの名瀑、❺**箕面大滝**だ。一帯は新緑や紅葉の名所でもある。大滝から麓まで約2.7kmの遊歩道は「滝道」とよばれる。下流に向けて歩を進めると、苔むした巨岩の唐人戻岩、朱塗りの瑞雲橋が美しい❻**瀧安寺**、箕面公園昆虫館などがある。一の橋を渡ると、右手に日帰り温泉テーマパークの箕面温泉スパーガーデンが立つので、汗を流していくのもいいだろう。さらに行けば、箕面名物のもみじの天ぷらやゆず商品など、みやげ物を探すうちに❼**箕面駅**にたどり着く。

▶政ノ茶屋園地内にある箕面ビジターセンター。展示室では明治の森箕面国定公園の植物や昆虫類、野鳥などを紹介している。火曜休（祝日の場合は翌日）

▲最勝ヶ峰から東海自然歩道を歩いて政ノ茶屋園地へ

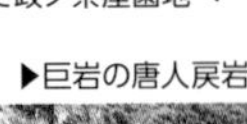
▶巨岩の唐人戻岩

もみじのてんぷらせんもんてん こうよう
もみじの天ぷら専門店 紅葉

箕面名物を おみやげやおやつに

創業100年以上の老舗。サクッとした食感でゴマの風味が香る天ぷらは、おみやげにはもちろん、できたてを店頭で味わうのもおすすめ。オリジナルの柚子七味味などもあり、袋入り550円～。籠盛りランチが人気の「旬彩和食 紅葉」を併設。

☎072-723-5525
住 大阪府箕面市箕面公園1-10
時 10～17時(季節により異なる。旬彩和食 紅葉は11時～) 休 不定休

▲日本の滝百選にも選ばれた箕面大滝。秋は周辺一帯で見事な紅葉を楽しむことができる

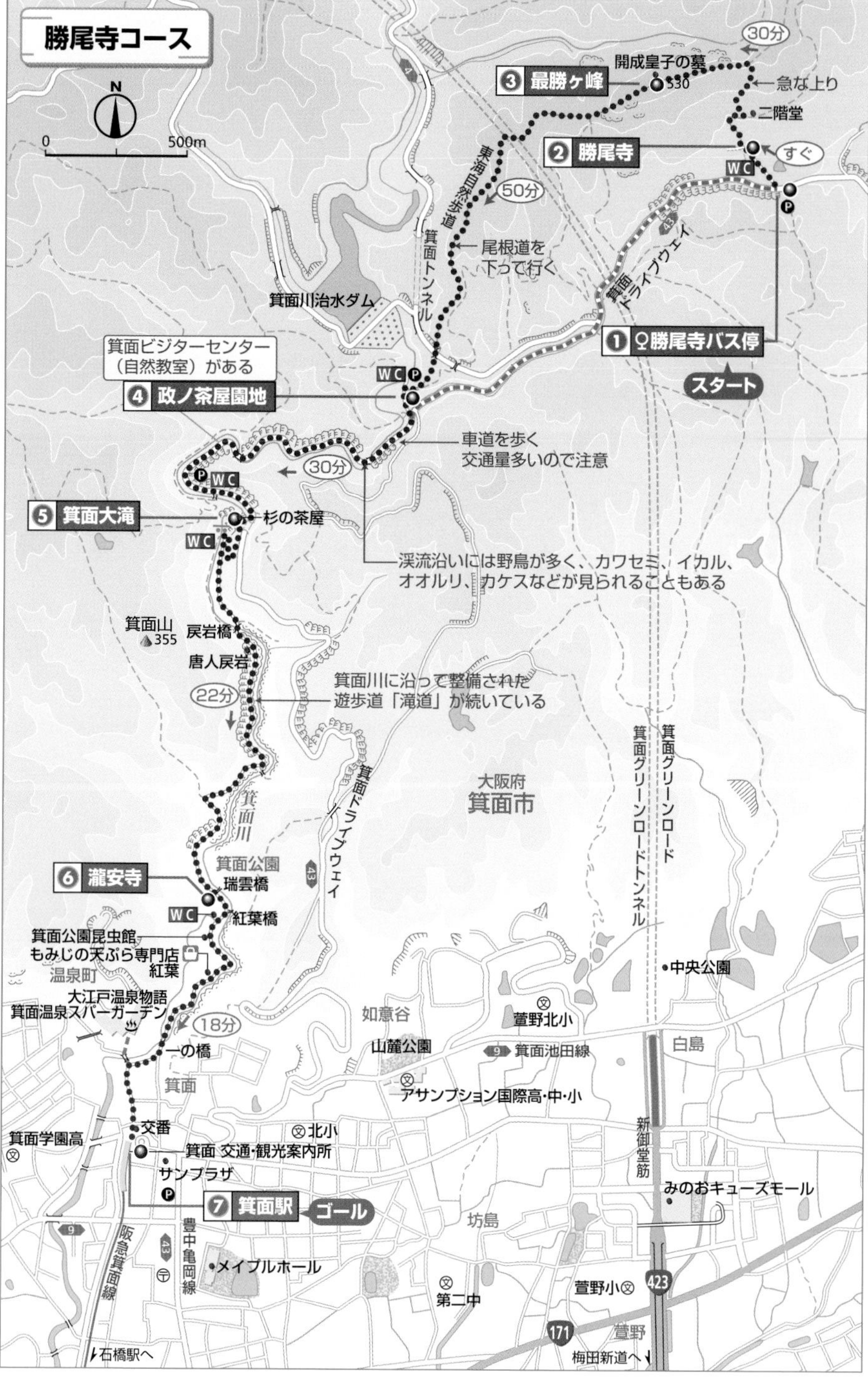
勝尾寺コース
N
0
500m
30分
開成皇子の墓
3 最勝ヶ峰
530
急な上り
二階堂
2 勝尾寺
すぐ
WC
東海自然歩道
50分
箕面トンネル
尾根道を
下って行く
箕面ドライブウェイ
43
箕面川治水ダム
1 勝尾寺バス停
スタート
箕面ビジターセンター
（自然教室）がある
4 政ノ茶屋園地
車道を歩く
交通量多いので注意
30分
5 箕面大滝
杉の茶屋
渓流沿いには野鳥が多く、カワセミ、イカル、
オオルリ、カケスなどが見られることもある
箕面山
355
戻岩橋
唐人戻岩
箕面川に沿って整備された
遊歩道「滝道」が続いている
22分
箕面ドライブウェイ
大阪府
箕面市
箕面グリーンロードトンネル
箕面グリーンロード
箕面川
箕面公園
6 瀧安寺
瑞雲橋
紅葉橋
箕面公園昆虫館
もみじの天ぷら専門店
紅葉
温泉町
大江戸温泉物語
箕面温泉スパーガーデン
18分
一の橋
中央公園
如意谷
萱野北小
山麓公園
箕面池田線
白島
箕面
アサンプション国際高・中・小
交番
北小
箕面学園高
箕面 交通・観光案内所
サンプラザ
新御堂筋
みのおキューズモール
7 箕面駅
ゴール
坊島
阪急箕面線
豊中亀岡線
メイプルホール
第二中
萱野小
423
171
萱野
石橋駅へ
梅田新道へ

第24番 札所

紫雲山 中山寺（しうんざん なかやまでら）

全国から参詣者が訪れる「安産の寺」

宗派 真言宗中山寺派大本山
本尊 十一面観世音菩薩
創建 推古天皇時代（593〜628）

▲2017年に再建された五重塔は鮮やかな群青色。東西南北を司る四神のうち、東を司る青龍をイメージし「青龍塔」と名付けられた

▶五百羅漢堂には700体を超える羅漢像を安置。堂内は荘厳な空気に満ちている

▲豊臣秀頼再建の本堂と、400年の歳月を越えて再建された五重塔

聖徳太子が今から約1400年前に開いた日本最初の観音霊場といわれ、一般には安産祈願の寺としてよく知られている。本尊はインドの王妃シュリーマーラー（勝鬘夫人（しょうまんぶにん））の等身像と伝わる異国的な雰囲気の十一面観世音菩薩。古くから安産・求子の信仰を集め、幕末に安産の腹帯「鐘の緒」を授かった中山一位局（いちいのつぼね）が明治天皇を平産したことから、いっそう名を高めた。

中山寺は西国巡礼再興の舞台となった寺でもある。伝説によれば、閻魔大王の夢告を受けた長谷寺の徳道（とくどう）上人が、観音霊場巡礼の普及を図るも叶わず、大王から授かった三十三所の宝印を中山寺境内の石棺に埋めた。約270年後にこれを花山（かざん）法皇が掘り起こし、巡礼を復活させたといわれる。

☎0797-87-0024
㊟兵庫県宝塚市中山寺2-11-1
㊕境内自由
㊐9～17時
Ⓟ周辺有料駐車場利用

兵庫県
宝塚市

コース21

安産祈願の中山寺から、巡礼街道を経て清荒神へ

◀中山寺の本堂と大願塔。本堂外周上部には、龍や鳳凰、麒麟などが色鮮やかに描かれている

中山寺から清荒神(きよしこうじん)にかけての道程は西国巡礼中興の祖、花山法皇が平安期に定めたと伝わる巡礼街道。道筋は緑豊かで古社寺も多く、往時の巡礼者の気分を味わえる。

❶中山観音駅(なかやまかんのん)から門前町を北上すると眼前にそびえ立つのが、❷中山寺(なかやまでら)の仁王門。望海楼ともよばれる徳川家光再建の豪壮な山門には、足腰の丈夫を願う無数のわらじが奉納されている。山門をくぐると、石畳の参道両側には塔頭が立ち並び、季節の花が咲き誇る。境内には妊婦さんやお年寄りに配慮したエレベーター・エスカレーターを設置するバリアフリーのお寺だ。

まず安産祈願で賑わう本堂に参拝する。平安前期作という本尊の十一面観世音菩薩像は、しなやかな左手と腰の曲線が美しいのが特長。本堂をはじめ境内の主な建物は、太閤秀吉が当寺で祈願をして授かった秀頼が再建したもの。本堂右手には聖徳太子を祀る開山堂と護摩堂が立つ。本堂左手には、

コースアドバイス　変化に富んだ景色とほどよい距離が魅力

中山寺から売布神社を経て、清荒神まで東西に延びる巡礼街道は多少の坂道もあるが、ほとんどが平坦な道程。景色は変化に富み、街道の各所に立つ道標には各史跡への方角や歩行距離·時間が記されている。これに従えばまず道に迷うことはないだろう。いくつかの道標の周辺には、休憩に適したベンチがあるのもうれしい。

所要時間　約4時間
歩行時間　約1時間25分
歩行距離　約4.7km

アクセス

【行き】
大阪梅田駅から阪急宝塚線急行で27分、中山観音駅下車。

【帰り】
清荒神駅から阪急宝塚線急行で33分、大阪梅田駅下車。

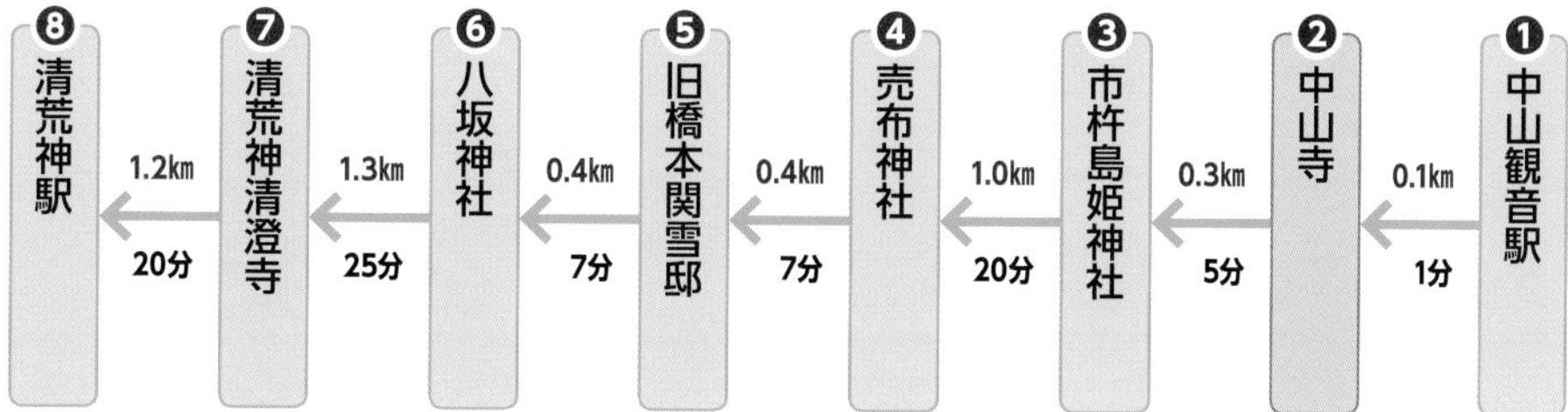

▲市杵島姫神社。もとは中山寺境内にあったが明治初期に現在地に移った

◀中山寺の大黒堂横には「石の唐櫃（からと）」とよばれる古墳の石室がある。仲哀天皇の妃、大仲姫の墓と伝わる

▲大願塔の1階部分にあたる妙音殿には仏さまの世界をステンドグラスで表現した一角が

2007年に再建された多宝塔の「大願塔」が眩い輝きを放っている。2017年には五重塔も再建。戦国期、荒木村重が信長に反旗を翻した伊丹合戦で信長軍に塔を焼き落とされて以来、再建は400年に及ぶ同寺の悲願だった。

中山寺をあとに西へ進むと❸**市杵島姫神社**がある。さらに閑静な住宅街を抜けて、道なりに進む。右手に菰池を見つつ、平坦な道から急坂へ。坂を上り切ると❹**売布神社**の参道が右手に見える。社殿を包み込むシイの樹林は宝塚市天然記念物。神社をあとにして小学校に沿う坂道を下り、忠魂碑を右折。中国自動車道の高架をくぐると、❺**旧橋本関雪邸**の前へ出る。明治期の日本画家の広大な屋敷跡は現在非公開。さらに西へ進むと❻**八坂神社**がある。

さらに西へ歩き、急坂を下って右折すると「荒神さん」こと清荒神清澄寺の参道に出る。荒神さんへ通じる約1・2㎞の参道は「龍の道」とよばれる緩やかにくねる坂道。龍が天に昇るさまを表しているといわれ、縁起のよい道とされている。道の左右にはさまざまな商店や露店が軒を連ねる。佃煮や煎餅などを売る老舗や、荒神松を扱う店も多い。お祭りのような賑わいを楽し

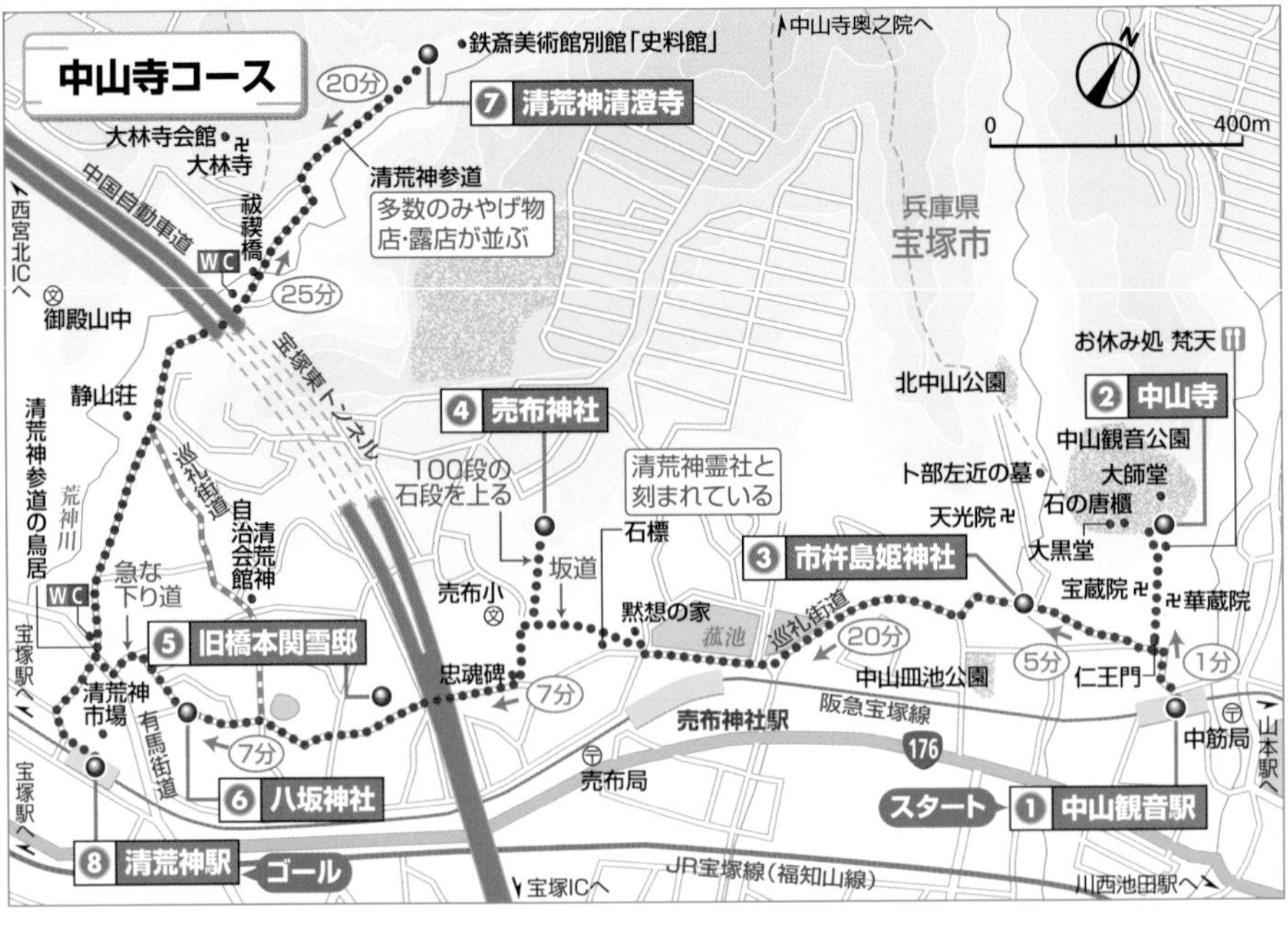

中山寺コース

スタート ① 中山観音駅
② 中山寺
③ 市杵島姫神社
④ 売布神社
⑤ 旧橋本関雪邸
⑥ 八坂神社
⑦ 清荒神清澄寺
⑧ 清荒神駅 ゴール

清荒神参道 多数のみやげ物店・露店が並ぶ
清荒神霊社と刻まれている
100段の石段を上る
急な下り道
鉄斎美術館別館「史料館」
お休み処 梵天
兵庫県 宝塚市

◀巡礼街道の各所にはこのような道標が設置されている

▲推古天皇18年（610）の創建と伝わる売布神社。石段を上った先に社殿が立つ。衣・食・財、縁結びのご利益が

◀荒神川に架かる祓禊橋。往時は川で身を浄めて清荒神を参拝したが、現在はこの橋を渡ればその代わりになるという

みながら、「龍の道」を上る。

荒神川に架かる祓禊橋を渡れば荒神さんまで残りは約400m。さらに歩を進めると、❼清荒神清澄寺の山門にたどり着く。火やかまどの神さまとして、崇敬を集める寺は、寛平8年（896）に宇多天皇の勅願で創建されたという。清涼な空気に満ちた境内にある池泉回遊式庭園「池苑」は、散策の疲れを癒やす美しさ。鉄斎美術館別館「史料館」も必見だ。帰路は今来た「龍の道」を経て、緑色の鳥居から、迷路のような清荒神市場を抜けると、❽清荒神駅はもう目の前である。

食べる お休み処 梵天

中山寺境内にあるカフェで名物「蓮ごはん」を味わう

人気の蓮ごはん550円は「食べ応えのある精進料理を」という参拝者の声から生まれたメニュー。香りのいい蓮の葉に包まれたタケノコ入りのおこわで、クコの実なども入っており味わい深い。うどんとのセットは900円。持ち帰りもできる。

☎0797-83-0711
住 兵庫県宝塚市中山寺2-11-1
時 10～16時 休 不定休

◀「荒神さん」と親しまれる清荒神清澄寺の山門。寺は平安時代に宇多天皇の勅願で創建された

Column

鉄斎美術館別館「史料館」

清荒神清澄寺が所蔵する「最後の文人画家」富岡鉄斎の作品の魅力を伝える施設。鉄斎は豊富な学識を土台に、89歳まで筆を執り続けた美の鉄人。館内では力強い筆致とユーモアに満ちた書や絵画をみることができる。展覧会のテーマによって展示作品は替わる。水曜、夏期、年末年始、展示替え期間休館。

◀春は隣接する池苑の桜が美しい

◀清荒神の鳥居前に祀られた布袋さん。布袋さんは三宝荒神の従者。寺では荒神棚に祀る布袋さんの伏見人形を授与している(正月限定)

▼清荒神の天堂（拝殿）。寺は荒神信仰の総本山。「火の神」「かまどの神」として広く信仰されている

番外
札所

西国霊場別格の聖地、花山法皇隠棲の寺

東光山(とうこうざん) 花山院菩提寺(かざんいんぼだいじ)

宗派　真言宗花山院派
本尊　薬師瑠璃光如来
創建　白雉2年（651）

▲木立に囲まれた本堂の花山法皇殿。堂内には花山法皇像や十一面観音像などが祀られている

▶朝霧が広がった際には、境内から御詠歌さながらの景色を望める。写真左が有馬富士

▲現代の家庭問題から人々を守るために建立された「幸せの七地蔵尊」

白雉2年（651）、インド僧の法道(ほうどう)仙人が薬師瑠璃光如来を本尊と崇め、修行の場として開いたのが始まりという。西国巡礼中興の祖・花山法皇は巡礼の途中、25番播州清水寺からこの美しい山を見て、深く心に留めた。巡礼を終えたあと、実際に山に登り、終の棲家と定めて仏教修行に精進。法皇の崩御後、菩提を弔う寺として花山院菩提寺と号するようになった。法皇が生涯を閉じた寺は西国霊場のなかでも別格の聖地と位置付けられ、かつては当寺を参拝してから巡礼に出たともいう。

境内には花山法皇坐像を祀る本堂（花山法皇殿）と薬師堂が並び、やや小高い場所に法皇の御廟所がある。また境内からは、秀麗な有馬富士や千丈寺湖、遠くは播磨灘も望め、紅葉の名所としても知られている。

☎079-566-0125
住 兵庫県三田市尼寺352
料 境内自由
時 9～17時（11～2月は～16時30分）※入山は各30分前まで
P あり

兵庫県
三田市

コース22

有馬富士公園から花山院へ、自然を愛でつつハイキング

◀有馬富士公園では四季折々にさまざまな花を見ることもできる

▶緑豊かな広大な園内に遊歩道が巡る有馬富士公園。正面に見えるのが三田市のシンボルである有馬富士

兵庫県三田市のシンボル、標高374mの有馬富士がそびえる自然公園を縦断し、西国番外札所（↓P144）の花山院菩提寺を目指すハイキングコース。

❶**新三田駅**から北摂里山街道（県道有馬富士公園線）を歩いて行くと、❷**有馬富士公園**に至る。入口すぐにあるパークセンターや有馬富士自然学習センターで園内の生き物や植物について学び、地図をもらって、いざ出発。ガーデン階段を抜けると、美しい山容の有馬富士が見える。前には満々と水を湛えた福島大池。池の向こう岸には茅葺き屋根の民家や棚田が見える。大池の水面に映る「逆さ富士」も美しい。

眺望を楽しんだあとは、有馬富士の山頂を目指す。大池の西側の園路を通り、登山道に入る。道の脇には番号を記した木の杭が設置されている。地図と照らし合わせて歩けば、道に迷う心配はないだろう。坂道を徐々に上って行き、最後は一直線の上り。

コースアドバイス 道は整備されているが山登り用の服装、靴で

有馬富士公園内の道はよく整備されているが、山頂までの最後の登りは険しく、頂上直下には岩場があるので、トレッキングシューズで出かけよう。軍手もあれば役立つ。また同公園の休養ゾーンには、三田市在住の彫刻家・新宮晋が手がけた、風で動く12点の彫刻を屋外展示する「風のミュージアム」、大芝生広場などもある。

所要時間 約6時間

歩行時間 約3時間20分

歩行距離 約8.3㎞

アクセス

【行き】
大阪駅からJR宝塚線快速で42分、新三田駅下車。

【帰り】
花山院バス停から神姫バス24系統で17分、三田駅下車、JR宝塚線快速で39分、大阪駅下車。

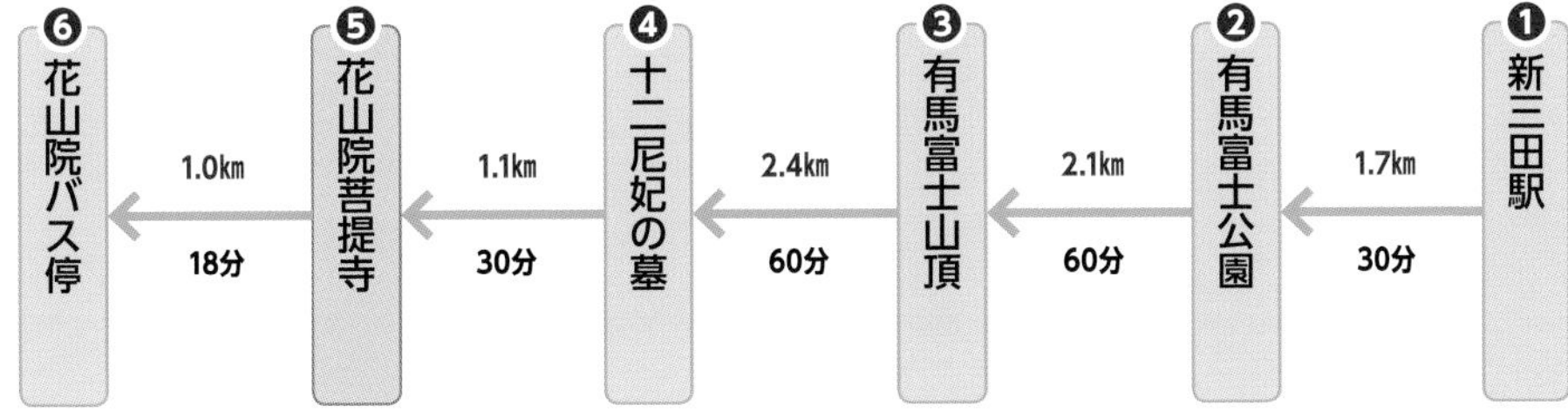

▲花山法皇を慕った女官らを祀る十二尼妃の墓。尼寺の地名もこれに由来

◀有馬富士公園休養ゾーンへの尾根道は、最初は急な上り。振り向くと、先ほど山頂に登った有馬富士の雄姿が見える

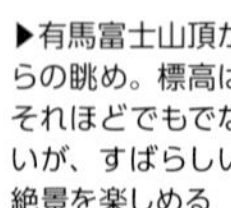

▶有馬富士山頂からの眺め。標高はそれほどでもでないが、すばらしい絶景を楽しめる

急坂をたどり、岩場を越えれば❸**有馬富士山頂**に到達する。山頂からの眺めはすばらしく、登山の苦労も吹き飛ぶ。

休憩後は同じ道を引き返す。有馬富士山麓周遊道まで下ったら、道標を確認し「↑千丈寺湖」の方へ。ここから尾根沿いの山道を約1・3㎞たどり、千丈寺湖ほとりの有馬富士公園の休養ゾーンへ下って行く。途中アップダウンがあり、最後は急な下りとなるが、道はよく整備されている。

休養ゾーンへ着いたら、有馬富士共生センターから駐車場を抜け園外へ。千丈寺湖を左に見て進み、尼寺の集落に入ると、❹**十二尼妃の墓**に出合う。花山法皇に仕えた11人の女官と妃の墓だ。女官たちは花山院に隠棲する法皇を追ってこの地に来たが、女人禁制のため入山は許されず、麓で尼僧となり、生涯を終えたと伝わる。

集落内の道を進んで県道に出ると、花山院バス停があり、ここから花山院参道の琴弾坂を上って行く。前記の女官たちが法皇を想い、琴を弾いたことがその名の由来。急勾配の長い参道を上り詰めると、❺**花山院菩提寺**の山門に着く。

境内には2つの本堂が並び立つ。そのうち花山法皇殿には、法皇が帰依した十一面

三田駅へ
青原寺
大歳神社
スタート
❶ 新三田駅
北摂里山街道（有馬富士公園線）
JR宝塚線（福知山線）
福島稲荷
30分
ラ・ムー
コンビニ
有馬富士公園まで緩やかに上って行く
青龍寺
武庫川
三田市民病院
141
光円寺
176
天満宮神社
広野駅へ

Column

有馬富士公園

有馬富士の麓に広がる兵庫県下最大級の都市公園で、園内は大きく3つのゾーンにわかれる。中心は福島大池のほとりに広がる「出合いのゾーン」。三田の自然について学べる有馬富士自然学習センター、茅葺き民家などがあり、水辺・林・草地の3つの生態園では植物や昆虫を観察できる。また、三田の民話をモチーフにした遊具がある「あそびの王国」は家族連れに人気。「シンボルゾーン」は大池の北側、有馬富士を中心とするエリアで、散策を楽しめる。有馬富士の北側の「休養ゾーン」は、千丈寺湖と里山に囲まれた癒やしの空間となっている。

▲有馬富士自然学習センターは月曜休（祝日の場合は翌日）
◀紅葉に包まれた有馬富士

◀花山院菩提寺の山門で睨みを利かせる仁王像

▲花山院境内にある花山法皇の御廟所。西国巡礼を復興し、この寺で生涯を閉じた法皇を偲びたい

◀薬師堂（右）と花山法皇殿（左）の2つの本堂が並び立つ花山院

観音立像を中心に、右に花山法皇坐像、左に弘法大師坐像を安置。もう一つの本堂は、開基の法道（ほうどう）仙人ゆかりの薬師堂。本尊に薬師如来坐像を祀り、西国四十九薬師霊場の第21番札所となっている。不動堂の前にある展望所からは絶景が望める。左手に有馬富士、右手に千丈寺湖、好天時には播磨灘や小豆島も眺望できる。晩秋には眼下に朝霧が広がることもあり、法皇御製の御詠歌「有馬富士ふもとの霧は海に似て〜」さながらの風景が望める。

参拝後は参道の坂道を引き返し、**❻花山院バス停**からJR三田駅へ向かおう。

温泉 天然温泉 有馬富士 花山乃湯（てんねんおんせん ありまふじ はなやまのゆ）

お肌に優しい天然温泉が人気
ゴルフ練習場を併設

花山院菩提寺の麓の県道沿いにある日帰り温泉施設。露天風呂は、岩風呂と檜風呂があり、毎日男女を入替。泉質は弱アルカリ性単純温泉で、美肌効果も高いとされる。レストランや休憩室もあり、入浴＋日替定食は1200円で楽しめる。

☎079-562-1249
住 兵庫県三田市尼寺835-1 料 700円 時 10〜23時（受付は〜22時）
休 第3木曜（祝日の場合は翌日）

花山院コース

0 500m
❷ 有馬富士公園
有馬富士自然学習センター
大原
花しょうぶ園
WC
諏訪神社
ガーデン階段
茅葺き民家
福島大池
パークセンター
冬場は野鳥観察の好ポイント
60分
❸ 有馬富士山頂
374
有馬富士山麓周遊道
60分
福島
豊かな緑のなかに登山道が続いている
尾根筋の山道をたどる
有馬富士共生センター
大芝生広場
風のミュージアム
千丈寺湖
妙岳寺
法尊院
志手原
清水山 363
兵庫県 三田市
天然温泉 有馬富士 花山乃湯
ゴール
❻ 花山院バス停
❺ 花山院菩提寺
❹ 十二尼妃の墓
尼寺
琴弾坂
18分
30分
急勾配の坂道
車の往来に注意
小野
国道372号へ
黒川
37
570
49

第25番 札所

御嶽山(みたけさん) 播州清水寺(ばんしゅうきよみずでら)

伝説の霊泉が湧く御嶽山上の古寺

宗派 天台宗
本尊 十一面千手観世音菩薩
創建 推古天皇35年(627)

▲まばゆく輝く札所本尊の十一面千手観世音菩薩坐像。大講堂に安置されている

▶緑の木々に映える大講堂の大屋根。写真手前の石段を上って行くと、根本中堂に至る

▲昭和54年(1979)再建の仁王門。丹塗りは1991年に完成した

標高552mの御嶽山の山頂付近にある。寺伝では、約1800年前にインドから渡来した法道(ほうどう)仙人が御嶽山で鎮護国家・豊作を祈願したのを始まりとする。のちに推古天皇の勅願で根本中堂(こんぽんちゅうどう)が建てられ、十一面観音像を安置。さらに聖武(しょうむ)天皇の勅願で行基(ぎょうき)が大講堂を建立、千手観音像を祀ったという。

この大講堂が札所で、根本中堂が寺の本堂である。当寺は大正初期の山火事で全山焼失しており、両堂をはじめ本坊、客殿、鐘楼は大正6〜9年の再建。すでに古色を帯びて、山寺らしい風情を醸している。薬師堂内には東京藝術大学名誉教授の彫刻家・籔内佐斗司(やぶうちさとし)氏が制作したユニークな十二神将像を安置。また境内には寺名の由来である霊泉が湧き、四季折々の花や紅葉も美しい。

☎0795-45-0025
住 兵庫県加東市平木1194
料 500円
時 8〜17時
P 340台

◀寺名由来の霊泉が湧く「おかげの井戸」。井戸を覗き込んで水面に自分の顔を写したら、寿命が3年延びるという

▶籔内佐斗司氏作の薬師堂の十二神将像。各神将に対応する干支の姿で造られている

兵庫県加東市・丹波篠山市

コース 23

御嶽山上の播州清水寺に詣で、丹波立杭焼の里を巡る

御嶽山頂付近にある播州清水寺へは、かつて約2㎞の参道を歩いて登るしかなかったが、現在では登山道路を通る路線バスで行くことができる。JR宝塚線の相野駅からその路線バスに乗車し、終点の❶**清水寺バス停**で下車すると、目の前に❷**播州清水寺**の朱塗りの仁王門が立つ。

門をくぐると、左手に茶屋があり、石垣に沿う参道を進む。境内には桜やシャクナゲ、アジサイ、酔芙蓉などが折々に咲き、紅葉も美しい。仁王門から5分ほどで札所の大講堂に至る。約20m四方の風格ある大建築で、本尊の十一面千手観音坐像は常時拝観できる。大講堂の横の薬師堂も必見。奈良県のマスコットキャラクター「せんとくん」の作者でもある東京藝術大学名誉教授の籔内佐斗司氏が制作した、ユニークな十二神将がぐるりと配置されている。

さらに石段を上ると本堂の根本中堂が立つ。気象条件がよければ、堂前から明石海

所要時間
約4時間30分

歩行時間
約50分

歩行距離
約3.2㎞

コースアドバイス 寺へのバスは1日2便 バスの経路にも注意

相野駅発清水寺行きバスは10時15分、13時10分の2便のみ。寺発は12時3分、14時50分だが、本コースどおりにたどるには、相野駅を10時15分に乗車し、寺を12時3分の便で出発する必要がある。寺を14時50分に出る便は釜屋を通らないので、兵庫陶芸美術館で下車し、周辺散策を。※バス時間は2023年5月現在

アクセス

【行き】
大阪駅からJR宝塚線快速で50分、相野駅下車、神姫バス清水寺行きで48分、終点下車。

【帰り】
兵庫陶芸美術館バス停から神姫バス相野駅行きで16分、終点下車、往路を戻る。

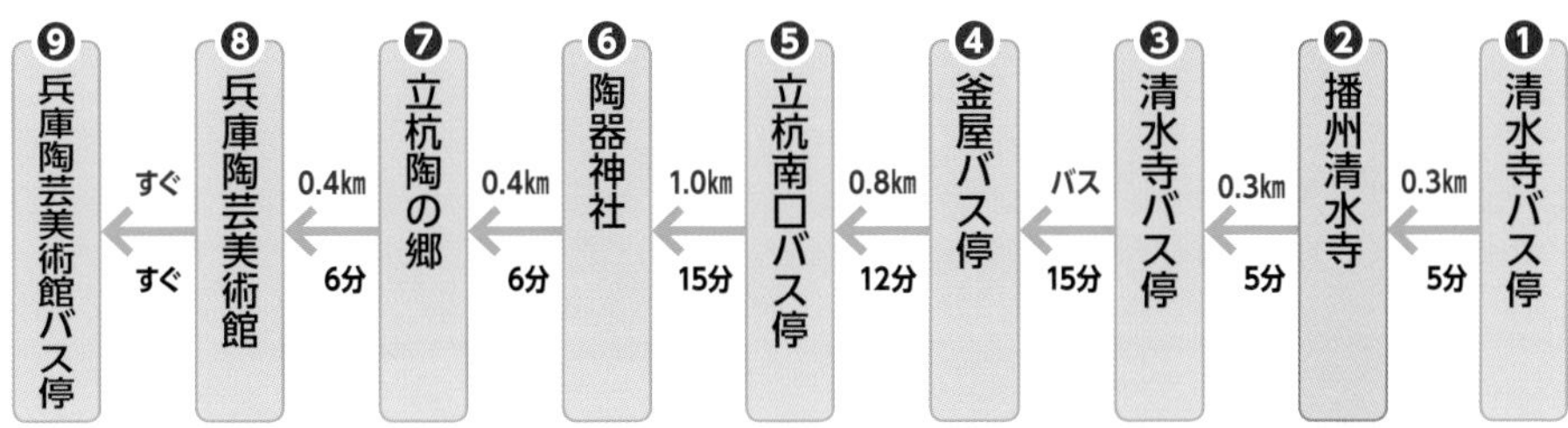

※立杭陶の郷は火曜休園（祝日の場合は開園）。兵庫陶芸美術館は月曜（祝日の場合は翌平日）・メンテナンス期間（2月下旬～3月中旬ごろ）休館。

▲立杭陶の郷の窯元横丁。約50の窯元の作品が揃い、買い物に便利

◀丹波焼の陶工の守護神として大切に祀られている陶器神社

▶コースの道沿いには窯元が点々と立つ。覗いてみれば掘り出し物に出合えるかも

峡大橋も見えるという。堂内安置の本尊は法道仙人が刻んだという十一面観音像。秘仏のため、普段はお前立ちを拝する。根本中堂の左奥の山道を下ると、霊泉の「滾浄水」が湧く井戸がある。法道仙人が水神に祈って湧出させたと伝わり、清水寺という寺号はこの霊験に由来している。

❸清水寺バス停まで戻って乗車し、**❹釜屋バス停**で下車する。ここから、日本六古窯の一つ丹波焼の窯元が集まる立杭の里を散策する。**❺立杭南口バス停**を経て、**❻陶器神社**に至る道筋には、多くの窯元があり、里山ののどかな景色も楽しみだ。小さな祠が立つ陶器神社は、丹波焼の陶祖とされる風呂藪惣太郎という陶工が祭神。また神社の少し手前には、築約130年、立杭の現存最古の登り窯である長大な窯がある。

窯元巡りのあとは、丹波伝統工芸公園の**❼立杭陶の郷**へ。約50の窯元の陶器を展示販売する「窯元横丁」、鎌倉〜江戸時代の古丹波の名品や現代作家の最新作を展示する「伝産会館」、丹波の食材を用いるレストランなどがあり、陶芸教室も開かれている。さらに、古陶磁や現代陶磁を展示する**❽兵庫陶芸美術館**も見学し、館の前の**❾兵庫陶芸美術館バス停**から帰途につく。

▲兵庫陶芸美術館。展望デッキやダイニングカフェなどもある

◀立杭の現存最古の登り窯。斜面に47mにわたって築かれている。現役の窯だが兵庫県文化財に指定されている

◀窯元が集まる界隈では、のどかな里山の風景も楽しみ

Column

日本六古窯の一つ丹波焼

丹波立杭焼、立杭焼ともいう。国の伝統的工芸品指定の名称は丹波立杭焼。丹波篠山市今田町の立杭地区などで焼かれている。発祥は平安末期〜鎌倉初期といわれ、瀬戸、常滑、信楽、備前、越前とともに日本六古窯の一つに数えられる。伝統的に食器や花器などの生活用器の生産が中心で、登り窯での高温、長時間の焼成で現れる独特の色と模様を特徴とする。

◀窯の中で燃料の薪の灰を被ることにより、さまざまな色や模様が生じ、一つとして同じ物はない

御嶽山上の播州清水寺に詣で、丹波立杭焼の里を巡る

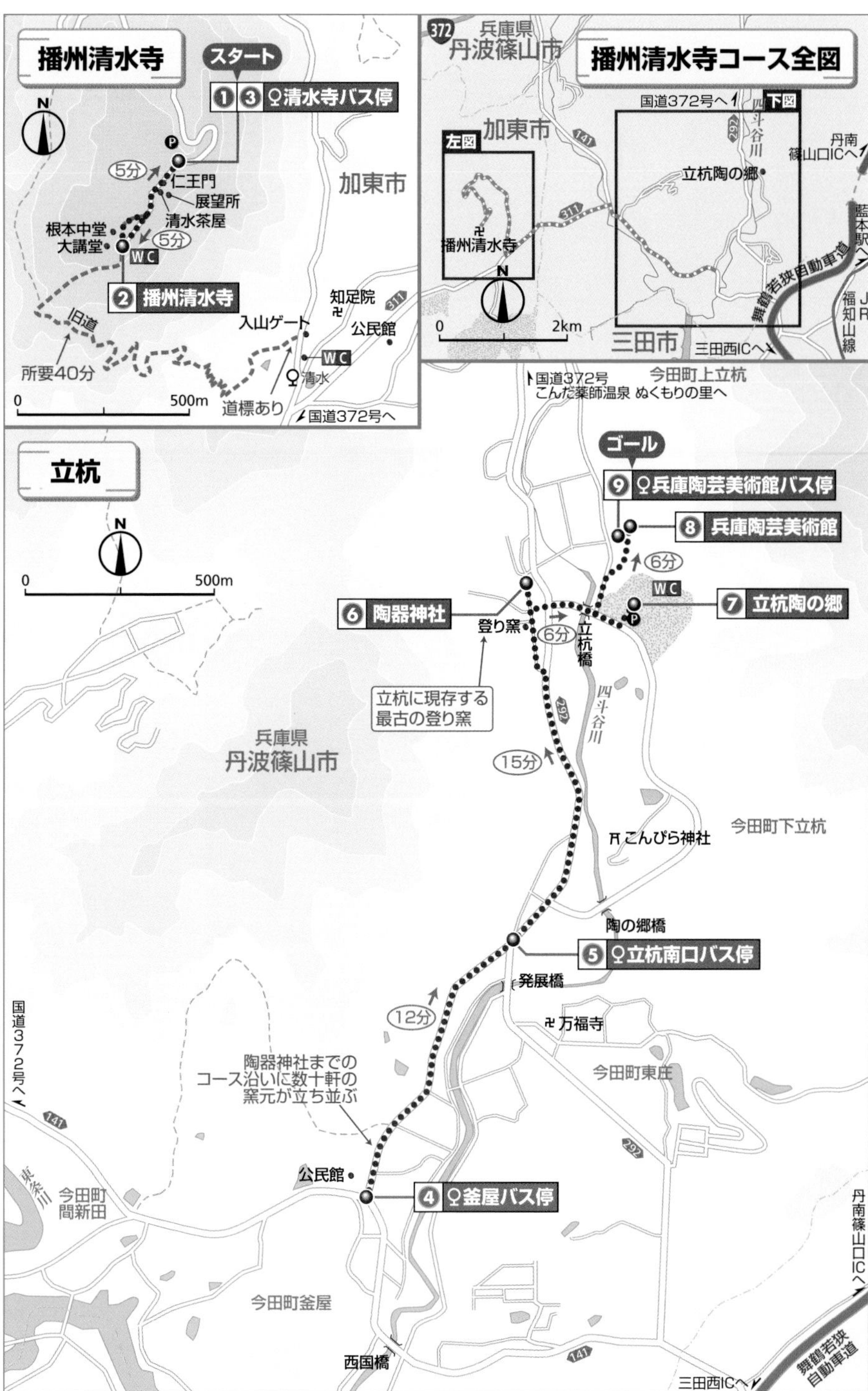

第26番札所

法華山(ほっけさん) 一乗寺(いちじょうじ)

平安時代の優美な三重塔が迎える古刹

宗派 天台宗
本尊 聖観世音菩薩
創建 白雉元年(650)

▲本堂前から眼下に眺める国宝の三重塔。秋には真っ赤な紅葉が彩りを添える

▶162段の石段が、本堂へと一直線に続いている

▲本堂の天井には釘打ちされた木札がびっしりと残る

インドから紫雲に乗って飛来した法道(ほうどう)仙人が、空から蓮の花のように見えた山を見つけ、法華山と名付けて開山したと伝わる。大化5年(649)、孝徳天皇の病を仙人が法力で治したという縁で、翌年、天皇は金堂を建立し「一乗寺」の勅額を与えた。永延2年(988)には花山法皇が行幸、西国札所と定められた。

山の斜面に展開する境内には、日本屈指の古塔の一つ、国宝三重塔がそびえ立つ。建立は承安元年(1171)、安定感のある優美な姿は古来、巡礼者を癒やしてきたに違いない。斜面に張り出して立つ舞台造(懸造)の本堂は、孝徳天皇の勅願で建てられた金堂が前身。宝物館には白鳳時代に造られた重文のお前立ち本尊・聖観世音菩薩像など、多数の寺宝を収蔵している。

☎0790-48-2006(本坊)
☎0790-48-4000(納経所)
住 兵庫県加西市坂本町821-17
料 500円(宝物館別途500円)※要予約
時 8～17時(納経は8時30分～)
P 150台(有料)

兵庫県
加西市・姫路市

コース 24

播磨の古刹・一乗寺から、世界遺産の姫路城を巡る

◀石段を上り切ったところに堂々と立つ、一乗寺の重文の本堂。回廊からは三重塔を見下ろすように眺められる

1400年近い歴史を秘めた播磨の古刹・法華山一乗寺から、真っ白な天守閣がそびえる世界遺産の姫路城まで、広範囲にわたりみどころ満載な贅沢ウォーキングを楽しむ。

❶**法華山一乗寺バス停**（ほっけさんいちじょうじ）で降りると、すぐ目の前が❷**一乗寺**の境内。緑に包まれた山の斜面に162段の石段が延びている。ゆっくり上っていくと、最初の広場に着く。聖武天皇勅願の建立と伝わる常行堂が立ち、あたりにはすでに清浄な空気が漂っている。さらに石段を上ると、次の広場では、国宝の三重塔が迎えてくれる。そこからさらに石段を上ると、豪壮な舞台造（懸造）の本堂へたどり着く。振り返ると、先ほどは仰ぎ見た三重塔が眼下に。どちらのアングルからも絵になる優美な塔だ。

本堂上からの雄大な景色を楽しんだら、本堂背後に控える重文の鎮守三社にもお参りしてから、今来た石段をゆっくりと下り、

コースアドバイス　一乗寺と姫路間のバスの時刻を要確認！

一乗寺と姫路駅を結ぶバスは1日5便しかない（2023年5月現在）。法華山一乗寺バス停で降りたら、拝観の前にまずは帰りのバスの時刻を確認しよう。一乗寺の境内に延びる162段の石段もきついが、姫路城大天守の階段は、さらに急できつい。大天守に限らず城内はかなり広く、アップダウンも多いので、その覚悟で。

アクセス

【行き】

大阪駅からJR神戸線新快速で61分、姫路駅下車、神姫バス法華山一乗寺経由社行きまたは社町駅行きで37分、法華山一乗寺下車。

【帰り】

姫路駅から往路を戻る。

所要時間　**約6時間**
歩行時間　**約1時間35分**
歩行距離　**約5.2km**

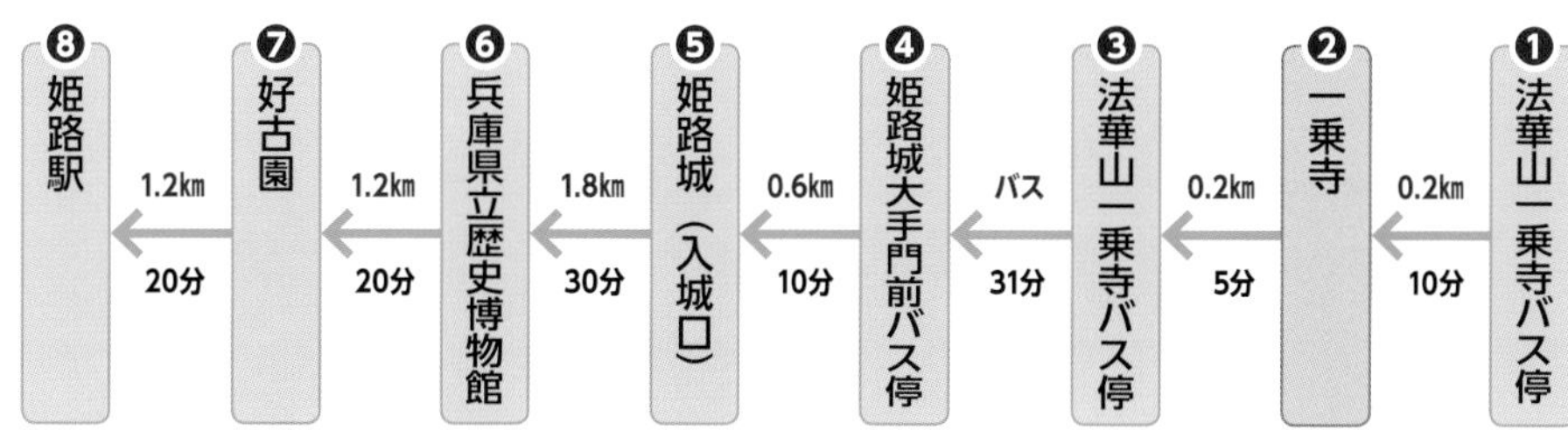

※兵庫県立歴史博物館は月曜休館（祝日の場合は翌日）。

▲好古園の「御屋敷の庭」。瀬戸内海をイメージした大池には錦鯉が泳ぐ

◀姫路城の中濠と船場川に挟まれた美しい散策路「千姫の小径」

▶新緑に包まれた国宝の三重塔。右手の崖の上に本堂を仰ぎ見る壮大な伽藍配置となっている

❸**法華山一乗寺バス停**へ戻る。御詠歌にもあるように、あたりは四季折々の花や緑が美しく、特に秋は一帯が紅葉に彩られ、バスを待つ間も苦にならない。

バスは30分ほどで姫路市街へ。❹**姫路城大手門前バス停**で下車し、内濠に架かる桜門橋を渡って大手門をくぐる。広大な三の丸広場の向こうに、白く輝く天守閣を見ながら❺**姫路城（入城口）**（※欄外参照）へ近づいていく。世界に名だたる城郭建築を誇る姫路城は、美しさもさることながら、その規模は桁外れ！ 幾つもの門をくぐり、坂を上り、階段を上り、やっとのことで大天守の最上階にたどり着く。360度の大パノラマを殿さま気分でしばし満喫。

姫路城を出て、三の丸広場の北側の道を姫路市立美術館方面へ向かう。美術館の北には❻**兵庫県立歴史博物館**、南には市立動物園などがあり、付近は姫路公園として整備されていて気持ちよく歩ける。天守閣を左手に見ながら濠沿いを西へ行くと「千姫の小径」と名付けられた散策路。この小径を抜け左へ曲がると、姫路城西御屋敷跡庭園の❼**好古園**。趣向を凝らした庭園美を堪能したら、大手前通りからゴールの❽**姫路駅**へ向かおう。

Column

美しさと強さを兼ね備えた姫路城

白鷺が羽を広げたような美しい姿から白鷺城ともよばれる姫路城。世界遺産に登録された理由もその美的完成度の高さにあり、日本の木造建築の最高位で、世界にも類がないと評価された。同時に櫓や門、塀、石垣が残り、防御を重視した日本独特の城郭構造がよくわかることもその理由。姫路城は美しさと強さを兼ね備えた、まさに天下無双の名城なのだ。

◀三の丸から見る、まばゆいほどに真っ白な天守閣

▲石垣と土塀に囲まれた道を上り大天守へと近づいていく

▲姫路城大手門と姫路駅をつなぐ大手前通り

◀大天守からの眺め。正面に見えるのが三の丸広場。その向こうに大手前通りが延びる

※姫路城は入城料1000円（好古園との共通券は1050円）。

播磨の古刹・一乗寺から、世界遺産の姫路城を巡る

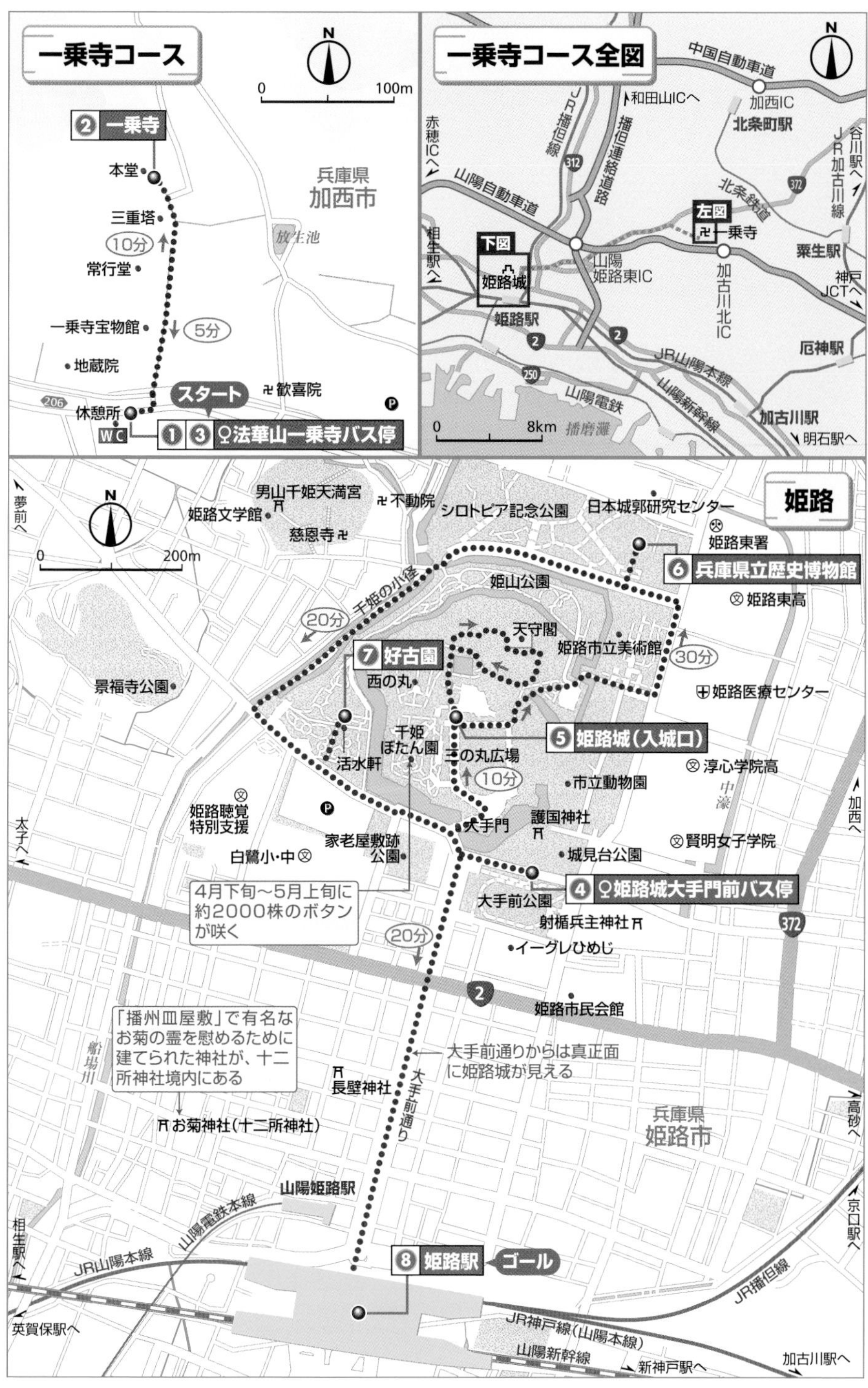

第27番 札所

書寫山 圓教寺

"西の比叡山"とも称される播磨の名刹

宗派 天台宗

本尊 六臂如意輪観世音菩薩

創建 康保3年（966）

はるばると　のぼれば書寫の　山おろし
松のひびきも　御法なるらん

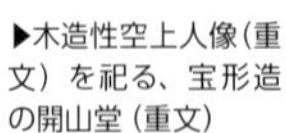
▲本尊の六臂如意輪観世音菩薩を祀る摩尼殿。本尊の開扉は毎年1月18日のみ

▶木造性空上人像（重文）を祀る、宝形造の開山堂（重文）

▲開山堂の軒下で屋根を支えるのは、左甚五郎作と伝わる力士の彫刻

標高371mの書写山上に壮大な伽藍を構え、"西の比叡山"ともよばれる天台宗の大寺院。寺の起こりは康保3年（966）、瑞雲に導かれた性空上人がこの山に入り、草庵を結んだことによる。以後、上人を慕う多くの人々の信仰を集め、特に花山法皇は2度も行幸、勅願寺となり大いに栄えた。

広大な境内にはみどころも多い。まずは、西国札所の摩尼殿（観音堂）。崖の上に立つ豪壮な舞台造（懸造）の建物で、堂上からの眺めもすばらしい。摩尼殿から西へ進むと、大講堂、食堂、常行堂という3つの大堂がコの字型に並ぶ三之堂。食堂の2階は宝物館となっており、僧形文殊菩薩像など貴重な寺宝を拝観できる。三之堂の西、境内最奥には、性空上人を祀る開山堂がひっそりと佇む。

☎079-266-3327

住 兵庫県姫路市書写2968

料 500円

時 8時30分～17時（季節により異なる）

P ロープウェイ山麓駅にあり

兵庫県
姫路市

コース25

老杉に覆われた参道沿いに〝聖が住まう〟書写山を歩く

◀圓教寺を象徴する三之堂。大講堂（右）、食堂（中央）、常行堂（左）すべて重文に指定されている

西国三十三所で最も西に位置するのが、ここ播磨の書寫山圓教寺。開山の性空上人は〝書写の聖〟と広く慕われ、寺は〝西の比叡山〟と称されるほど繁栄した。千年の歴史をもつ、その広大な境内を、老杉に導かれるようにゆっくりと歩く。

JR姫路駅から出たバスは、30分ほどで**❶書写山ロープウェイバス停**に着く。目と鼻の先にロープウェイ**❷山麓駅**。早速ゴンドラに乗り込み、約4分の空中散歩を楽しむ。**❸山上駅**に降り立つと、すぐに志納所。ここから左はバス道、右が徒歩の参道となっている。〝西国巡礼の道〟と名付けられた参道沿いには、各札所本尊を模した33の像が木立のなかに並んでいる。

圓教寺の正門である**❹仁王門**をくぐり、重要文化財の塔頭・壽量院を右手に、圓教寺会館を左手に見ながら歩を進める。風情ある湯屋橋を渡れば、西国札所の観音堂である**❺摩尼殿**が、豪壮な姿で崖の上にそび

コースアドバイス　境内は歩きやすいが徒歩の下山は要注意

書写山山上へはロープウェイで往復するのが一般的。さらに、ロープウェイ山上駅から摩尼殿まではマイクロバスで行き来することもできるので、体力に自信のない人には安心。境内は広大だが、石段や急坂は比較的少なく、全体的に歩きやすい。ここでは、帰路を徒歩で下山するコースとしたが、険路もあるため十分な注意が必要。

アクセス

【行き】
大阪駅からJR神戸線新快速で61分、姫路駅下車、神姫バス書写山ロープウェイ行きで29分、終点下車。

【帰り】
書写山ロープウェイバス停から往路を戻る。

所要時間 約4時間30分
歩行時間 約1時間45分
歩行距離 約4.7km

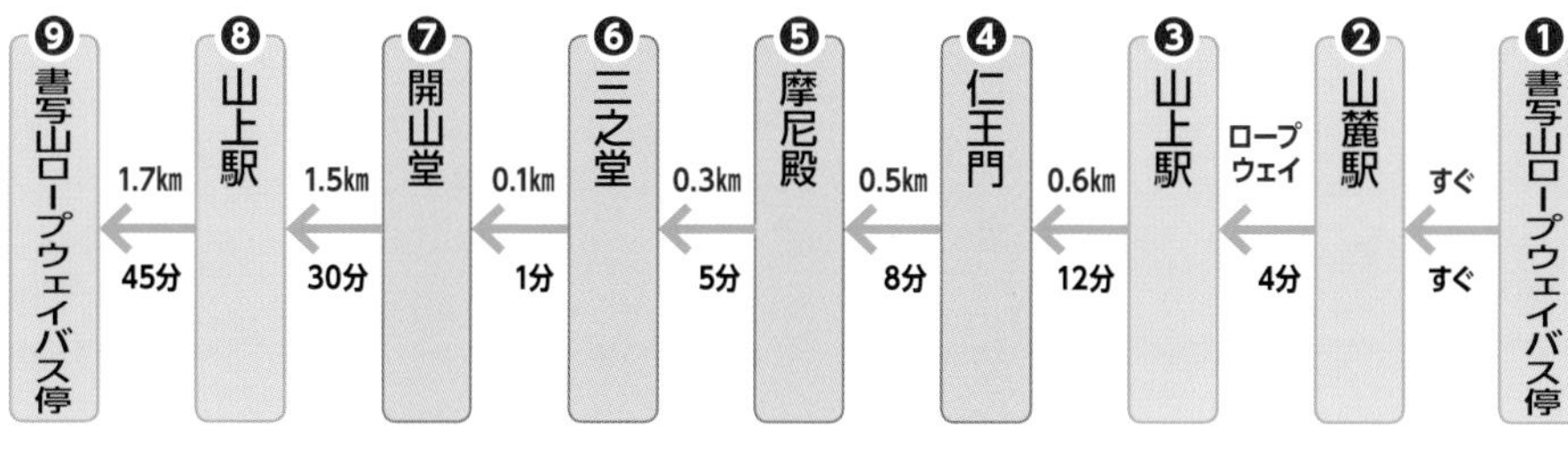

▲三之堂の食堂では20文字ほどの「花びら写経」（300円）が体験できる

◀"西国巡礼の道"のスタート地点には圓教寺の六臂如意輪観世音菩薩の像が

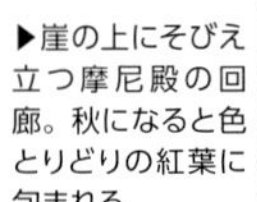

▶崖の上にそびえ立つ摩尼殿の回廊。秋になると色とりどりの紅葉に包まれる

え立つ。石段を上り堂内へ。崖に張り出した舞台からの眺望は格別だ。

摩尼殿から西へ、樹齢700年を超える老杉が林立する山あいの参道を5分ほど行くと、突然、空が開け、大広場が現われる。大広場を囲むように、3つの大建築がコの字型に並び立っている。右手が寺の本堂にあたる大講堂、中央には正面40mもの長大な食堂（じきどう）、左手が常行堂、3堂あわせて❻**三之堂**（みつのどう）とよばれる。ここは、ハリウッド映画『ラストサムライ』のロケ地となったところ。不思議な異境のムードが漂い、訪れる者を圧倒する。食堂の2階は宝物館となっており、観覧無料。宝物館には、同寺で若かりしころに修行したと伝わる武蔵坊弁慶の机なども展示されていて興味深い。

三之堂からさらに西へ行くと、森閑とした一角があり、そこが境内最奥の奥之院。性空上人を祀る❼**開山堂**（かいさんどう）をはじめ、〝弁慶の学問所〟といわれる護法堂拝殿、和泉式部の歌塚などがひっそりと立つ。

帰路は鐘楼を経て、金剛堂方面へ。播磨平野を一望できる展望公園で一服するのもいい。薬師堂の脇を抜け坂道を下り、摩尼殿下へ戻る。湯屋橋を再度渡り圓教寺会館前の分岐まで戻ったら、往路とは反対側の

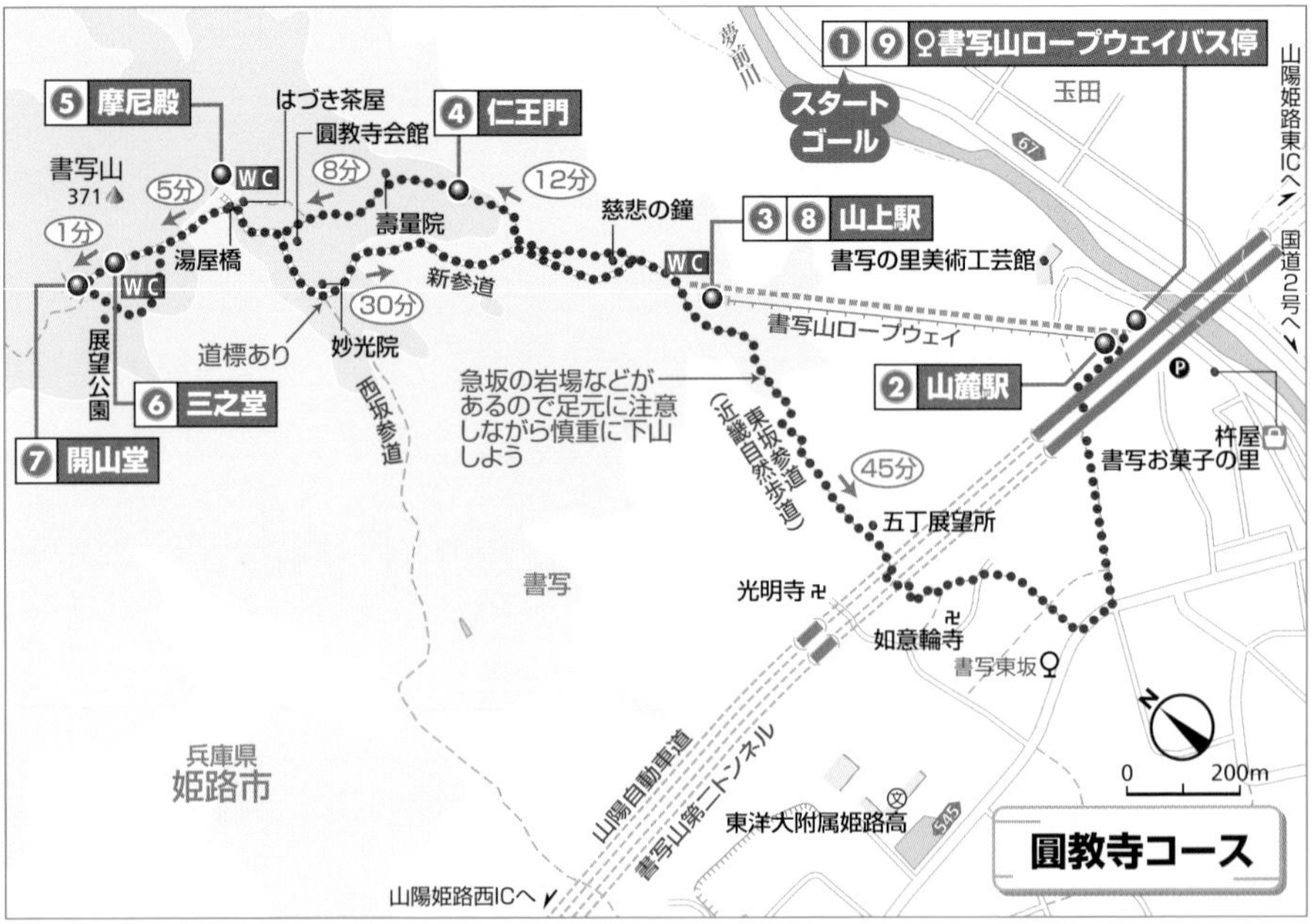

圓教寺コース

❶❾書写山ロープウェイバス停
スタート ゴール
❷山麓駅
❸❽山上駅
❹仁王門
❺摩尼殿
❻三之堂
❼開山堂
はづき茶屋
圓教寺会館
書写山 371
湯屋橋
寿量院
慈悲の鐘
新参道
妙光院
道標あり
展望公園
西坂参道
東坂参道（近畿自然歩道）
急坂の岩場などがあるので足元に注意しながら慎重に下山しよう
五丁展望所
光明寺
如意輪寺
書写東坂
書写の里美術工芸館
書写山ロープウェイ
杵屋 書写お菓子の里
夢前川
玉田
山陽姫路東ICへ
国道2号へ
山陽姫路西ICへ
山陽自動車道
書写山第二トンネル
東洋大附属姫路高
兵庫県 姫路市
書写
5分 1分 8分 12分 30分 45分
0 200m

◀杉木立に囲まれた奥之院。独特の神聖な空気が漂っている

▲蔀戸（しとみど）も美しい長大な食堂2階から、常行堂の舞台を見る

◀摩尼殿から三之堂への参道に立つ、樹齢700年の老杉

右の道を行く。次の分岐は左へ。「ロープウェイ山上駅」の案内板があるのでわかりやすい。この道は新参道とよばれ、バスの通り道となっている。道なりに歩くと❽**山上駅**。体力に自信がない人は、ここからロープウェイで下山しよう。

山上駅舎の右側から麓に通じる東坂参道は、古より幾多の人々が上り下りした祈りの道。昔は難所といわれたとおり、急な岩場など本格登山のような危険な場所もあるので、ゆっくりと慎重に下山しよう。麓まで下り、車道に合流したら❾**書写山ロープウェイバス停**はもうすぐだ。

買う きねや しょしゃおかしのさと
杵屋 書写お菓子の里

書写山の老杉に見立てた圓教寺御用達のバウムクーヘン

書写山ロープウェイ山麓駅のすぐ近くにある和菓子店。おすすめは、圓教寺境内の老杉をモチーフにした創作バウムクーヘン「書写 千年杉」。小倉味と柚子味があり、どちらも1本1620円。『播州書写山縁起絵巻』を写した表装紙にも注目！

☎079-267-2333
㊟兵庫県姫路市書写1086 ㊋8～17時 ㊡無休

◀展望公園からの眺め。播磨灘の向こうに淡路島や小豆島も見える

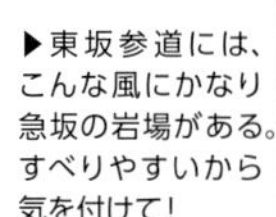

▶東坂参道には、こんな風にかなり急坂の岩場がある。すべりやすいから気を付けて！

◀東坂参道の途中にある五丁展望所。麓まではもうひと踏ん張りだ

Column
書写山ロープウェイ

西国巡礼の難所といわれた書写山に、ロープウェイが開業したのは昭和33年（1958）。山麓駅から山上駅までの781mを約4分でつないでいる。ゴンドラ車内では、ガイドによる圓教寺や姫路観光の話が楽しめる。眼下には四季折々の姿が美しい播磨平野、その向こうには瀬戸内海の壮大な景色が広がる。乗車料は、大人片道600円、往復1000円。

◀姫路市街の向こうには瀬戸内海が広がり、天気がいい日には明石海峡大橋や淡路島が望める

第28番札所

成相山 成相寺

天橋立を眼下に、願い事の成り合う古刹

宗派 橋立真言宗
本尊 聖観世音菩薩
創建 慶雲元年（704）

▲本堂下の広場に立つ木造五重塔。1998年に鎌倉時代の様式で建てられた

▶西国三十三所のうち、最北端に位置する本堂。入母屋造に唐破風を付けた豪壮な建物だ

▲本堂内陣の木彫りの「真向の龍」。龍の顔が正面を向いているのが珍しい

西国三十三所中、最北端に位置し、天橋立を見下ろす成相山（鼓ヶ岳）の中腹に立つ。創建は8世紀初め。古来、修験道の霊地として知られる。入母屋造の本堂には、本尊の聖観世音菩薩（秘仏）が祀られ、美人観音として名高い。本堂内陣には江戸時代の名工・左甚五郎の作と伝わる「真向（まむき）の龍」が掲げられており、龍の顔が正面を向いている彫刻は珍しい。

また『今昔物語集』にも載る寺名の由来や、鐘の音に赤子の鳴き声がまじるので撞くのを止めてしまった「撞かずの鐘」の悲話など、多くの伝説が残る。境内には日本三大鉄湯船の一つで現在は手水鉢として利用されている鉄湯船（重文）、高さ約33mの五重塔など多くのみどころがあり、約1000株あるシャクナゲと紅葉の名所でも知られる。

☎0772-27-0018
住 京都府宮津市成相寺339
料 500円
時 8時～16時30分
P 50台

京都府
宮津市

コース26

成相山から名勝天橋立へ、潮風渡る松林のなかを歩く

◀成相寺境内、弁天山展望台からの眺望。天橋立を真ん中に上が宮津湾、下が阿蘇海

起点の❶**成相寺バス停**へは、天橋立駅から観光船、ケーブル、バスでアクセス。観光船では天橋立の松並木を海上から眺められ、デッキから海鳥にエサをやる楽しみも。ケーブルとバスの乗換え点となる天橋立傘松公園からは天橋立の絶景を望める。

成相寺バス停で下車してすぐ、❷**成相寺**参道の石段下に出る。「撞かずの鐘」とよばれる鐘楼や一願一言地蔵が脇に立つ100段の参道を上ると、正面に本堂が立つ。参拝を終えて石段を下りきり、右折して五重塔を見学。五重塔の西側にある散策道を5分ほど上ると、弁天山展望台に出る。天橋立を眼下に、天気に恵まれれば白山連峰まで見渡せ、迫力のあるパノラマを楽しむことができる。

再び、参道に戻って登山バスで来た道を歩いて下ると、阿吽の仁王像が安置された朱塗りの山門に着く。獅子や龍などの彫刻が施されたその山門をくぐって、登山バス

アクセス

【行き】
京都駅からJR山陰本線特急はしだてで約2時間、天橋立駅下車。徒歩5分の天橋立桟橋から天橋立観光船で12分、一の宮桟橋下船。徒歩5分の府中駅から天橋立ケーブルで4分、傘松駅で成相寺登山バスに乗り換え7分、成相寺下車。

【帰り】
天橋立駅から往路を戻る。

コースアドバイス　体力に応じてコースのアレンジを

上り坂を歩くのを避けるため、ケーブルカーと登山バスを乗り継いでまず成相寺に参り、下りを歩くコースとしたが、健脚派はコースを逆にたどって徒歩で成相寺を目指してもいい。また逆にあまり歩き慣れていない人は、成相寺からの下りも登山バス・ケーブルを利用して、松林のなかに一本道が続く天橋立だけを歩くのがおすすめ。

所要時間　約4時間30分
歩行時間　約1時間45分
歩行距離　約5.5㎞

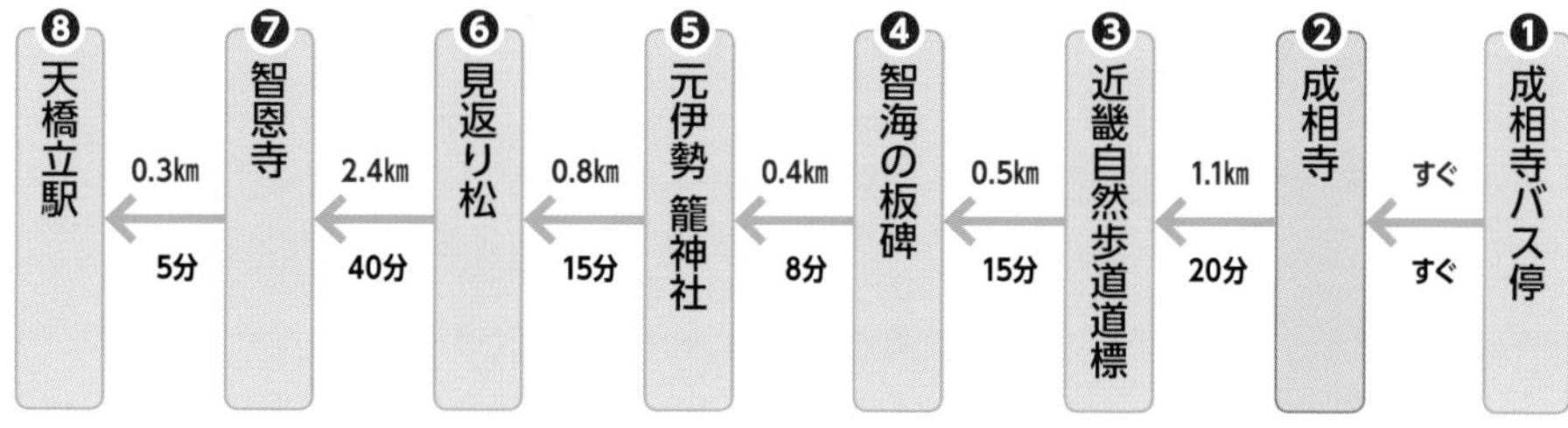

◀元伊勢 籠神社。伊勢神宮に祀られる天照大神と豊受大神はこの地から遷されたという故事により、元伊勢とよばれる

▶成相寺の山門。寺号の扁額が掲げられ、獅子や龍などの彫刻が施されている

◀成相寺の「鉄湯船」。注ぎ口から出る水は観音水とよばれる名水

が往来する車道を下っていく。天橋立傘松公園近くまで進むと、❸**近畿自然歩道道標**が立つ、少し広い分岐点に出る。

左へ下る車道と分かれ、右へ入り、すぐ先の右手にある近畿自然歩道の階段を下る。なお、この階段を下らず、正面の東屋の方へ進むと「股のぞき」発祥地とされる傘松展望台がある。コースは山中に続く急傾斜の階段を下って行く。麓へ出ると、大谷寺があり、境内には室町時代の僧・智海の筆といわれる❹**智海の板碑**が立つ。寺はかつて籠神社の神宮寺として大きな寺域を誇り、水墨画家・雪舟の「天橋立図」（国宝）にも描かれた古刹である。

さらに石段を下りていくと、ケーブル府中駅前に出る。軒を連ねるみやげ物店の前を歩いて、丹後随一の社格と由緒をもつ❺**元伊勢 籠神社**へ。その歴史は古く、本殿の様式は神明造、高欄上に五色の座玉が拝せられるのはほかに伊勢神宮正殿だけで日本神社建築史上、貴重なもの。境内を歩き、一の鳥居前から目の前の国道178号を渡って、一の宮桟橋前を左折、天橋立の砂嘴へと足を進める。

天橋立は長さ3・2㎞。黒松に覆われた砂嘴で、江戸時代から日本三景に数えられ

成相寺コース

❷成相寺
弁天山展望台
五重塔
P WC
20分
バス7分
❸近畿自然歩道道標
スタート
❶成相寺バス停
傘松駅
天橋立傘松公園
桜が有名
京都府
宮津市
❺元伊勢 籠神社

Column

籠神社の動く狛犬伝説

元伊勢籠神社の社頭に鎮座し、鎌倉時代の名作とされる重要文化財の2基の狛犬には、不思議な伝説が残る。その昔、作者の魂が狛犬にこもり、境内を抜け出しては天橋立の松林に現れ、道行く人を驚かせた。ちょうど仇討ちのため、宮津を訪れていた剣豪・岩見重太郎がその噂を聞きつけ、待ち伏せてひと太刀浴びせたところ、それからはぴたりと狛犬の出現がやんだという。今でも2基の狛犬の脚には修復の跡があり、物言わぬ狛犬の伝説を物語っている。

▲籠神社の狛犬（阿形）。足に修復跡が残っている

◀天橋立と智恩寺が立つ文殊地区を結ぶ廻旋橋は、船が通るたびに90度旋回する

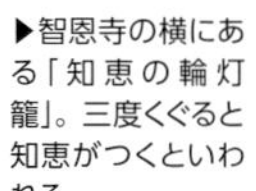

▶智恩寺の横にある「知恵の輪灯籠」。三度くぐると知恵がつくといわれる

◀天橋立の砂嘴の途中にある見返り松の巨木

てきた。右手に阿蘇海、左手に宮津湾を眺めながら、潮風の渡る松林を行く。途中、道行く人がふり返って眺めたという❻**見返り松**などの命名松があり、また「日本名水百選」の磯清水は、海に囲まれているのに真水が湧く不思議な名水として知られる。

大天橋を進み、船の往来で旋回する廻旋橋（小天橋）を渡って右折すると、日本三文殊の一つ❼**智恩寺**の文殊堂がある。「三人寄れば文殊の知恵」でおなじみの文殊菩薩の霊場として古くから信仰を集めてきた。参拝者で賑わう門前を行き、府道2号の信号を横断すれば❽**天橋立駅**に着く。

カフェ　よしのちゃや ひいらぎあん

吉野茶屋 ひいらぎ庵

民謡「宮津節」にも唄われる、天橋立名物・智恵の餅

智恵の餅は、食べると文殊の知恵を授かるとされ、智恩寺門前の「四軒茶屋」とよばれる4つの茶店で300年以上前から作られてきた。吉野茶屋もその1軒であり、智恵の餅3個と抹茶のセットは1200円。持ち帰り10個入り1000円。

☎0772-22-6860
住 京都府宮津市文珠468-1
時 10時～17時30分（夏期は～18時） 休 不定休

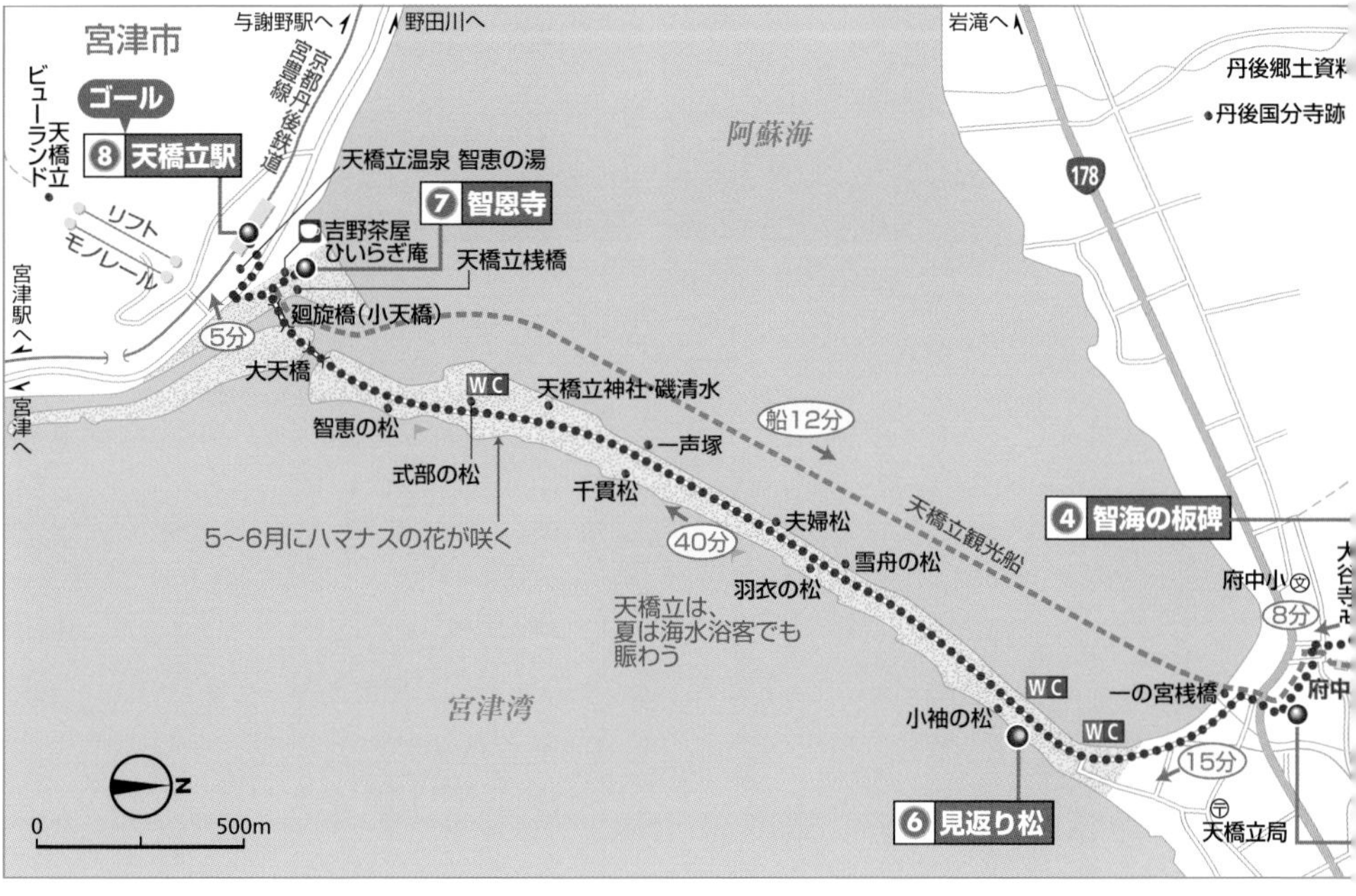

宮津市
与謝野駅へ
野田川へ
岩滝へ
京都丹後鉄道宮豊線
丹後郷土資料
丹後国分寺跡
阿蘇海
178
ゴール
❽天橋立駅
天橋立ビューランド
リフト
モノレール
宮津駅へ
宮津へ
天橋立温泉 智恵の湯
❼智恩寺
吉野茶屋ひいらぎ庵
天橋立桟橋
廻旋橋（小天橋）
5分
大天橋
WC
天橋立神社・磯清水
智恵の松
式部の松
一声塚
千貫松
船12分
5～6月にハマナスの花が咲く
40分
夫婦松
雪舟の松
羽衣の松
天橋立観光船
天橋立は、夏は海水浴客でも賑わう
❹智海の板碑
府中小
8分
府中
一の宮桟橋
宮津湾
小袖の松
15分
❻見返り松
天橋立局
0 500m

第29番札所

西国で唯一、馬頭観音を本尊に祀る

青葉山（あおばさん） 松尾寺（まつのおでら）

宗派 真言宗醍醐派
本尊 馬頭観世音菩薩
創建 和銅元年（708）

▲本尊のお前立ち

▶宝形造の本堂
※本堂は令和大改修（解体保存修理工事）のため覆屋がかけられ現在拝観不可（2026年完成予定）。修理中は隣の大師堂を仮本堂とし、本尊のお前立ちを安置、参拝もできる

▲鐘楼の脇には鳥羽天皇のお手植えというイチョウの古木が枝を広げている

京都府と福井県の境にそびえる青葉山（693m）の中腹、標高約230mの位置に立つ。寺伝によれば、和銅元年（708）、唐の僧・威光上人（いこうしょうにん）が、青葉山中の松の木の下で馬頭（ばとう）観音を感得、その姿を刻んで草庵に祀ったのが始まり。のちにこの霊験が都に伝わり、元明天皇が本堂を建立し、松尾寺と名付けられたという。

二重の宝形造の屋根が美しい本堂をはじめ、現在の伽藍は江戸時代の再建。本尊は西国三十三所で唯一の馬頭観世音菩薩で、秘仏だが、お前立ちを目にできる。馬頭観音は観音のなかで唯一、憤怒相をしており、激しい怒りで諸悪を除き、煩悩を断つとされる。春と秋の各2カ月程度公開される宝物殿には、丹後地方で唯一の国宝絵画「普賢延命菩薩像」ほか貴重な寺宝を収蔵している。

☎0773-62-2900
住 京都府舞鶴市松尾532

料 境内自由（宝物殿800円）
時 8～17時
P あり（有料）

京都府舞鶴市・福井県高浜町

コース27

馬頭観音像を祀る松尾寺から「若狭富士」の青葉山へ登る

所要時間 約6時間30分
歩行時間 約4時間50分
歩行距離 約11.9km

▲コース起点の松尾寺駅。列車の便数は少ないので、事前の時間確認は欠かせない

◀駅からの道が府道に合流するあたり。正面にそびえるのが青葉山

松尾寺駅から歩いて松尾寺へ詣で、さらに標高約700mの青葉山に登るコース。山頂から絶景が楽しめるが、相当な急坂が続く。登山に慣れていなければ、駅～松尾寺の往復に留めるのがいいだろう。

❶松尾寺駅(まつのおでら)を出たら、近畿自然歩道の道標や案内板が立つ。それに従って、線路の北側に出て、線路沿いを東へ。約400m先で山裾の地道となり、さらに約800m行けば、府道564号に合流。あとはこの車道を上って行く。坂は全般的に緩やかで、合流点から約2km行けば、❷松尾寺の仁王門下の石段に着く。

110段の石段を上り、仁王門をくぐれば、右手に春秋に開館する宝物殿がある。鳥羽天皇の后、美福門院(びふくもんいん)の念持仏と伝わる平安後期の仏画「普賢延命菩薩像」(国宝)、鎌倉期の天才仏師・快慶の作の阿弥陀如来坐像(重文)など貴重な寺宝を収蔵しており、開館時にはぜひ拝観を(期間により展

コースアドバイス 急坂が続く青葉山登山は充分な装備と覚悟を

全体に距離が長く、しかも松尾寺から青葉山へはひたすら急坂を登る。登山道にはロープや鉄梯子もあり、登りやすく整備されているものの、体力に不安のある人は、駅～松尾寺の往復に留めるか、松尾寺から今寺集落へひと足延ばす程度にしておこう。また青葉山には熊の目撃情報もあり、登山するには熊除けの鈴なども必要だ。

アクセス

【行き】
京都駅からJR山陰本線特急まいづるで1時間35分、東舞鶴駅乗り換え、JR小浜線で7分、松尾寺駅下車。

【帰り】
松尾寺駅から往路を戻る。

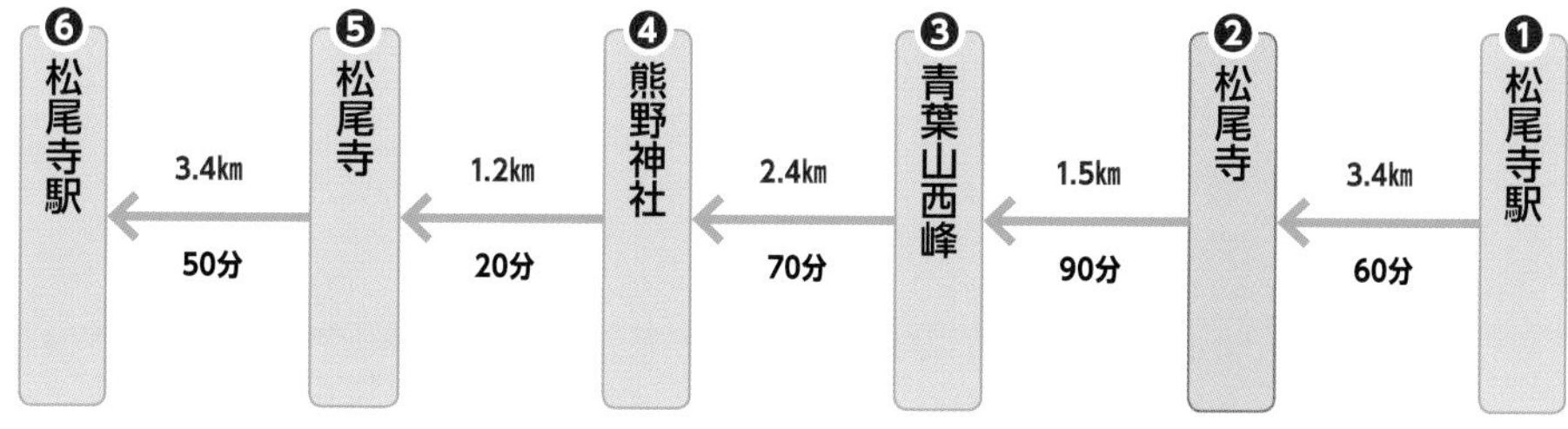

※コース状況などの問合せは舞鶴市観光振興課☎0773-66-1024、高浜町産業振興課☎0770-72-7705へ。

◀青葉山西峰の山頂近くの奥の院。石垣上の鉄柵の中に青葉山妙理大権現を祀る祠が立つ

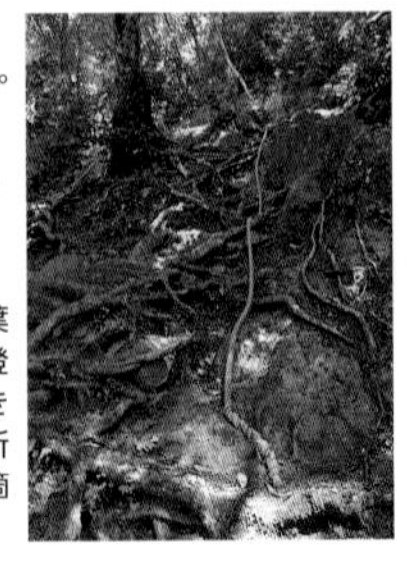

▶松尾寺から青葉山までは一気の登り。木の根が浮き出た崖のような所をロープで登る箇所もある

◀石段上に立つ松尾寺の仁王門。門を入って右手には宝物殿が立つ

示品は替わる）。また少し石段を上がれば、本堂が正面に立つ（現在本堂は修理中）。本尊の馬頭観音坐像は、昔から農耕や交通などの守り仏として信仰され、現在では競馬ファンにも人気がある。

参拝を終えたら青葉山に登ろう。本堂右手から登山道が延びている（※欄外参照）。

京都府と福井県の境にそびえる青葉山は、西峰（692m）と東峰（693m）からなる。福井側から見るとミニ富士山のような山容で「若狭富士」とよばれる。ハイカーに人気があり、登山道は整備されているが、古来修験道の行場であり、とりわけ松尾寺からのルートは険しい。また熊の目撃情報もあり、登山には雨具や鈴などの熊除け対策も含めた、充分な装備が必要だ。

松尾寺からしばらくは坂も緩やか。10分ほど歩いて鳥居をくぐると、ぽっかり開けた場所に出る。視線をぐんと上げると、木々の上に目指す青葉山西峰の頂が見える。ここから山頂まで急坂が続く。登山道は小刻みにジグザグを繰り返し、ロープを頼りに登る急斜面もある。さらに岩場に掛けられた鉄梯子を上り、しばらく行けば、石垣上に祠が立つ平坦地に出る。加賀の霊峰・白山を開いた泰澄ゆかりの青葉山妙理大権現

松尾寺コース

小浜へ
27
三松駅へ
松尾寺口
吉坂
丹後街道
宮津へ
流々亭
福井県
高浜町
JR小浜線
50分
岩室稲荷神社
東舞鶴駅へ
線路をくぐって右折、
線路沿いを東へ歩く
松尾寺まで車道を
上って行く
60分
① 松尾寺駅
スタート
④ 熊野神社
20分
松尾
564
今寺
福井県
京都府
WC
②⑤ 松尾寺
京都府
舞鶴市
70分
青葉山東峰へ
90分
青葉山妙理大権現（松尾寺奥の院）
休憩所あり
若狭方面への展望がよい
③ 青葉山西峰
N
0 500m

※本堂修理工事の進捗状況によっては、本堂右横からの登山道が通れない場合がある（う回路の案内表示あり）。また冬期は覆屋からの落雪が危険なため通行不可。

◀小さな社と休憩所がある青葉山西峰。社の背後にある、ロープを頼りに上る岩峰がまさに山頂だ

▶西峰の山頂から南側を見ると、山々が幾重にも連なった壮大な景色を楽しめる

◀山頂からの北の眺め。内浦湾の大パノラマが広がっている。登山の苦労を忘れさせる絶景だ

を祀る、松尾寺の奥の院である。

そのすぐ先で、分岐点がある。右は今寺(いまでら)集落へ下る道で、今回は帰路にたどる。左へしばらく行けば、小さな社や休憩所が立つ平坦地に出る。ここが**❸青葉山西峰**(あおばやま)の山頂だ。ただ厳密には、西峰の最高所は社の背後の岩峰。ここもロープにつかまってよじ登れば、北に内浦湾を眼下にする大パノラマが広がる。南の山並の景色もすばらしい。苦労した甲斐のある、まさに絶景だ。

休憩ののち下山。先ほどの分岐点へ戻り、道標に従い、今寺集落方面へ。ジグザグの急坂を今度は下る。約30分で道標のある分岐に出たら、「林道　今寺区」の方へ。じきに舗装林道へ出て、道なりに下れば、**❹熊野神社**(くまの)の立つ今寺集落に着く。

この先、**❺松尾寺**(まつのおでら)まではほぼ平坦な道。かつての巡礼道であり、巡礼者は松尾寺参拝後この道を逆に今寺へたどり、はるか琵琶湖に浮かぶ30番竹生島宝厳寺(ちくぶしまほうごんじ)へと旅を進めた。この道沿い、松尾寺手前に立つ「すく ちくぶしま」と刻まれた道標は、その名残。「すく」は真っ直ぐの意味で、実際はすぐどころか、竹生島まで直線距離で60㎞以上ある。松尾寺まで戻ったら、最初に上ってきた車道を**❻松尾寺駅**へと下る。

▲今寺の集落。右手奥に熊野神社があり、正面の建物には観音像が祀られている

◀松尾寺のすぐ近くにある「すく ちくぶしま」の道標。明治時代のもの

◀青葉山の中腹に開けた今寺では、高原のような景観が広がっている

Column

馬頭観音の加護で救われた漁師

松尾寺の本尊の馬頭観音坐像は、観音の加護で救われた漁師が造ったと伝承されている。10世紀末、春日為光という漁師が海で遭難したが、浮木につかまって陸へ漂着できた。この木は陸に着くや白馬に姿を変えて松尾寺へ向かい、本堂前で再び木に戻った。感動した為光はこの木で馬頭観音像を刻み、開山の威光上人作の観音像を胎内に納めたという。

◀松尾寺本尊のお前立ち（本堂修理中は大師堂に安置）

竹生島 宝厳寺

観音と弁才天を本尊に祀る湖上の聖地

宗派　真言宗豊山派
本尊　大弁才天・千手千眼観世音菩薩
創建　神亀元年（７２４）

月も日も　波間に浮かぶ　竹生島
船に宝を　積むここちして

▲本尊の大弁才天は秘仏だが、本堂内には信者が奉納した弁才天像（写真）も安置されている

▶寺内最大の建物である本堂（弁才天堂）。昭和17年（1942）に平安時代の様式で建てられた

▲国宝の唐門。2020年に保存修理が完了し、絢爛豪華な姿が蘇った

琵琶湖の北部に浮かぶ竹生島にある。寺の本尊として七福神の一柱である大弁才天を、札所本尊として千手観音を祀る。縁起によれば、神亀元年（７２４）、聖武天皇の勅願で高僧の行基が堂塔を建立し、弁才天像を祀ったのが始まり。翌年には観音堂を建てて、千手観音を安置したという。以来、観音霊場、弁才天信仰の聖地として崇められてきた。

当寺には豊臣秀吉ゆかりの豪華な桃山様式の建物が残る。国宝の唐門は、京都東山にある秀吉の墓所「豊国廟」から移したもの。もとは秀吉が建てた大坂城の「極楽橋」とみられており、秀吉築城の大坂城の唯一の遺構として非常に貴重。同じく豊国廟から移したという観音堂、秀吉の御座船を転用したという「舟廊下」は重要文化財に指定されている。

☎0749-63-4410
㊟滋賀県長浜市早崎町1664
㊒拝観無料（要入島料400円）、宝物殿拝観300円
㊙9時30分～16時30分
Ⓟ今津・長浜・彦根港に無料駐車場あり

◀宝厳寺の本堂へは港から急な石段を上って行く

▶古来、神と仏のすむ島として崇められてきた竹生島。全域が国の史跡・名勝に指定されている

コース28

滋賀県
長浜市

琵琶湖に浮かぶ竹生島に詣で、レトロな長浜の街を散策

湖西の近江今津から竹生島へ渡り、参拝後は琵琶湖東岸の長浜へ渡って、ノスタルジックな長浜の街を散策する。

JR湖西線の近江今津駅から徒歩5分の❶**今津港**から乗船、25分で、❷**竹生島港**へ着く。周囲2㎞の竹生島は「(神を)斎く島」が語源といわれるように、古代より神聖視されていた。宝厳寺と、明治以前は同寺とともに神仏習合の霊場を形成していた都久夫須麻神社があるだけで、民家はない。仏と神のみがすむ島なのだ。

港からみやげ物店の前を通り、石段を上って行くと、❸**宝厳寺**の本堂が立つ。本尊の大弁才天は日本三弁才天の一つとされ、広く信仰されてきた。次に本堂から下って行くと、豪華絢爛な唐門、西国札所の観音堂がある。さらに観音堂から舟廊下を渡れば、❹**都久夫須麻神社**。豊臣秀吉の伏見城から移したという本殿は国宝だ。宝厳寺の弁才天はもともとここに祀られていた。明

所要時間
約5時間

歩行時間
約1時間10分

歩行距離
約3.9㎞

コースアドバイス 竹生島へは3港から行くことができる

竹生島へは今津港のほか、長浜港、彦根港からも船が出ている（アクセス詳細はP159参照）。ただし今津・彦根からの船は冬期、正月期間を除き、土・日曜、祝日のみ運航。長浜からの船も冬期は減便。また年間を通し荒天により欠航する場合がある。竹生島では石段の上り下りがあるが、距離は短く、長浜では平坦な道を歩く。

アクセス

【行き】
京都駅からJR湖西線新快速で約50分、近江今津駅下車、徒歩5分で今津港。

【帰り】
長浜駅からJR琵琶湖線新快速で約1時間10分、京都駅下車。

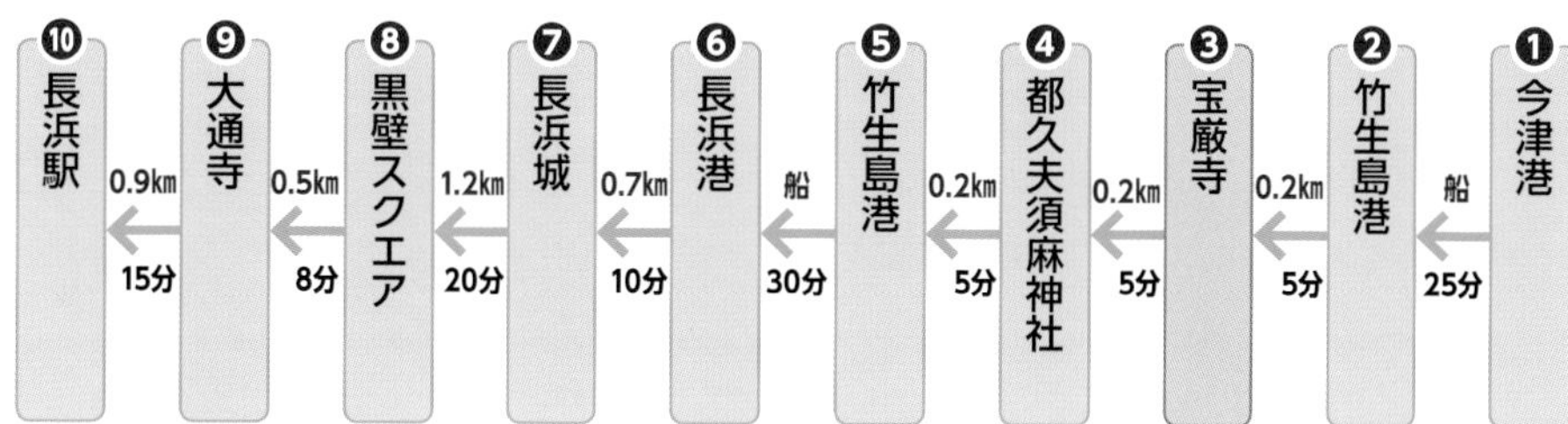

◀朱が鮮やかな宝厳寺の三重塔。2000年に約350年ぶりに再建された

▲宝厳寺観音堂と都久夫須麻神社を結ぶ舟廊下

◀都久夫須麻神社の本殿。絢爛豪華な桃山建築で国宝に指定されている

治の神仏分離後は、仮安置の状態が続いたが、昭和17年（1942）、篤志家の寄進により現在の本堂が完成、安住の地を得た。

琵琶湖の眺めがいい神社をあとに、❺**竹生島港**へ戻って、長浜行きに乗船。30分で❻**長浜港**に着く。湖北の中心都市・長浜は秀吉の城下町、また北国街道の要衝として発展してきた。港周辺は豊公園として整備されており、その一角に❼**長浜城**が立つ。秀吉の長浜城を模して昭和58年（1983）に建てられたもので、内部は歴史博物館となっている。見学後は公園を出て南へ。歩道橋で広い道路を渡って東進し、長浜鉄道スクエアの前を通り北国街道と交わる。

古い民家が並ぶ北国街道を北上して行くと、湖北随一の観光スポット❽**黒壁スクエア**に至る。旧市街に残る江戸～明治の伝統的建造物を再生したガラスギャラリー、セレクトショップ、カフェ、体験教室などがあり、年中観光客で賑わっている。一帯を散策したら、長浜御坊とよばれる❾**大通寺**へ。伏見城の遺構という本堂や大広間などは重要文化財で、国名勝の2つの庭園もみどころだ。参拝後も時間の許す限り、黒壁スクエア一帯を散策、秀吉を祀る豊国神社なども訪ね、❿**長浜駅**から帰途につく。

▶黒壁スクエアを南北に貫く北国街道。古民家を生かした店舗が軒を連ねている

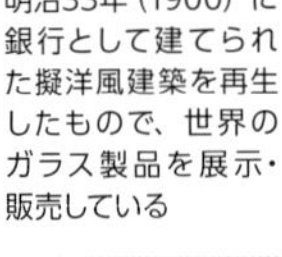

▶黒壁スクエアのシンボルである黒壁一號館 黒壁ガラス館。明治33年（1900）に銀行として建てられた擬洋風建築を再生したもので、世界のガラス製品を展示・販売している

◀大通寺の門前町も店舗が立ち並んで賑やかな雰囲気。正面奥が大通寺の山門

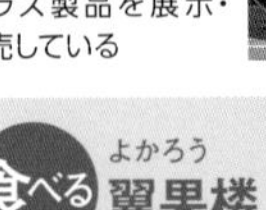

食べる 翼果楼

築200年の趣ある商家で長浜名物の焼鯖そうめんを

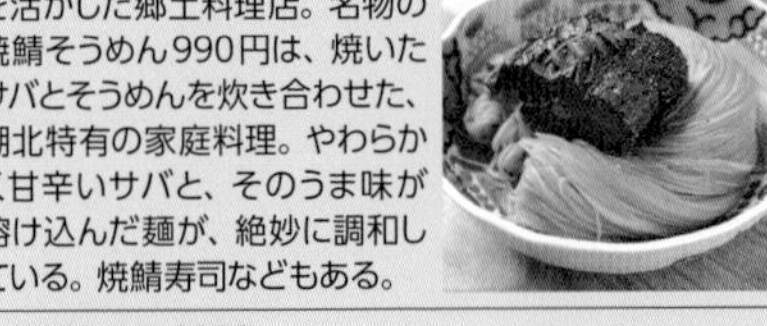

江戸末期の繊維問屋の建物を活かした郷土料理店。名物の焼鯖そうめん990円は、焼いたサバとそうめんを炊き合わせた、湖北特有の家庭料理。やわらかく甘辛いサバと、そのうま味が溶け込んだ麺が、絶妙に調和している。焼鯖寿司などもある。

☎0749-63-3663

㊟滋賀県長浜市元浜町7-8 ㊋10時30分～15時ごろ（売切れ次第終了）㊡月曜、最終火曜（祝日の場合は翌日）

琵琶湖に浮かぶ竹生島に詣で、レトロな長浜の街を散策

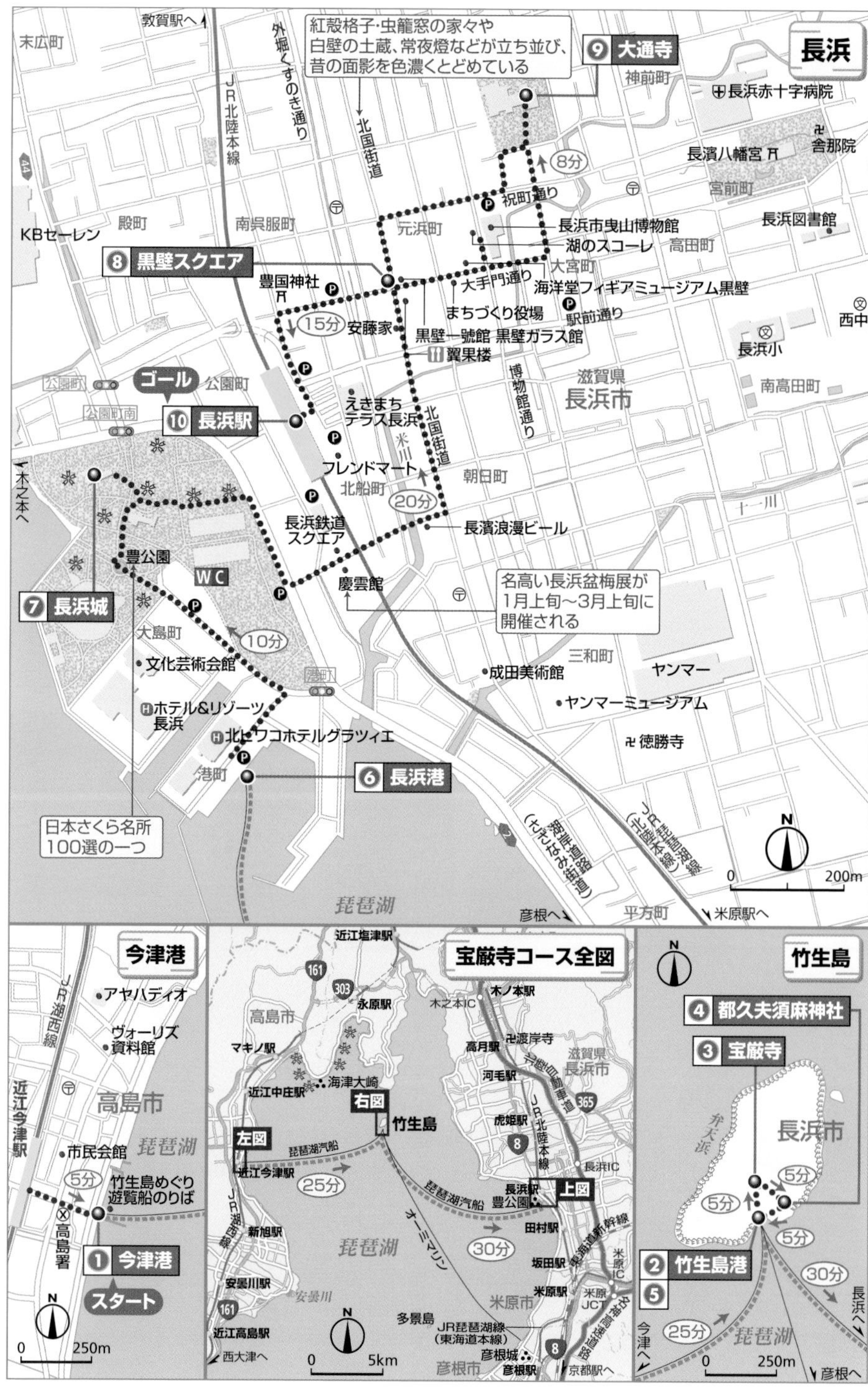

第31番 札所

姨綺耶山（いきやさん） 長命寺（ちょうめいじ）

健康長寿の観音さまが微笑む湖国の古刹

宗派 単立（天台系）

本尊 千手十一面聖観世音菩薩

創建 推古天皇27年（619）

八千年（やちとせ）や　柳に長き　命寺（いのちでら）　運ぶ歩みの　かざしなるらん

▲奥から三重塔、本堂、三仏堂、護法権現社拝殿。檜皮葺きの屋根の重なりが美しい

▶正面、側面とも約20mに及ぶ大建築の本堂。室町時代の再建で、寺内に現存する最古の建物である

▲初夏の境内はアジサイに彩られる。写真は太郎坊社への道

「長生きの観音さん」として親しまれる長命寺は、琵琶湖を望む長命寺山の中腹に立つ。寺伝によれば、第12代景行（けいこう）天皇の時代にこの地を訪れた武内宿禰（たけのうちのすくね）が、柳の巨木に「寿命長遠諸願成就」と刻んで祈願したところ、300歳以上の長寿を保ち、6代の天皇に仕えて活躍したという。その後、諸国歴訪でこの山を訪れた聖徳太子が、宿禰祈願の柳で千手・十一面・聖（しょう）観音の三尊一体の観音像を刻み、伽藍を建立。長命寺と命名したとされる。

現在の本堂は大永4年（1524）の再建。厨子内に秘仏の千手・十一面・聖観音の3尊を一体の本尊として祀る。建物、本尊とも重要文化財。また2014年の修理で美しく蘇った三重塔や、三仏堂、護摩堂、鐘楼なども重要文化財に指定されている。

☎0748-33-0031

住 滋賀県近江八幡市長命寺町157

料 境内自由

時 8～17時

P 50台

滋賀県
近江八幡市

コース29

琵琶湖を望む長命寺に参り、近江八幡の街を歴史散歩

◀釈迦・阿弥陀・薬師の三尊を祀る三仏堂。2021年、重要文化財に指定された

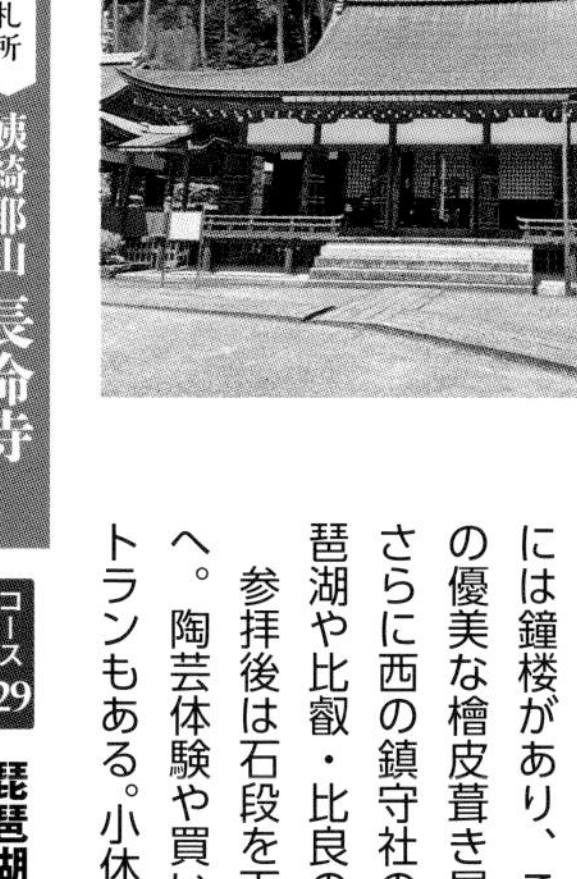

▶琵琶湖畔にある長命寺の参道入口。ここから長命寺山中腹に立つ本堂まで、808段もの石段が続く

近江八幡駅北口からバスに乗り、琵琶湖畔の❶**長命寺バス停**で下車。門前のそばとみやげ物店の前を通り、808段もの長く険しい石段の参道を上る。上り詰めると❷**長命寺**の山門が見える。

境内の中心に立つのが単層入母屋造の本堂。千手・十一面・聖観音の三尊を一体とみなす本尊は秘仏で、厨子前のお前立ちは千手観音の姿をしている。本堂の東側に立つ三重塔は桃山時代の貴重な遺構。本堂の西側には三仏堂と、長命寺のレジェンド武内宿禰を祀る護法権現社の拝殿が、渡り廊下で結ばれて立つ。その西の一段高い場所には鐘楼があり、ここからは今見てきた堂の優美な檜皮葺き屋根を見下ろせる。またさらに西の鎮守社の太郎坊社前からは、琵琶湖や比叡・比良の山並みを一望できる。

参拝後は石段を下り、「水茎焼陶芸の里」へ。陶芸体験や買い物ができるほか、レストランもある。小休憩ののち、❸**水茎焼陶芸**

アクセス

【行き】
京都駅からJR琵琶湖線新快速で約35分、近江八幡駅下車、近江鉄道バス長命寺行きまたは休暇村行きで25分、長命寺下車。

【帰り】
小幡上筋バス停から近江鉄道バス近江八幡駅行きで13分、終点下車、往路を戻る。

コースアドバイス 長命寺の石段以外は平坦 市街地の道は歴史の宝庫

長命寺"名物"の参道石段は808段。難所だが、初夏は石段の左右をアジサイが彩る。長命寺から「水茎焼陶芸の里」までは平坦な道程。近江八幡の市街地は歩道が整備され歩きやすく、各所に社寺や建築物の詳細を記した「道しるべ」がある。近江商人の屋敷が並ぶ新町通りと八幡堀沿いに延びる石畳の遊歩道は、風情たっぷり。

所要時間 **約5時間**
歩行時間 **約1時間50分**
歩行距離 **約4.9㎞**

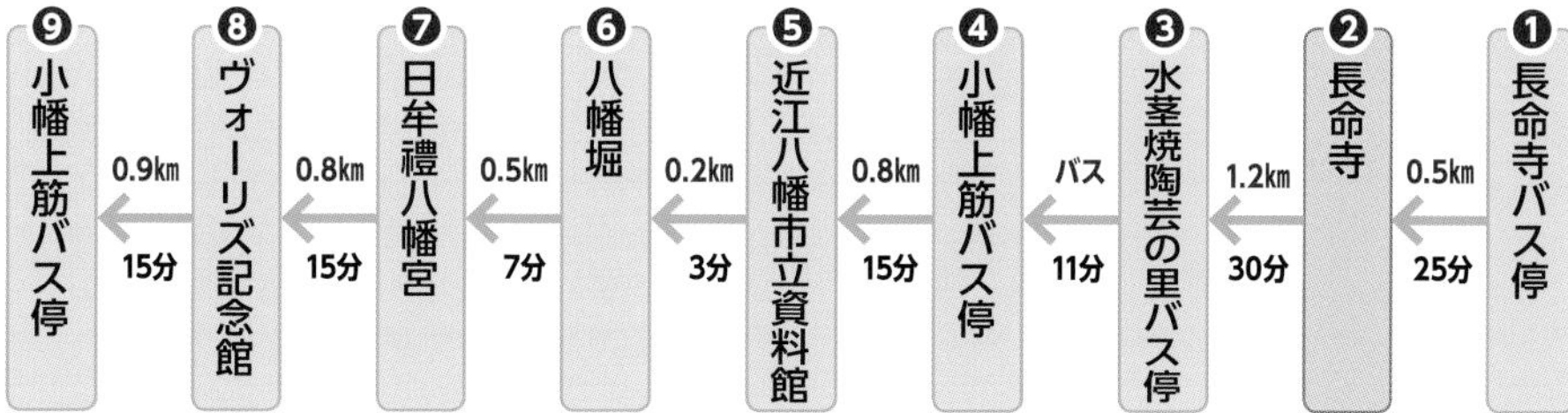

※水茎焼陶芸の里は水曜休館。近江八幡市立資料館は月曜休館（祝日の場合は翌日。4・5・10・11月は無休）。ヴォーリズ記念館は月曜、祝日、12月15日～1月15日休館（見学は要予約）。

▲ヴォーリズメモリアルポケットパークに立つヴォーリズと少女の像

◀日牟禮八幡宮の鳥居の向かいに立つ擬洋風建築の白雲館。内部は観光案内所となっている

▶大正時代にヴォーリズが設計した旧八幡郵便局。土・日曜に一般公開している

の里バス停から乗車し、❹**小幡上筋バス停**で下車。近江八幡の旧市街地を散策しよう。

バス停から西へ進み、ヴォーリズ建築が現存する池田町洋風住宅街を行く。さらに、江戸時代に朝鮮国王の親書を携えて来日する朝鮮通信使が歩いた朝鮮人街道(京街道)を行けば、❺**近江八幡市立資料館**がある。この建物もヴォーリズ建築だ。続いて、近江商人たちの旧宅が並ぶ新町通りから❻**八幡堀**へ。八幡城主の豊臣秀次が整備したこの運河は、近江八幡が商業地として発展する礎となった。堀沿いに白壁の旧家が並ぶ様子は近江八幡を代表する景観として知られ、時代劇ロケもよく行われる。

名物の近江牛などを味わえる飲食店が並ぶ堀沿いの道を行くと、❼**日牟禮八幡宮**の鳥居前に出る。近江商人の守護神として信仰を集める八幡宮を参拝したら、八幡山ロープウェーに乗って、豊臣秀次ゆかりの八幡山を散策するのもいい。鳥居に戻り、白雲橋横の階段を下りて堀沿いの遊歩道をそぞろ歩く。白雲橋の向かいに立つ白雲館の前の道から慈恩寺町通りに入ると❽**ヴォーリズ記念館**がある。古風な町並みの永原町通りから仲屋町通りなどを見学しながら西へ歩を進めると❾**小幡上筋バス停**に着く。

Column

近江八幡を愛したヴォーリズさん

米国人のウィリアム·メレル·ヴォーリズ（日本名は一柳米来留）は明治38年（1905）、キリスト教伝道のために来日。近江八幡を拠点に英語教師、建築家、実業家として活躍した。建築家としては、住む人が健康的に過ごせる工夫を凝らした住宅を設計。「建物の品格は人間の人格と同じく、その外装より、むしろその内容にある」という信念を貫き、国内外に多数の建物を残した。実業家としては、家庭用常備薬「メンソレータム」（現・近江兄弟社メンターム）を製造販売する事業を展開。競争より協調を重んじる経営方針の企業（のちの近江兄弟社）の創立者のひとりとして活躍し、医療や教育など社会貢献事業にも情熱を注いだ。ヴォーリズの高潔な精神と優しさに満ちた建築物は、今も近江八幡の町に息づいている。

▶近江商人の旧宅が並ぶ新町通り。旧西川家住宅など見学できる施設もある

◀近江八幡の代表的景観である八幡堀。遊覧船も運航している

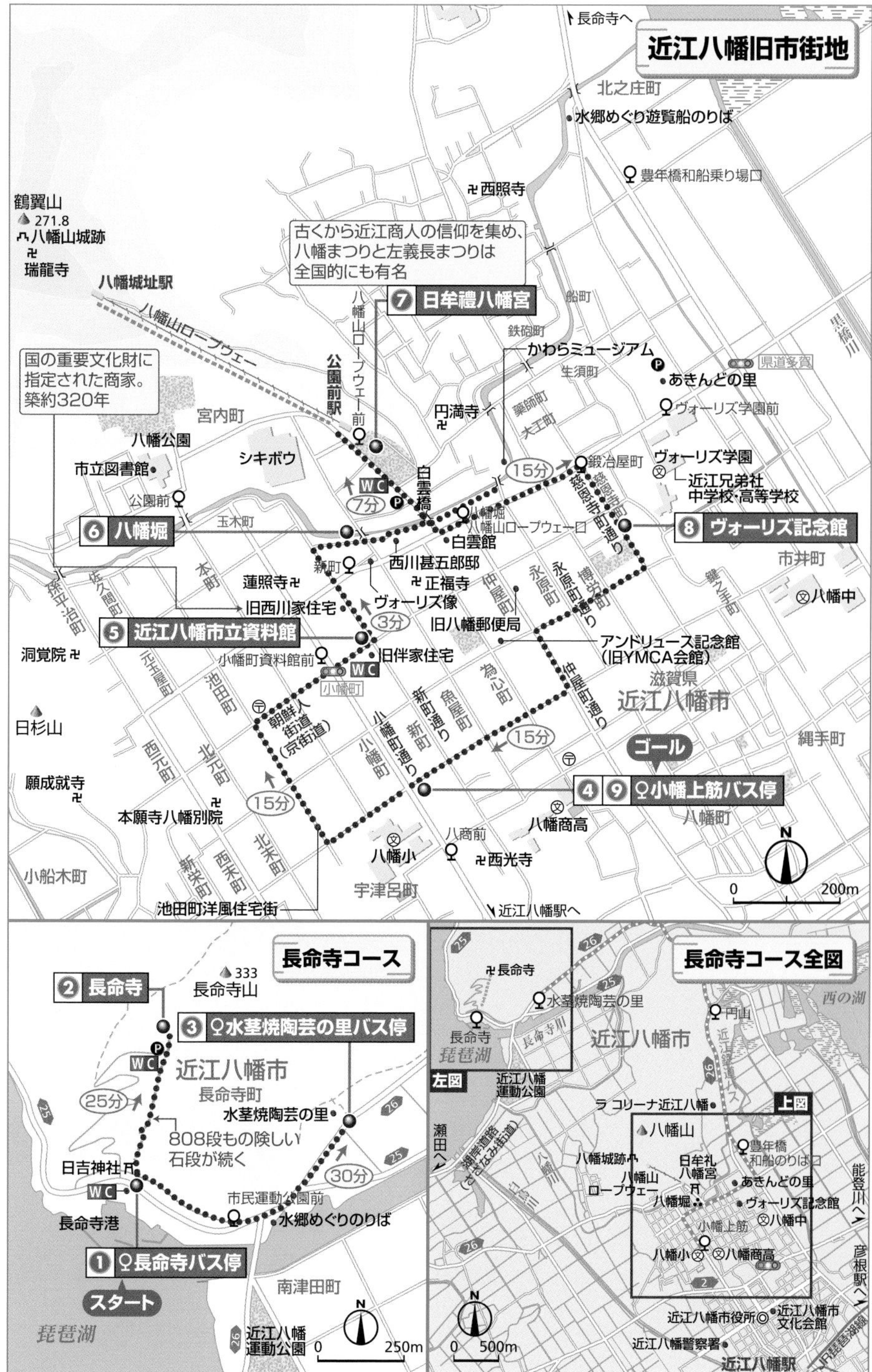
近江八幡旧市街地
長命寺へ
北之庄町
水郷めぐり遊覧船のりば
豊年橋和船乗り場口
西照寺
鶴翼山
271.8
八幡山城跡
瑞龍寺
八幡城址駅
八幡山ロープウェー
古くから近江商人の信仰を集め、八幡まつりと左義長まつりは全国的にも有名
7 日牟禮八幡宮
八幡山ロープウェー前
船町
鉄砲町
かわらミュージアム
あきんどの里
県道多賀
生須町
国の重要文化財に指定された商家。築約320年
宮内町
公園前駅
円満寺
薬師町
大工町
ヴォーリズ学園前
八幡公園
シキボウ
市立図書館
白雲橋
15分
鍛冶屋町
ヴォーリズ学園
近江兄弟社中学校・高等学校
公園前
7分
八幡堀
八幡山ロープウェー口
8 ヴォーリズ記念館
6 八幡堀
玉木町
白雲館
慈恩寺町通り
市井町
新町
西川甚五郎邸
蓮照寺
正福寺
本町
佐久間町
ヴォーリズ像
仲屋町
永原町
永原町通り
博労町
八幡中
旧西川家住宅
3分
旧八幡郵便局
5 近江八幡市立資料館
アンドリュース記念館（旧YMCA会館）
洞覚院
小幡町資料館前
旧伴家住宅
小幡町
元玉屋町
池田町
為心町
仲屋町通り
滋賀県
近江八幡市
朝鮮人街道（京街道）
日杉山
西元町
北元町
小幡町通り
新町通り
魚屋町
新町
15分
縄手町
ゴール
願成就寺
15分
4 9 小幡上筋バス停
本願寺八幡別院
八幡商高
八幡町
八商前
八幡小
西光寺
小船木町
新栄町
西末町
北末町
宇津呂町
池田町洋風住宅街
近江八幡駅へ
0 200m
長命寺コース
2 長命寺
333
長命寺山
3 水茎焼陶芸の里バス停
近江八幡市
長命寺町
25分
水茎焼陶芸の里
808段もの険しい石段が続く
日吉神社
30分
市民運動公園前
水郷めぐりのりば
長命寺港
1 長命寺バス停
スタート
南津田町
琵琶湖
近江八幡運動公園
0 250m
長命寺コース全図
長命寺
水茎焼陶芸の里
長命寺
長命寺川
琵琶湖
左図
近江八幡運動公園
近江八幡市
円山
西の湖
ラ コリーナ近江八幡
上図
瀬田へ
湖岸道路（さざなみ街道）
八幡山
八幡城跡
日牟礼八幡宮
八幡山ロープウェー
八幡堀
豊年橋和船のりば口
あきんどの里
ヴォーリズ記念館
八幡中
小幡上筋
八幡小
八幡商高
能登川へ
彦根駅へ
近江八幡市役所
近江八幡市文化会館
近江八幡警察署
近江八幡駅
0 500m

第32番札所

繖山(きぬがさざん) 観音正寺(かんのんしょうじ)

白檀が香る大観音が新たな歴史を紡ぐ

宗派 単立
本尊 千手千眼観世音菩薩
創建 推古天皇13年(605)

▲2004年に開眼した本尊の千手千眼観世音菩薩像。光背も含めた高さは約6mある

▶繖山の緑に包まれて立つ銅板葺きの本堂。こちらも2004年の落慶

▲境内の入口を固める仁王像。ここから入って突き当たりに本堂が立つ

東近江にそびえる繖山(434m)の山頂近くにあり、1200段もの石段が続く表参道は、西国巡礼屈指の難所といわれてきた。

寺伝によれば、推古天皇13年(605)に聖徳太子が創建。この年、太子は近江国の葦原で人魚に出会い、「神仏を尊ばず、魚の殺生を重ねてきたので、このような姿となりました。繖山に一宇を建立して、成仏させて欲しい」と哀願された。そこで自ら千手観音像を刻んで、寺を興したという。

1993年、火災に遭い、本尊もろとも本堂を焼失、寺に伝わってきた「人魚のミイラ」も焼けたが2004年に本堂を再建。インド政府の特別許可で輸入された香木の白檀(びゃくだん)を使った本尊・千手千眼観世音菩薩像も開眼し、新たな歴史を刻んでいる。

☎0748-46-2549
住 滋賀県近江八幡市安土町石寺2
料 500円(本堂内陣参拝は別途500円)
時 8～17時
P あり

滋賀県
近江八幡市

コース30

西国巡礼屈指の難所を登り、山上に立つ太子創建の古寺へ

◀昔ながらの町並みが残る石寺の集落。ここから観音正寺への表参道が続く

▲幻の名城といわれる安土城の20分の1の復元模型を展示する安土城郭資料館

❶**安土駅**で下車し、南口を出るとすぐ目の前に❷**安土城郭資料館**がある。天正7年（1579）に織田信長がこの地に築いた安土城の20分の1の精巧な復元模型などを展示している。

同館から徒歩15分ほどの❸**沙沙貴神社**は、鎌倉初期から近江国を統治した近江源氏佐々木氏の氏神として栄えた古社。県指定文化財の茅葺き屋根の楼門など大型木造建築が立ち並ぶ境内は荘厳な雰囲気だ。

神社を出て道なりに進むと、安土町総合支所前で県道201号に合流。約200m先で左に分岐する細い道を進む。次に約600m先で広い道に合流、あとは前方左に繖山を望み、右に田園が広がるこの道を進んで行けば、繖山南麓の❹**石寺**の集落に着く。戦国時代、日本で初めて楽市が開かれたところだ。

石寺の集落に立つ「従是観音正寺十二丁」と刻まれた石標と石燈籠から、いよいよ

所要時間 約5時間
歩行時間 約2時間50分
歩行距離 約7.9㎞

コースアドバイス　観音正寺の表参道は一歩ずつ着実に

安土駅の駅南広場から石寺集落までは、基本的に平坦で道幅も広く歩きやすい。観音正寺の表参道の石段は、一歩ずつ着実に。また石寺には、小堀遠州作という名庭を残す教林坊もあるので、時間に応じて拝観を。観音正寺から観音寺城跡、桑實寺へと通ずる山道は、表参道の石段に比べれば、随分と歩きやすい。

アクセス

【行き】
京都駅からJR琵琶湖線快速で約45分、安土駅下車。

【帰り】
安土駅から往路を戻る。

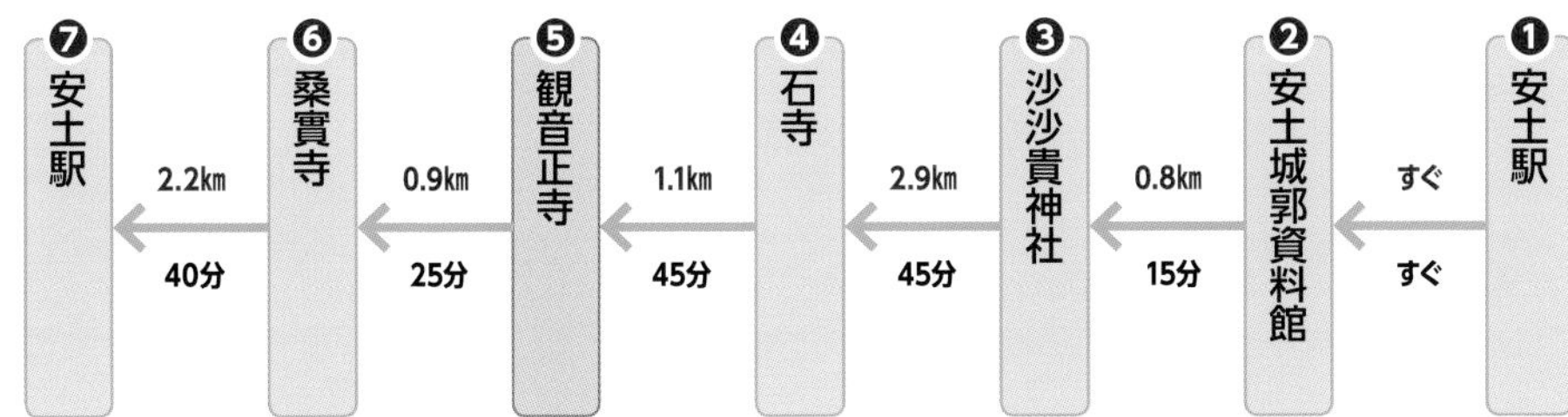

※安土城郭資料館は月曜休館（祝日の場合は翌日）。

▲観音正寺の本堂横の石積みには、縁起に記された人魚の像や観音像が祀られている

◀観音正寺表参道の石段。1200段も続く急な坂道は西国巡礼屈指の難所

▶観音正寺の表参道脇に立つ日吉神社の鳥居。この先から長い石段が始まる

❺**観音正寺**（かんのんしょうじ）を目指す。歩き始めて間もなく日吉神社の鳥居横を過ぎると、門前まで延々と続く1200段もの石段が参拝者を待ち受ける。西国巡礼屈指の難所というのがうなずける、実に険しい坂道だ。お寺の鐘の音が聞こえてくる参道の終盤に差し掛かると、手すりが設置されており、少し楽に石段を上ることができる。

やっとの思いでたどり着く山頂の境内からは、万葉集に詠まれている蒲生野（がもうの）ののどかな風景を一望できる。いずれも露座の仁王像や開基の聖徳太子像、胎内に写経を納めた釈迦如来像「濡佛」（ぬれぼとけ）に合掌しつつ、境内最奥の本堂へ。貴重な白檀を23tも使って造られた本尊の千手千眼観世音菩薩坐像を拝観する。観音さまの柔和な表情を見ると山登りの疲れも癒やされる。

「濡佛」の背後から繖山の斜面を下って行けば、戦国大名の佐々木六角氏を城主とした観音寺城跡を経て、❻**桑實寺**（くわのみでら）に着く（※欄外参照）。西国薬師第46番の札所で、初代住職の定恵が唐より桑の実を持ち帰り養蚕を始めたのが寺号の由来。室町時代に12代将軍足利義晴が仮の幕府を開いた歴史をもつ。長い石段を下り、見渡す限りの田園地帯を進み、❼**安土駅**（あづち）にゴールする。

▶観音正寺の眼下に広がる蒲生野。繖山の山頂付近に広がる境内からは、近江富士の愛称で親しまれる三上山も遠望できる

Column

“信長の安土”を歩く

安土は戦国時代に織田信長が安土城を築き、天下統一の拠点となった町。桑實寺の石段を下ったあと、P139の地図上の青線ルートを行けば、関連のみどころが多数あるので、興味と時間に応じて散策を。「安土城天主 信長の館」には、安土城天主の最上階5・6階の原寸大復元模型を展示。同館の向かいに立つ滋賀県立安土城考古博物館では、信長や安土城に関する資料も見られる。その先の安土城跡は、築城からわずか3年後に焼失した幻の名城跡。大手道の石段や石垣、天主跡、本丸跡などが保存整備されている。

◀安土駅前に立つ信長像

買う おんかしし まんごろう
御菓子司 万吾樓

織田信長ゆかりの銘菓で知られる安土駅前の老舗菓子舗

明治43年（1910）創業の和菓子店。安土名物「まけずの鍔（つば）」1個190円は、信長の愛刀の鉄鍔をかたどった最中に、大納言小豆と大手亡の2種の餡をはさんだ代表銘菓。ほかにも「信長軍パイ」「戦国天下餅」など縁起物の銘菓が揃う。

☎0748-46-2039

㊟滋賀県近江八幡市安土町常楽寺420
㊓9～18時（日曜、祝日は～17時）㊡火曜

※本コースでは桑實寺境内を歩くことになるため、本堂受付にて入山料300円を納める必要がある。

西国巡礼屈指の難所を登り、山上に立つ太子創建の古寺へ

◀天智天皇の勅願で創建されたと伝わる桑實寺の山門

▲貴重な白檀で造られた観音正寺の御本尊。高貴な甘い香りを漂わせている

◀観音正寺の境内に露座する銅造釈迦如来坐像は「濡佛」とよばれている

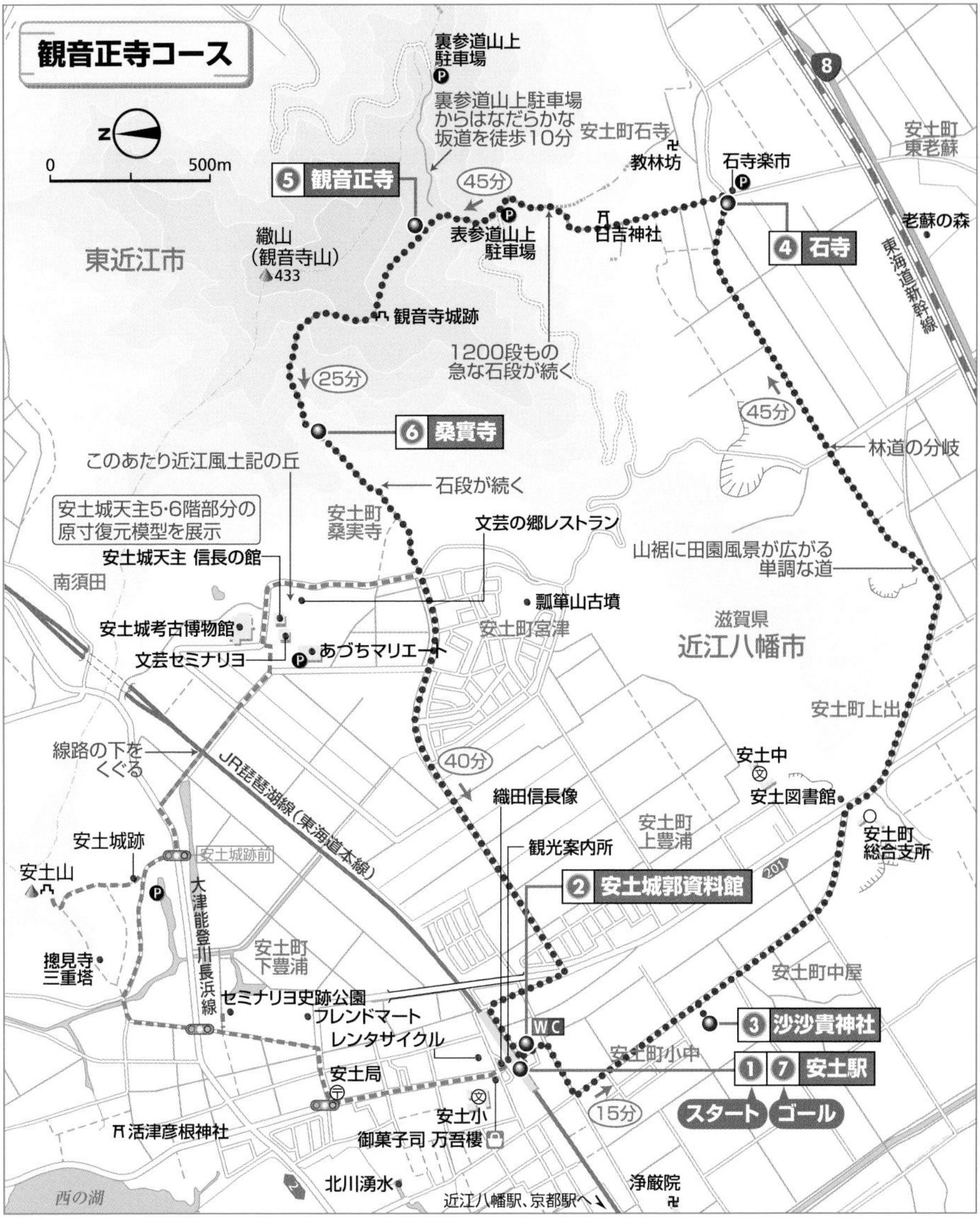

観音正寺コース

N
0 500m

裏参道山上駐車場
裏参道山上駐車場からはなだらかな坂道を徒歩10分
5 観音正寺
45分
表参道山上駐車場
安土町石寺
教林坊
日吉神社
石寺楽市
4 石寺
8
安土町東老蘇
老蘇の森
東海道新幹線
東近江市
繖山（観音寺山）433
観音寺城跡
1200段もの急な石段が続く
25分
6 桑實寺
45分
林道の分岐
このあたり近江風土記の丘
石段が続く
安土城天主5･6階部分の原寸復元模型を展示
安土町桑実寺
文芸の郷レストラン
山裾に田園風景が広がる単調な道
安土城天主 信長の館
南須田
瓢箪山古墳
安土城考古博物館
安土町宮津
滋賀県
近江八幡市
文芸セミナリヨ
あづちマリエート
安土町上出
線路の下をくぐる
JR琵琶湖線（東海道本線）
40分
安土中
織田信長像
安土図書館
安土町上豊浦
安土町総合支所
安土城跡
安土城跡前
観光案内所
安土山
2 安土城郭資料館
201
大津能登川長浜線
安土町下豊浦
摠見寺三重塔
安土町中屋
セミナリヨ史跡公園
フレンドマート
3 沙沙貴神社
WC
レンタサイクル
安土町小中
安土局
1 7 安土駅
15分
スタート ゴール
安土小
活津彦根神社
御菓子司 万吾樓
2
北川湧水
浄厳院
西の湖
近江八幡駅、京都駅へ

第**33**番
札所

谷汲山（たにぐみさん） 華厳寺（けごんじ）

西国巡礼のラストを飾る満願霊場

宗派　天台宗
本尊　十一面観世音菩薩
創建　延暦17年（798）

▲本堂へ続く石段の参道。奉納のぼりが巡礼者を祝福するかのようにはためく

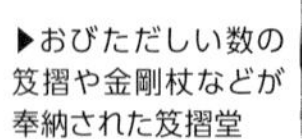

▶おびただしい数の笈摺や金剛杖などが奉納された笈摺堂

▲満願札所の本堂。本尊・十一面観世音菩薩（秘仏）を祀っている

長い巡礼の旅は、第33番札所、すなわち美濃の谷汲山華厳寺で終わりを迎える。境内には、満願成就を報告する満願堂や、巡礼用具を奉納する笈摺堂（おいずるどう）、精進落（しょうじんお）としの鯉などがあり、満願の寺ならではの格別なムードが漂う。御詠歌と御朱印が3つずつあるのも特徴だ。

創建は延暦17年（798）。奥州会津の大口大領（おおくちだいりょう）という観音信者が、京で造らせた観音像を奥州へ持ち帰る途中のこと、この像が美濃に来て突然動かなくなる。ここが結縁の地と悟った大領は、山中で修行中の豊然（ぶねん）上人とともに堂を建て、像を祀った。すると谷から尽きることなく油が湧き出し、それを汲んで灯明に用いたという。「谷汲山」という山号は、のちに醍醐天皇が「華厳寺」の扁額とともに下賜したと伝わっている。

☎0585-55-2033
住 岐阜県揖斐郡揖斐川町谷汲徳積23
料 境内自由
時 8時〜16時30分
P 町営有料駐車場700台利用

岐阜県
揖斐川町

コース31

満願の寺〝谷汲さん〟の門前町から奥の院へ

▲参道には仏具店や飲食店が立ち並ぶ。その一つ、富岡屋は「満願そば」で有名

◀豪壮な入母屋造の仁王門。左右に仁王像を祀っている

「谷汲さん」と親しまれる華厳寺は、西国三十三所のなかで唯一近畿圏外にある。過酷な西国巡礼を終え、晴れ晴れと東国へ帰っていった古の巡礼者の気持ちを想像しながら、満願の寺の広大な境内を歩く。

大垣駅からローカルな1両編成の樽見鉄道に乗り、緑深い谷汲口駅でバスに乗り換える。終点の**❶谷汲山バス停**で降りると、そこはもう華厳寺の門前町。桜並木が続く参道の両脇には、旅館や飲食店が並んでいるが、なかでも巡礼用品を扱う仏具店が目立っているのが〝谷汲さん〟らしい。

門前町を抜けると正面に見えてくるのが、荘厳な構えの仁王門。筋肉隆々の阿吽の仁王像が祀られる門の左右には、巡礼の終着地らしく巨大な草鞋が奉納されている。仁王門をくぐり、108基の石灯籠が整然と並ぶ参道を進む。参道の中ほど、焼香堂から先は、**❷華厳寺（本堂）**へと一直線に石段が続いている。石段の両脇には「南無

アクセス

【行き】
京都駅からJR琵琶湖線新快速で53分、米原駅乗り換え、JR東海道線普通で約35分、大垣駅乗り換え、樽見鉄道で約40分、谷汲口駅下車。揖斐川町ふれあいバス谷汲山行きで8分、終点下車。※欄外参照

【帰り】
昆虫館前バス停から揖斐川町ふれあいバス谷汲口駅行きで6分、終点下車、往路を戻る。※欄外参照

コースアドバイス 奥の院への参道は完全装備の足元で！

華厳寺奥の院へと続く山道の参道は、東海自然歩道「谷汲コース」と一体化している。要所には標識もあり迷うことはないが、高低差の激しい道なき道や、ぬかるんだ沢伝いの道が多く歩きにくい。しかも、山ヒルが多く生息しているので、ハイカットのトレッキングシューズを履くなど足元には細心の注意が必要。

所要時間 約3時間30分
歩行時間 約1時間50分
歩行距離 約4.7㎞

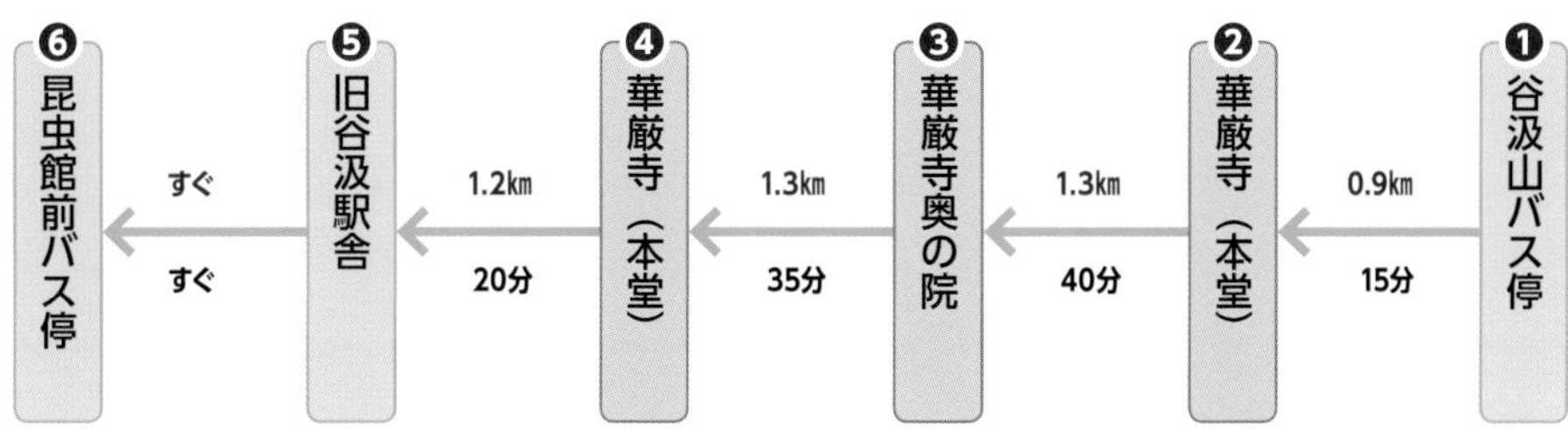

※バスは土・日曜、祝日に1日4便運行。平日は利用できる便がほぼないため徒歩で。谷汲口駅〜谷汲山バス停は3.5㎞、所要53分。昆虫館前バス停〜谷汲口駅は3.3㎞、所要50分。

▲「満願」の文字がそこかしこで躍る満願堂への石段

◀西国巡礼最後の納経所である華厳寺の本堂。戒壇めぐりは1人100円で体験できる

▶仁王門に奉納されている草鞋は、なんと2m！ 仁王さまもビックリ、の大きさだ

十一面観世音菩薩」の奉納のぼりがひるがえり、まるで花道を行くかのような満ち足りた気持ちが湧いてくる。

本堂に安置されている本尊・十一面観世音菩薩は秘仏のため、通常は拝観することができないが、戒壇めぐりで結縁が叶う。戒壇めぐりとは、堂内の床下へ降りて行き、一周すると観音さまと結願できるというもの。床上にいらっしゃる観音さまを思いながら、まったく何も見えない真っ暗闇のなかを手探りでひたすら進む。ありがたくもスリリングな、貴重な体験となるはずだ。

本堂の回廊を左手に進むと、幾多の巡礼者が奉納した笈摺(おいずる)や金剛杖などが山のように積まれた笈摺堂。そこからさらに左手に行くと、山裾の石段の上に、満願成就を報告する、その名も満願堂が立っている。寺が安産祈願でも知られることからか、もしくは「他を抜く」という縁起のよさからか、あたりには、満願帳を手にしたタヌキの石像が至るところにありユニーク。

満願堂の右手にある、山に向かって延びる石段が、❸**華厳寺奥の院**(けごんじおくのいん)への参道。石段を上るとすぐに、木の根が張り出した登山道となる。途中、平坦な林道もあるが、基本的にはかなりのアップダウン。奥の院へ

華厳寺コース

東海自然歩道の道標に従って進む。奥の院〜妙法ヶ岳を往復すると所要約1時間
三等三角点あり。見晴らしはよくない
667
妙法ヶ岳
❸ 華厳寺奥の院
祠が点在する
40分
35分
❷❹ 華厳寺（本堂）
谷汲カントリークラブ
県道255号へ
春になると桜並木が美しい
食堂やみやげ物店が並ぶ参道
仁王門
林道
富岡屋
20分
15分
門前
徳積
ゴール
❻ 昆虫館前バス停
谷汲口駅へ
岐阜県
揖斐川町
揖斐川町観光プラザ
WC
谷汲昆虫館
❶ 谷汲山バス停
スタート
谷汲温泉 満願の湯
谷汲振興事務所
❺ 旧谷汲駅舎
N
0 500m
40
国道303号へ

◀険しい山道を登った先にある奥の院。木々の間から谷汲の里が見える

▲三十三所の観音さまに導かれながら歩む奥の院への山道

◀満願堂前にいるタヌキは、しっかり「満願帳」を携えている

近づくにつれ、ぬかるんだ沢伝いの道や厳しい九十九折の上りが続く。参道には麓から順番に西国三十三所の観音像を祀る祠が配置されていて、最後の33番の祠とともに、奥の院が姿を現す。少し休憩してから、上ってきた道をゆっくり下りよう。

❹華厳寺（本堂）に戻り、柱に取り付けてある「精進落としの鯉」を撫でてから、境内をあとにする。帰りは門前町を抜け**❺旧谷汲駅舎**まで行ってみよう。2001年に廃線となった名鉄谷汲線の車両やホームが当時のままに保存されていて興味深い。ゴールの**❻昆虫館前バス停**は目の前だ。

食べる 富岡屋

「精進落としの鯉」を撫でたら真っ先に食べたい「満願そば」

華厳寺仁王門のすぐそばにある食事処。名物の「満願そば（うどん）」は、御詠歌の書かれた特製の器に、名産のシイタケやタケノコ、ニジマスの甘露煮などが入って800円。完食すると、なんと器の底に「満願成就」の文字が現れる！

☎0585-55-2620
住 岐阜県揖斐郡揖斐川町谷汲徳積314
時 10～17時 休 不定休

▶沢伝いに奥の院へと登っていくと、途中にはこのような滝がところどころに。流れ落ちる水の音と、鳥の声しか聞こえない

◀長かった精進の日々を終えた巡礼者が、満願の証しに撫でる「精進落としの鯉」

▼旧谷汲駅舎に保存展示されている、大正15年（1926）製の「モ514」の車両

Column

御詠歌と御朱印は3種類

満願の寺・華厳寺には、過去と現在と未来を表す3つの御詠歌と御朱印がある。まずは、満願を報告する満願堂が“過去”を、本尊を祀る本堂が“現在”を、笈摺を脱いで奉納する笈摺堂が“未来”を、それぞれ意味するとされている。納経所では、この3つの御堂の御朱印を同時に授かり、ここに晴れて西国札所めぐりの結願を迎える。

◀山裾の石段上に立つ満願堂は〝過去〟を意味する

Column

西国番外札所とは

西国三十三所には、通し番号の付かない「番外(ばんがい)」の札所が3つある。いずれも、西国巡礼の祖といわれる徳道(とくどう)上人と、のちに復興した花山(かざん)法皇にゆかりある重要なお寺だ。

番外札所の一つ法起院は、第8番長谷寺(はせでら)の門前町にある。ここは、長谷寺を開いた徳道上人が晩年を過ごした古寺で、上人の御廟所ともされている。徳道上人は62歳のころ、突然の病で仮死状態になり、閻魔大王から「三十三所観音霊場を世に広めよ」と、三十三の宝印を授かった。そして、死の淵から甦ったあと観音巡礼の基礎を築いたといわれている。本堂には、上人自ら刻んだと伝わる本尊の徳道上人坐像を祀る。

▲法起院境内に立つ十三重石塔。徳道上人の御廟と伝えられている

京都山科にある元慶寺は、桓武天皇の孫・僧正遍昭(へんじょう)が開いた寺。寛和2年（986）、政争の犠牲となった19歳の花山天皇が、出家得度し法皇となった寺として、特別な信仰を集めることとなる。花山法皇は、この寺で2年を過ごしたあと、観音巡礼の旅に出た。それは、270年前の養老2年（718）に徳道上人が第24番中山寺(なかやまでら)に埋納したという三十三の宝印を掘り起こし、観音巡礼を復興するための旅だった。

花山院菩提寺は、兵庫県三田市の山あいにある。西国巡礼の旅を終えた法皇が終の棲家とし、仏道修行をしながら41歳の生涯を閉じた寺として、すべての札所のなかでも別格の聖地とされている。花山法皇坐像を祀る本堂・花山法皇殿と向かい合うように、法皇の御廟所が佇む。緑濃い木々に囲まれたその一角には、法皇の魂が漂っているかのようだ。

▶花山院菩提寺境内にある花山法皇御廟所

DATA

ぶざん ほうきいん
豊山 法起院
☎0744-47-8032
住 奈良県桜井市初瀬776
料 境内自由
時 8時30分～17時（12月1日～3月19日は9時～16時30分）

かちょうざん がんけいじ
華頂山 元慶寺
☎075-581-0183
住 京都府京都市山科区北花山河原町13
料 境内自由
時 8～17時

とうこうざん かざんいんぼだいじ
東光山 花山院菩提寺 →P104参照

西国巡礼の基礎知識

西国三十三所のなかには、観光名所として知られる寺もあり、はじめは、物見遊山の行楽的な気持ちで出かける人もいます。しかし、札所から札所へと回るうちに、いつしか、心が洗われ、熱心に手を合わせるようになるでしょう。

巡礼の旅は、心を磨く旅でもあります。まず、巡礼に出られる幸せに感謝し、観音菩薩に手を合わせましょう。

参拝に厳密なルールはありませんが、白装束を身につければ、より謙虚な心でお参りができます。

服装や持ち物、そして観音菩薩のことなど、出かける前に知っておきたいことをご紹介します。

お参りの服装と持ち物

伝統的な巡礼スタイルは図のようなもの。今では普通の服に笈摺を重ねるだけという人も多い。観光を兼ねて回る場合は、納経帳だけ持ち歩くという人もいる。

菅笠（すげがさ）

日除けでもあり、雨除けでもある管笠は、風通しもよく古くから旅の必需品。

笈摺（おいずる）

半纏状の白衣のこと。西国巡礼の場合は背中に「南無観世音菩薩」か「南無阿弥陀仏」の文字があるものを。ここに御朱印をいただく人もいる。

金剛杖（こんごうづえ）

観世音菩薩の分身とされる。上部に卒塔婆状の窪みがあり、昔は巡礼中に亡くなった時、墓標代わりに使われた。

輪袈裟（わげさ）

仏教に帰依する意味で、首から掛ける略式の袈裟。道中は荷物のなかにしまっておき、参拝時に身につける。

数珠（じゅず）

頭陀袋（ずだぶくろ）

経本や納経帳、納め札を入れておく。今はリュックの人が多い。ろうそくや線香、ライターも入れておこう。

歩きやすい靴

納札（おさめふだ）

西国三十三所霊場の場合、納札の色は白が普通。住所、氏名、年齢、巡拝年月日、願い事を記入し、本堂または観音堂に納める。

経本（きょうほん）

開経偈、懺悔文、般若心経などが記された『西国三十三所勤行次第』が便利。経文はたとえ暗記していても、経本を持って唱えるのが正式。

納経帳（御朱印帳）（のうきょうちょう（ごしゅいんちょう））

各札所で観世音菩薩に読経し、お参りした証として、納経所で寺名や御本尊名などの墨書と御宝印（御朱印）をいただくもの。納経料は1カ所300円～。

参拝の作法

1. 山門で合掌一礼してから、境内に入る（山門がない場合は、敷地の出入口で）。

2. 手水所で手と口を清める。柄杓に汲んだ水を左手→右手の順にかけ、口も柄杓の水を手のひらに受けてすすぐ。

3. ろうそく、線香を献納し、納札箱に納め札を納める。納め札にはあらかじめ住所などを書いておこう。

4. さい銭を納め、数珠を左手にかけ、経本を持って読経。御詠歌を詠唱する。

※他の参拝者の邪魔にならぬよう本堂正面を避け、左右に寄る。

5. 納経所で納経帳に御朱印をいただき、納経料を納める。

6. 山門を出たら合掌したまま、一礼して立ち去る（山門がない場合は敷地の出入口で）。

観音さまとその種類

正しくは観世音菩薩という。観音は出家する前の釈迦の姿で表されるので、宝冠や装身具を付け、優美で華麗な仏像が多い。

観音信仰は仏教伝来とほぼ同時に日本に入ったといわれる。奈良時代には十一面観音や千手観音が作られ、さらに如意輪、馬頭、准胝または不空羂索を加えて、六観音信仰が生まれ、六道からの離脱の願いが託された。

西国三十三所霊場には7種の観世音菩薩像が御本尊として祀られている。

多くは秘仏のため、御開帳時以外は拝観できないが、お前立ちとして安置される仏像に、その姿を見ることができる。

聖観世音菩薩像（しょうかんぜおんぼさつぞう）

御真言・おん あろりきゃ そわか

観音像の基本形。のちに生まれた変化観音と区別するため、聖（正）が冠せられた。左手に蓮華のつぼみや水瓶などを持つことが多い。

※御真言は御本尊を讃えるサンスクリット語の呪文。同じ仏でもお寺によって異なります。

持物（じもつ）にも注目してみよう！

観音像が手に携えているものは、諸尊の持つ功徳や法力を表す。千手観音では正面の合掌手以外、40の持物を手にしている。その種類も法具や武具の類から、宝珠、蓮華や五色雲までさまざま。すべてが衆生を苦しみから救う重要なツールだ。

蓮華（れんげ）

ハスの花は清い心を表す。千手観音は白、青、紫、紅の4種類の蓮華を持つ。

水瓶（すいびょう）

あらゆるけがれを浄めるという功徳水が入っている。聖観音、十一面観音に多い。

千手観世音菩薩像

御真言・おん ばざら たらま きりく

実際に千手あるのは葛井寺（→P30）など非常に稀で、一般には合掌手を含め42本、1本の手で25の世界を救うという。各掌に目をもち千手千眼観音とも。

十一面観世音菩薩像

御真言・おん まか きゃろにきゃ そわか

頭上に戴く11の面が、それぞれ利益を与えるという。やさしい慈悲面、憤怒の瞋怒面、牙をむく狗牙上出面、暴悪大笑面など表情はさまざま。

鉢

僧侶が手にする托鉢の容器。主に釈迦如来や千手観音などが手にしている。

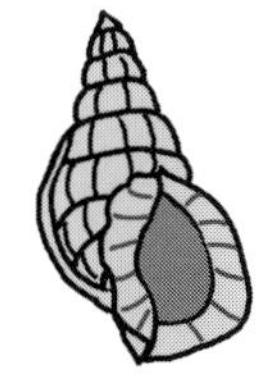

宝螺

ほら貝のこと。千手観音が左手に持ち、天神や善神を呼び寄せる。

数珠

煩悩を断ち切り、十方の仏たちが来て、手を差し伸べてもらえる力がある。

宝珠

財宝、延寿などあらゆる願いを叶える珠。如意輪観音などが持っている。

准胝観世音菩薩像（じゅんていかんぜおんぼさつぞう）

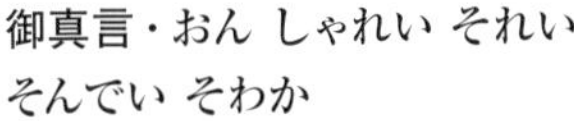

御真言・おん しゃれい それい そんでい そわか

悟りを妨げる障害を除く力を持ち、厄除け、病気平癒、子授け・安産などの現世利益が。西国札所で本尊とするのは上醍醐・准胝堂（→P54）のみ。

馬頭観世音菩薩像（ばとうかんぜおんぼさつぞう）

御真言・おん あみりとどはんば うん はった そわか

頭上に馬の頭を戴き憤怒の形相で諸悪を食い尽くし災厄を除く。地獄におちた者や牛馬を苦悩から救う。西国札所で本尊とするのは松尾寺（→P124）のみ。

法輪（ほうりん）

仏の教えが車輪のように広がることを表す。如意輪観音などが持つ。

錫杖（しゃくじょう）

先端に金属製の輪が付いた、音の出る杖。あらゆる人々を救済することを表す。

羂索（けんさく）

五色の糸をよった投げ縄で、煩悩をとらえ、慈悲の心で悟りに導く。

五色雲（ごしきうん）

神仙道に導かれるといい、長命が得られる。千手観音が持っている。

不空羂索観世音菩薩像

御真言・おん はんどま だら あぼきゃ じゃやでい そろそろ そわか

不空とは、叶わぬ願いはないという意。手に持つ羂索により投げ縄のように、迷える衆生を救う。西国札所で本尊とするのは興福寺南円堂（→P46）のみ。

如意輪観世音菩薩像

御真言・おん ばらだ はんどめい うん

6本の手で、六道（地獄・餓鬼・畜生・修羅・人間・天上）に迷う衆生を救う。如意宝珠と法輪を持ち、頰杖をついて救済策を思案している。

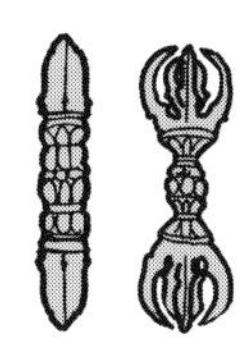

金剛杵

古代インドの武器をかたどった法具。ダイヤのように硬く、煩悩を打ち砕く。

宝剣

悪魔を退け、迷いを断ち切る。千手観音や不空羂索観音にも見られる。

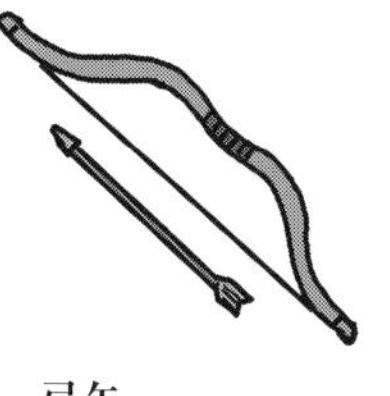

弓矢

出世をかなえ、良き友を得るという。千手観音は左右に携えている。

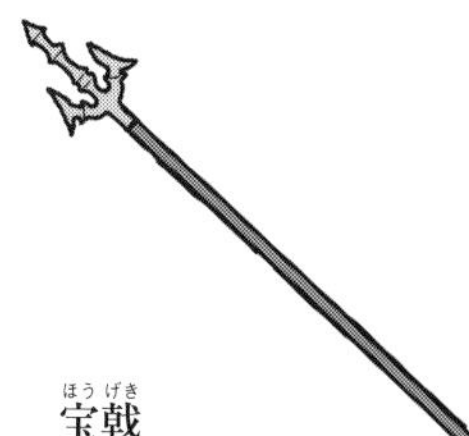

宝戟

三叉の槍状の武具で、煩悩を砕き、迷いを断つ。千手観音に見られる。

西国三十三所　花カレンダー

西国観音霊場の多くは、花の名所としても知られている。境内が、桜を筆頭に四季折々の花に包まれるさまは格別だ。

番号	寺院	1月	2月	3月	4月	5月	6月	7月	8月	9月	10月	11月	12月
1	青岸渡寺				桜								サザンカ
2	金剛宝寺（紀三井寺）				桜	花ショウブ	アジサイ						
3	粉河寺				桜	サツキ							
4	施福寺				桜			ハス					
5	葛井寺				桜、藤								
6	南法華寺（壷阪寺）				桜、山吹、ツツジ		アジサイ	ラベンダー					
7	岡寺（龍蓋寺）				シャクナゲ、ボタン	サツキ	アジサイ						
8	長谷寺	寒中ボタン	梅、椿		桜、ボタン、シャクナゲ、ツツジ		アジサイ		ハス	彼岸花	モクセイ		寒中ボタン
9	興福寺 南円堂				藤				サルスベリ				
10	三室戸寺		梅		桜、ツツジ、シャクナゲ		アジサイ	ハス					
11	上醍醐 准胝堂（醍醐寺）				桜								
12	正法寺（岩間寺）				桜、シャクナゲ								
13	石山寺	寒椿、ロウバイ	梅		桜、キリシマツツジ	藤	花ショウブ、キンシバイ	ハス、サルスベリ		フジバカマ	ムラサキシキブ	トキワサンザシ	サザンカ
14	園城寺（三井寺）				桜								サザンカ
15	今熊野観音寺			梅	桜、藤								

16 清水寺				桜	サツキ							
17 六波羅蜜寺							キキョウ					
18 六角堂 頂法寺				桜								
19 行願寺（革堂）							ハス、アジサイ			フジバカマ		サザンカ
20 善峯寺	椿			桜	ヒラドツツジ、ボタン、シャクヤク		アジサイ	タカサゴユリ		秋明菊		椿
21 穴太寺				桜	ボタン	サツキ、ツツジ						
22 総持寺				桜								
23 勝尾寺				桜	ボタン、シャクナゲ	アジサイ						
24 中山寺			梅	桜			ハス					
25 播州清水寺				桜	クリンソウ、シャクナゲ		アジサイ					
26 一乗寺				桜	タチバナ							
27 圓教寺			五色の椿	コバノミツバツツジ、桜、クリンソウの群生、椿	セッコク、ギンリョウソウ							
28 成相寺				桜	シャクナゲ							
29 松尾寺				桜								
30 宝厳寺				桜								
31 長命寺					サツキ		アジサイ					
32 観音正寺				桜				大賀ハス	彼岸花			
33 華厳寺	椿	梅		桜			アジサイ					椿

西国三十三所観音霊場のうち、実に27カ寺の御本尊が秘仏。御開帳時期に合わせて巡礼プランを立てるのもいいだろう。

	本尊	開帳時期
1 青岸渡寺	如意輪観世音菩薩	2月3日、4月第2日曜、8月17日
2 金剛宝寺(紀三井寺)	十一面観世音菩薩	50年に1度(次回は未定)
3 粉河寺	千手千眼観世音菩薩	永久秘仏
4 施福寺	十一面千手千眼観世音菩薩	常時
5 葛井寺	十一面千手千眼観世音菩薩	毎月18日
6 南法華寺(壷阪寺)	十一面千手千眼観世音菩薩	常時
7 岡寺(龍蓋寺)	如意輪観世音菩薩	常時
8 長谷寺	十一面観世音菩薩	常時
9 興福寺 南円堂	不空羂索観世音菩薩	10月17日
10 三室戸寺	千手観世音菩薩	不定
11 上醍醐・准胝堂(醍醐寺)	准胝観世音菩薩	5月15 ～ 21日
12 正法寺(岩間寺)	千手観世音菩薩	不定
13 石山寺	如意輪観世音菩薩	33年に1度(次回は2047年予定)
14 園城寺(三井寺)	如意輪観世音菩薩	33年に1度
15 今熊野観音寺	十一面観世音菩薩	不定
16 清水寺	十一面千手千眼観世音菩薩	33年に1度
17 六波羅蜜寺	十一面観世音菩薩	辰年(12年に1度)
18 六角堂 頂法寺	如意輪観世音菩薩	不定
19 行願寺(革堂)	千手観世音菩薩	1月17、18日
20 善峯寺	千手観世音菩薩	不定(次回は2028年予定)
21 穴太寺	聖観世音菩薩	33年に1度
22 総持寺	千手観世音菩薩	4月15～21日
23 勝尾寺	十一面千手観世音菩薩	毎月18日
24 中山寺	十一面観世音菩薩	毎月18日
25 播州清水寺	十一面千手観世音菩薩	常時
26 一乗寺	聖観世音菩薩	不定
27 圓教寺	六臂如意輪観世音菩薩	1月18日
28 成相寺	聖観世音菩薩	33年に1度
29 松尾寺	馬頭観世音菩薩	不定
30 宝厳寺	千手千眼観世音菩薩	60年に1度(次回は2037年予定)
31 長命寺	千手十一面聖観世音菩薩	33年に1度
32 観音正寺	千手千眼観世音菩薩	常時
33 華厳寺	十一面観世音菩薩	不定

※開帳時期は変更される場合があります。お参りの際は、事前に各寺へお問い合わせください。

札所一覧

第1番

なちさん　せいがんとじ

那智山 青岸渡寺

☎0735-55-0001

住和歌山県東牟婁郡那智勝浦町那智山8　交🚃天王寺駅からJR紀勢本線特急くろしおで約3時間40分、紀伊勝浦駅下車、熊野御坊南海バス那智山行きで26分、終点下車、徒歩10分　🚗紀勢自動車道すさみ南ICから約63km　料境内自由（三重塔拝観300円）　時7時～16時30分（三重塔は9～15時最終受付）　P80台（通行料800円）

第2番

きみいさん　こんごうほうじ（きみいでら）

紀三井山 金剛宝寺（紀三井寺）

☎073-444-1002

住和歌山県和歌山市紀三井寺1201　交🚃天王寺駅からJR阪和線紀州路快速で約1時間10分、和歌山駅乗り換え、JR紀勢本線普通で6分、紀三井寺駅下車、徒歩10分　🚗阪和自動車道和歌山ICから約9km　料入山400円（2024年4月4日まで徒歩による参拝者は無料。ケーブルカー片道200円）　時8～17時（展望回廊登楼、ケーブルカー運行は8時30分～16時30分）　P30台（有料）

第3番

ふうもうざん　こかわでら

風猛山 粉河寺

☎0736-73-4830

住和歌山県紀の川市粉河2787　交🚃天王寺駅からJR阪和線紀州路快速で約1時間10分、和歌山駅乗り換え、JR和歌山線で約35分、粉河駅下車、徒歩15分　🚗京奈和自動車道紀の川東ICから約2km

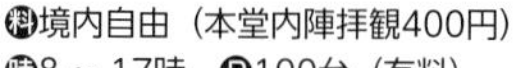

料境内自由（本堂内陣拝観400円）　時8～17時　P100台（有料）

第4番

まきのおざん　せふくじ

槇尾山 施福寺

☎0725-92-2332

住大阪府和泉市槇尾山町136　交🚃難波駅から南海高野線準急で35分、和泉中央駅下車。南海バス槇尾山口行きまたは父鬼行きで26分、槇尾中学校前下車、オレンジバス槇尾山行きに乗り換え12分、終点下車、徒歩30分※バス便少なく、平日と日曜・祝日で時刻が異なるので要確認　🚗阪和自動車道岸和田和泉ICから約12km　料入山500円（本堂内拝観は別途500円）　時8～17時（12～2月は～16時）　P100台

第5番

しうんざん　ふじいでら

紫雲山 葛井寺

☎072-938-0005

住大阪府藤井寺市藤井寺1-16-21　交🚃大阪阿部野橋駅から近鉄南大阪線準急で13分、藤井寺駅下車、徒歩5分　🚗西名阪自動車道藤井寺ICから約1.5km　料境内自由（毎月18日の本尊拝観は500円）　時8～17時　P周辺有料駐車場利用

第6番

つぼさかさん　みなみほっけじ（つぼさかでら）

壺阪山 南法華寺（壺阪寺）

☎0744-52-2016

住奈良県高市郡高取町壺阪3　交🚃大阪阿部野橋駅から近鉄南大阪線急行で約45分、壺阪山駅下車、奈良交通バス壷阪寺前行きで11分、終点下車すぐ　🚗南阪奈道路葛城ICから約18km　料600円

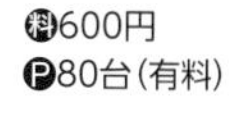

時8時30分～17時　P80台（有料）

第11番

みゆきさん かみだいご・じゅんていどう（だいごじ）

深雪山 上醍醐・准胝堂（醍醐寺）

☎075-571-0002

住京都府京都市伏見区醍醐東大路町22 交京都駅からJR琵琶湖線で5分、山科駅下車、地下鉄東西線で10分、醍醐駅下車、徒歩15分 名神高速京都東ICから約5km 料三宝院庭園・伽藍1000円（春は霊宝館庭園を含め1500円）、上醍醐600円 時9～17時（冬期は～16時30分）※受付終了は各30分前。上醍醐の入山受付は9～15時（冬期は～14時） P100台（有料）

第12番

いわまさん しょうほうじ（いわまでら）

岩間山 正法寺（岩間寺）

☎077-534-2412

住滋賀県大津市石山内畑町82
交京都駅からJR琵琶湖線新快速で13分、石山駅下車、京阪バス52・54・55系統で13分、中千町下車、徒歩50分 名神高速瀬田西ICから約8km（名古屋方面からは名神高速瀬田東IC利用、宇治方面からは京滋バイパス石山IC利用）
料500円 時9～16時 P30台

第13番

せっこうざん いしやまでら

石光山 石山寺

☎077-537-0013

住滋賀県大津市石山寺1-1-1
交京都駅からJR琵琶湖線新快速で13分、石山駅下車、京阪バス1・2・4・52・54・55系統で7分、石山寺山門前下車すぐ 名神高速瀬田西ICから約3km（名古屋方面からは名神高速瀬田東IC利用、宇治方面からは京滋バイパス石山IC利用） 料600円（本堂内陣拝観は別途500円） 時8時～16時30分（入山は～16時） P140台（有料）

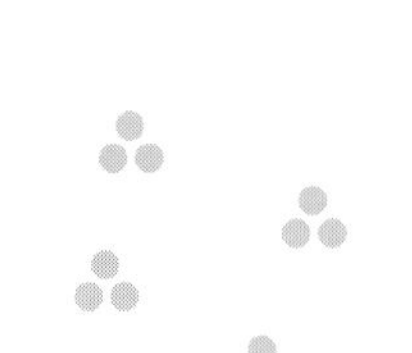

第7番

とうこうざん おかでら（りゅうがいじ）

東光山 岡寺（龍蓋寺）

☎0744-54-2007

住奈良県高市郡明日香村岡806
交大阪阿部野橋駅から近鉄南大阪線急行で約40分、橿原神宮前駅下車、奈良交通バス飛鳥駅行きで24分、岡寺前下車、徒歩10分
南阪奈道路葛城ICから約15km
料400円 時8時30分～17時（12～2月は～16時30分） Pあり（または近隣民営有料駐車場を利用）

第8番

ぶざん はせでら

豊山 長谷寺

☎0744-47-7001

住奈良県桜井市初瀬731-1 交大阪上本町駅から近鉄大阪線急行で約50分、長谷寺駅下車、徒歩20分 南阪奈道路葛城ICから約21km 料500円 時8時30分～17時（10・11・3月は9時～、12～2月は9時～16時30分）P70台（有料）

第9番

こうふくじ なんえんどう

興福寺 南円堂

☎0742-22-7755（寺務所） ☎0742-24-4920（南円堂納経所）

住奈良県奈良市登大路町48 交大阪難波駅から近鉄奈良線快速急行で約40分、近鉄奈良駅下車、徒歩5分 第二阪奈道路宝来ICから約6km 料境内自由（中金堂500円、東金堂300円、国宝館700円。東金堂・国宝館共通券900円）
時9～17時 P46台（有料）

第10番

みょうじょうざん みむろとじ

明星山 三室戸寺

☎0774-21-2067

住京都府宇治市菟道滋賀谷21
交京都駅からJR奈良線で20分、黄檗駅乗り換え、京阪宇治線で3分、三室戸駅下車、徒歩15分 京滋バイパス宇治西ICから約4km（滋賀方面からは宇治東IC利用）
料500円（2月18日 ～7月17日、11月は1000円） 時8時30分～16時30分（11～3月は～16時）※最終受付は閉門50分前 P300台（有料）

第18番

しうんざん ろっかくどう ちょうほうじ
紫雲山 六角堂 頂法寺

☎075-221-2686

住京都府京都市中京区六角通東洞院西入ル堂之前町248　交車京都駅から地下鉄烏丸線で6分、烏丸御池駅下車、徒歩3分　車名神高速京都南ICから約7㎞　料境内自由　時6～17時（納経は8時30分～）　Pなし

第19番

れいゆうざん ぎょうがんじ（こうどう）
霊麀山 行願寺（革堂）

☎075-211-2770

住京都府京都市中京区寺町通竹屋町上ル行願寺門前町17　交車京都駅から地下鉄烏丸線で7分、丸太町駅下車、徒歩15分　車名神高速京都南ICから約9㎞　料境内自由　時8～17時　Pなし

第20番

にしやま よしみねでら
西山 善峯寺

☎075-331-0020

住京都府京都市西京区大原野小塩町1372　交車京都駅からJR京都線で7分、向日町駅下車、阪急バス善峯寺行きで34分、終点下車、徒歩7分。※向日町駅からのバスは、冬期（1月6日～2月末日）は小塩までの運行（小塩から寺まで徒歩30分）　車京都縦貫自動車道長岡京ICから約8㎞　料500円　時8時30分～17時（土・日曜、祝日は8時～）　P150台（有料）

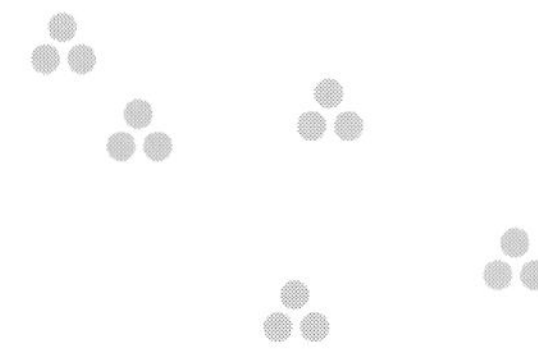

第14番

ながらさん おんじょうじ（みいでら）
長等山 園城寺（三井寺）

☎077-522-2238（代表）☎077-524-2416（札所）

住滋賀県大津市園城寺町246　交車京都駅からJR琵琶湖線新快速で5分、山科駅下車、隣接の京阪山科駅から京阪京津線で12分、びわ湖浜大津駅乗り換え、京阪石山坂本線で2分、三井寺駅下車、徒歩10分　車名神高速大津ICから約3.5㎞　料600円（文化財収蔵庫拝観は別途300円）　時8～17時（文化財収蔵庫は8時30分～16時受付終了）　P350台（有料）

第15番

しんなちさん いまくまのかんのんじ
新那智山 今熊野観音寺

☎075-561-5511

住京都府京都市東山区泉涌寺山内町32　交車京都駅から市バス208系統で14分、泉涌寺道下車、徒歩10分　車名神高速京都南ICから約6㎞、第二京阪道路鴨川西ICから約1.5㎞　料境内自由　時8～17時　P数台

第16番

おとわさん きよみずでら
音羽山 清水寺

☎075-551-1234

住京都府京都市東山区清水1-294　交車京都駅から市バス206系統などで約15分、五条坂または清水道下車、徒歩10分　車名神高速京都南ICから約8㎞　料400円　時6～18時（季節により異なる）　Pなし

第17番

ふだらくさん ろくはらみつじ
補陀洛山 六波羅蜜寺

☎075-561-6980

住京都府京都市東山区五条通大和大路上ル東　交車京都駅から市バス206系統などで約15分、清水道下車、徒歩5分　車名神高速京都南ICから約7㎞　料境内自由（令和館〈文化財収蔵庫〉600円）　時8～17時（令和館〈文化財収蔵庫〉は8時30分～16時30分受付終了）　Pなし

第25番

みたけさん ばんしゅうきよみずでら

御嶽山 播州清水寺

☎0795-45-0025

住兵庫県加東市平木1194 交🚃大阪駅からJR宝塚線快速で50分、相野駅下車、神姫バス清水寺行きで48分、終点下車すぐ ※バスは1日2便 🚗舞鶴若狭自動車道三田西ICまたは中国自動車道ひょうご東条ICから約14km 料500円 時8～17時 P340台

第26番

ほっけさん いちじょうじ

法華山 一乗寺

☎0790-48-2006（本坊）☎0790-48-4000（納経所）

住兵庫県加西市坂本町821-17 交🚃大阪駅からJR神戸線新快速で61分、姫路駅下車、神姫バス法華山一乗寺経由社行きまたは社町駅行きで37分、法華山一乗寺下車すぐ 🚗山陽自動車道加古川北ICから約5km 料500円（宝物館は別途500円）※宝物館は4月4日と11月5日は定例拝観日にて開館。それ以外は2週間前までに往復はがきかファックスで要予約 時8～17時（納経は8時30分～）P150台（有料）

第27番

しょしゃざん えんぎょうじ

書寫山 圓教寺

☎079-266-3327

住兵庫県姫路市書写2968 交🚃大阪駅からJR神戸線新快速で61分、姫路駅下車、神姫バス書写山ロープウェイ行きで29分、終点下車、書写山ロープウェイで4分、山上駅下車、徒歩20分 🚗山陽自動車道姫路西ICから約5.5km（ロープウェイ山麓駅まで）料500円 時8時30分～17時（季節により異なる）Pロープウェイ山麓駅にあり

第21番

ぼだいさん あなおじ

菩提山 穴太寺

☎0771-24-0809

住京都府亀岡市曽我部町穴太東ノ辻46 交🚃京都駅からJR嵯峨野線で27分、亀岡駅下車、京阪京都交通バス60系統で8分、穴太口下車、徒歩10分。または亀岡駅から京阪京都交通バス34・59系統で19分、穴太寺前下車すぐ 🚗京都縦貫自動車道亀岡ICから約1.5km 料境内自由（本堂・庭園500円）時8～17時 P50台（有料）

第22番

ふだらくさん そうじじ

補陀洛山 総持寺

☎072-622-3209

住大阪府茨木市総持寺1-6-1 交🚃大阪梅田駅から阪急京都線特急で16分、茨木市駅乗り換え、同線普通で2分、総持寺駅下車、徒歩5分。またはJR総持寺駅から徒歩5分 🚗名神高速茨木ICから約3km 料境内自由 時8～17時 P20台（有料）

第23番

おうちょうざん かつおうじ

応頂山 勝尾寺

☎072-721-7010

住大阪府箕面市勝尾寺 交🚃梅田駅から大阪市営地下鉄御堂筋線で21分、千里中央駅下車、阪急バス29系統で33分、勝尾寺下車すぐ 🚗名神高速茨木ICから約10km 料500円 時8～17時（土曜は～18時、日曜・祝日は～17時）P350台（有料）

第24番

しうんざん なかやまでら

紫雲山 中山寺

☎0797-87-0024

住兵庫県宝塚市中山寺2-11-1 交🚃大阪梅田駅から阪急宝塚線急行で27分、中山観音駅下車すぐ 🚗中国自動車道宝塚ICから約3km 料境内自由 時9～17時 P周辺有料駐車場利用

第31番

いきやさん ちょうめいじ
姨綺耶山 長命寺

☎0748-33-0031

住滋賀県近江八幡市長命寺町157 交🚃京都駅からJR琵琶湖線新快速で約35分、近江八幡駅下車、近江鉄道バス長命寺行きまたは休暇村行きで25分、長命寺下車、徒歩20分 🚗名神高速竜王ICから約16km 料境内自由 時8～17時 P50台

第32番

きぬがさざん かんのんしょうじ
繖山 観音正寺

☎0748-46-2549

住滋賀県近江八幡市安土町石寺2 交🚃京都駅からJR琵琶湖線新快速で39分、能登川駅下車、近江鉄道バス八日市方面行きで12分、観音寺口下車、徒歩50分。またはJR琵琶湖線安土駅からタクシーで表参道山上駐車場まで約15分 🚗名神高速竜王ICから約14km（表参道山上駐車場まで。裏参道山上駐車場へは竜王ICから約19km、または名神高速八日市ICから約13km）※表参道山上駐車場から寺まで徒歩15分（石段400段）、裏参道山上駐車場から寺まで徒歩10分（なだらかな坂道） 料500円（本堂内陣参拝は別途500円）
時8～17時 Pあり

第33番

たにぐみさん けごんじ
谷汲山 華厳寺

☎0585-55-2033

住岐阜県揖斐郡揖斐川町谷汲徳積23 交🚃京都駅からJR琵琶湖線新快速で53分、米原駅乗り換え、JR東海道線普通で約35分、大垣駅乗り換え、樽見鉄道で約40分、谷汲口下車。揖斐川町ふれあいバス谷汲山行きで8分、終点下車、徒歩10分※谷汲口駅からのバスは土・日曜、祝日に1日4便運行。平日は利用できる便がほぼないため徒歩（駅から寺までは徒歩約1時間）またはタクシーで 🚗東海環状自動車道大野神戸ICから約14km 料境内自由 時8時～16時30分 P寺付近の町営有料駐車場700台利用

第28番

なりあいさん なりあいじ
成相山 成相寺

☎0772-27-0018

住京都府宮津市成相寺339 交🚃京都駅からJR山陰本線特急はしだてで約2時間、天橋立駅下車。徒歩5分の天橋立桟橋から天橋立観光船で12分、一の宮桟橋下船。徒歩5分の府中駅から天橋立ケーブルで4分、傘松駅で成相寺登山バスに乗り換え7分、成相寺下車すぐ 🚗山陰近畿自動車道与謝天橋立ICから約8.5km 料500円 時8時～16時30分 P50台

第29番

あおばさん まつのおでら
青葉山 松尾寺

☎0773-62-2900

住京都府舞鶴市松尾532 交🚃京都駅からJR山陰本線特急まいづるで1時間35分、東舞鶴駅乗り換え、JR小浜線で7分、松尾寺駅下車、徒歩1時間 🚗舞鶴若狭自動車道舞鶴東ICから約8km 料境内自由(宝物殿800円) 時8～17時 Pあり(有料)

第30番

ちくぶしま ほうごんじ
竹生島 宝厳寺

☎0749-63-4410

住滋賀県長浜市早崎町1664 交🚃京都駅からJR琵琶湖線新快速で1時間5分、長浜駅下車、徒歩10分の長浜港から琵琶湖汽船で30分、竹生島港下船。ほかに彦根港（JR琵琶湖線彦根駅からバス10分）からオーミマリン、今津港（JR湖西線近江今津駅から徒歩5分）から琵琶湖汽船の定期船が運航。※彦根港・今津港からの船は冬期は土・日曜、祝日のみ運航（正月期間は別途)。長浜港からの船も冬期は減便。また年間を通し、荒天による欠航があるので注意 🚗長浜港へは北陸自動車道長浜ICから約5km、彦根港へは名神高速彦根ICから約4km、今津港へは名神高速京都東ICから西大津バイパス・湖西道路経由で約54km 料拝観無料（要入島料400円)、宝物殿拝観300円 時9時30分～16時30分 P各港に無料駐車場あり

大人の遠足BOOK

西国三十三所をあるく

2023年 7 月15日　初版印刷
2023年 8 月 1 日　初版発行

編集人	志田典子
発行人	盛崎宏行
発行所	JTBパブリッシング
	〒135-8165　東京都江東区豊洲5-6-36 豊洲プライムスクエア11階

企画	ライフスタイルメディア編集部 今城美貴子
取材・編集	パーソナル企画（八木孝、長谷川ゆかり、大久保郁子、高橋敏江、高橋駿太） 吉田敦、夏宮橙子、造山和寿
イラスト	井上ミノル、田中ひろみ
編集協力	西国三十三所札所会、秋田範子
写真協力	中田昭、PIXTA、関係各施設・市町村
表紙・大扉デザイン	高野美奈（トッパングラフィックコミュニケーションズ）
本文デザイン	ジェイヴィコミュニケーションズ（長内奈津子、小山牧子）
地図製作	ジェイ・マップ
組版・印刷	凸版印刷

◎本書の地図の作成に当たっては、国土地理院発行の電子地形図（タイル）を使用しました。

◎本書の取材・執筆にあたり、ご協力いただきました関係各位に、厚く御礼申し上げます。

◎本書に記載したデータは2023年5月現在のものです。文章中の料金は大人料金です。原則として取材時点での税率をもとにした消費税込みの料金で掲載しています。ただし、各種料金や税率は変更されることがありますので、ご利用の際はご注意ください。定休日は原則として年末年始、盆休み、ゴールデンウイークは省略しています。夏休み期間中など、定休日・営業時間などが変更になる場合があります。

◎各種データを含めた掲載内容の正確性には万全を期しておりますが、発行後に変更になることがあります。お出かけの際には事前に確認されることをおすすめいたします。なお、本書に掲載された内容による損害などは弊社では補償いたしかねますので、予めご了承くださいますようお願いいたします。

233603　421123
ISBN 978-4-533-15362-4　C2026

編集、乱丁、落丁のお問合せはこちら
https://jtbpublishing.co.jp/contact/service/

JTBパブリッシング お問合せ

JTBパブリッシング
https://jtbpublishing.co.jp/